Die Repräsentation von Non-Voice-Partys in Demokratien

Lukas Köhler

Die Repräsentation von Non-Voice-Partys in Demokratien

Argumente zur Vertretung
der Menschen ohne Stimme
als Teil des Volkes

 Springer VS

Lukas Köhler
München, Deutschland

Dissertation vorgelegt an der Hochschule für Philosophie – Philosophische Fakultät
München, 2015

Die Arbeit wurde durch ein Promotionsstipendium der Friedrich-Naumann-Stiftung
für die Freiheit unterstützt.

ISBN 978-3-658-16699-1   ISBN 978-3-658-16700-4   (eBook)
DOI 10.1007/978-3-658-16700-4

Die Deutsche Nationalbibliothek verzeichnet diese Publikation in der Deutschen National-
bibliografie; detaillierte bibliografische Daten sind im Internet über http://dnb.d-nb.de abrufbar.

Springer VS

Springer VS ist Teil von Springer Nature
Die eingetragene Gesellschaft ist Springer Fachmedien Wiesbaden GmbH
Die Anschrift der Gesellschaft ist: Abraham-Lincoln-Str. 46, 65189 Wiesbaden, Germany

Danksagung

Die vorliegende Untersuchung wurde 2014 von der Hochschule für Philosophie München, Philosophische Fakultät S.J., als Dissertation angenommen. Ich möchte insbesondre Bianca Buchenberg und meinen Eltern für ihre konstante Unterstützung danken. Auch meinem Doktorvater Prof. Dr. Michael Reder bin ich zutiefst dankbar, ohne ihn wäre diese Arbeit nicht möglich gewesen. In diesem Sinn möchte ich auch der Friedrich-Naumann-Stiftung für die Freiheit danken. Durch ihr Promotionsstipendium habe ich diese Doktorarbeit bewältigen können. Auch die European Science Foundation hat mich im Rahmen des Projekts „Rights to a green Future" inhaltlich stark weitergebracht. Auch allen anderen die ich hier nicht explizit nennen kann, die aber wissen wer gemeint ist, möchte ich meinen tief empfundenen Dank ausdrücken.

München   Lukas Köhler

Inhaltsverzeichnis

Danksagung 5

1 Einleitung 11

2 Forschungsfrage und Aufbau der Arbeit 17
  2.1 Forschungsfrage 19
  2.2 Aufbau der Arbeit 20
  2.3 Grundlegende Definitionen 23
  2.4 Definition des Begriffs Non-Voice-Parties 27
  2.5 Der Bezug zum All Affected Principle 30
      2.5.1 Die Grundlage des All-Affected-Principle 32
      2.5.2 Die unterschiedlichen Definitionen des AAP 34

3 Der Zweck von Staaten 39
  3.1 Die Ordnung des Staats 40
      3.1.1 Die funktionale Legitimation 42
      3.1.2 Die grundlegende Legitimation des Staats 43
      3.1.3 Der Schutz des Eigentums als Grundlage des Vertrags 44
  3.2 Der Begriff der Legitimation im deutschen Rechtssystem 46
      3.2.1 Das Legitimationsniveau 50
      3.2.2 Die drei Legitimationsmodelle 51
      3.2.3 Die organisatorisch-personelle demokratische
            Legitimation 52
      3.2.4 Die sachlich-inhaltliche demokratische Legitimation 53
      3.2.5 Die institutionelle und funktionelle demokratische
            Legitimation 54
      3.2.6 Die prozedurale Umsetzung der Legitimation 55
      3.2.7 Kritik 57
  3.3 Die funktionale Legitimation bei Max Weber 59
      3.3.1 Das Konzept Max Webers 60

      3.3.2   Grundlage der Definition von Staat und staatlicher
                Legitimation 61
      3.3.3   Das Recht bei Weber 63
      3.3.4   Webers „rationale Ordnung" 65
      3.3.5   Webers funktionale Legitimation 68
      3.3.6   Macht im Sinne Webers 69
      3.3.7   Klärung der untersuchten Staatsdefinition 71
      3.3.8   Die Kritik an Webers Konzeption 72
      3.3.9   Die Analyse eines Systems des Rechts 74
  3.4   Die Einordnung der Staatstheorie in die Kritische Theorie 75
      3.4.1   Die Legitimation des Staats bei Jürgen Habermas 76
      3.4.2   Das Rechtsverständnis bei Habermas 79
      3.4.3   Die Legitimation bei Habermas 80
  3.5   Die Verortung dieses Kapitels in der Arbeit 83

4   Die Staatsbildung 87

  4.1   Das Argument aus dem Eigeninteresse 90
  4.2   Das Argument aus dem Eigeninteresse – Der Bezug zu NVP 101
      4.2.1   Die legitimierende Funktion des
                Gesellschaftsvertrages 106
      4.2.2   Zukünftige Generationen im Gesellschaftsvertrag 109
      4.2.3   Die Zusammenfassung des Arguments aus dem
                Eigeninteresse 115
  4.3   Das Argument aus der Würde 116
      4.3.1   Die Würde als Staatlegitimation – Zwei Ansätze 117
      4.3.2   Die Würde als Grundlage der Staatslegitimation 120
  4.4   Der Zusammenhang zwischen Staaten und Non-Voice-Parties 122

5   Die Repräsentation von NVP 131

  5.1   Der Begriff Repräsentation in der Analyse Pitkins 135
      5.1.1   Autorisation 137
      5.1.2   Haftung 138
      5.1.3   Zwei Formen der Repräsentation 139
      5.1.4   Der Repräsentant 140
      5.1.5   Repräsentation nach Pitkin 142
  5.2   Die Analyse der Repräsentation in Hinblick auf NVP 144
      5.2.1   Die ‚antizipierende Repräsentation' 146
      5.2.2   Die indirekte Repräsentation 147
      5.2.3   Die direkt reagierenden Repräsentation 150

5.2.4   Der Repräsentant 154
5.2.5   Der Repräsentationsbegriff dieser Arbeit 157

6   Die konkrete Umsetzung der Repräsentation 159

6.1   Die Repräsentation von zukünftigen Generationen 160
       6.1.1   Die Proxy Repräsentation 165
       6.1.2   Die Ombudsperson für zukünftige Generationen 166
       6.1.3   Die konstitutionelle Verankerung 170
6.2   NVP als Klageberechtigte 171
6.3   Die Repräsentation von Ausländern die im Land leben 172
6.4   Weitere NVP 173

7   Die möglichen Gegenargumente 175

7.1   Die Kritik am AAP 177
       7.1.1   Der infinite Regress des AAP 178
       7.1.2   Das Pandora's Box Argument 179
       7.1.3   Rechte als besseres Alternativmodell 181
7.2   Die Position der Arbeit in Abgrenzung zu Kritik und AAP 182

8   Schluss 185

9   Ausblick 189

Literaturverzeichnis 191

1 Einleitung

Im Jahr 1992 trat ein 12-jähriges Mädchen vor die Delegierten des ersten Rio-Gipfels und verkündet: „I am here to speak for all the generations to come" (McIntire, Burns 2009, S. 526). Servern Cullis-Suzuki stellte sich als Repräsentantin zukünftiger Generationen vor. Ein entscheidender Punkt ihrer Rede war ihre Sorge um unseren Planeten: „You don't know how to fix the holes in our ozone layer. You don't know how to bring salmon back up a dead stream. You don't know how to bring back an animal now extinct. And you can't bring back forests that once grew where there is now desert" (McIntire, Burns 2009, S. 527). Die Möglichkeiten der Verwüstung, die Cullis-Suzuki hier ansprach, sind gravierend – und sie zeigen ein Problem auf, das darüber hinausgeht: Das Problem der Unwissenheit darüber, wie zerstörte Güter wiedergebracht und Schäden repariert werden können. Dies verweist auf eine zeitliche Dimension des Problems. Die Verwüstung der Umwelt wird insbesondere in der Zukunft relevant. Der Mensch ist das erste Mal in ein Zeitalter eingetreten ist, in dem er bewusst seine Umwelt über viele Generationen hinaus verändern kann (vgl. Tremmel 2012, S. 17-21). Mit dieser Veränderung der Umwelt geht das erste Mal in der Geschichte auch ein Bewusstsein darüber einher, dass zukünftige Generationen einen Anspruch an eine lebenswürdige Welt an uns richten. Dieser Anspruch muss schon heute in einer gewissen Art und Weis auf nationaler wie internationaler Ebene umgesetzt werden. „Since the 1972 Stockholm Declaration, there has been a growing consensus that the present generation has an obligation to bestow a sustainable planet to its successors" (Allen 1994, S. 719). Gerade die Debatte um Nachhaltigkeit, die ein prominentes Paradigma der politischen aber auch philosophischen Debatte der letzten Jahre darstellt, beinhaltet den Diskurs über den Schutz zukünftiger Generationen. Dieser Schutz wird heute als Staatsaufgabe wahrgenommen.

> „Protecting the environment is primarily a duty of the state. It is the state that has to direct societal life in a way that ensures that the natural bases of life are preserved. Therefore, the postulate that we are responsible to future generations is, first of all, directed at the state and requires that the state adopt a policy, at both the national and international levels, that meets this responsibility" (Gründling 1990, S. 212).

Auch innerhalb der Politik ist dieser Schutzanspruch bekannt. Ob hier allerdings zukünftige Generationen instrumentalisiert werden oder deren Schutz ernstgenommen wird, ist schwer zu unterscheiden. Politikern ist bewusst geworden, dass das Thema den Menschen wichtig ist. Gerade in den letzten Jahren wird es immer wieder als politisches Argument genutzt. So wird die Pflicht zukünftige Generationen zu schützen zum Beispiel im Bereich der Staatsverschuldung immer wieder betont. In den USA wird hierbei zum Teil eine sehr starke Sprache verwendet, wenn es um Schulden geht. „Deficits mean future tax increases, pure and simple. Deficit spending should be viewed as a tax on future generations, and politicians who create deficits should be exposed as tax hikers" (Paul 2005).

Die Idee, dass Schulden eine Steuer für zukünftige Generationen seien, leitet sich aus der Frage ab, wer diese Schulden abzahlen muss. Paul argumentiert hier, dass Schulden immer weiter in die Zukunft verschoben werden könnten und sie somit erst von zukünftigen Generationen zu bezahlen seien. Ron Paul ist in dieser Argumentation kein Einzelfall. Was aber in seinem Zitat besonders deutlich wird, ist die direkte Verknüpfung von Handlungen, die heute geschehen, und Effekten in der Zukunft. Wir scheinen eine ungewisse Pflicht zu fühlen, ungeborene Menschen vor den Resultaten unserer Handlungen zu schützen. Woher aber diese Pflicht des Schutzes zukünftiger Generationen kommt und ob sie über ein bloßes Gefühl hinausgeht, wird im weiteren Verlauf der Argumentation erarbeitet werden. Vor allem der Zusammenhang dieser Pflicht mit staatlichen Handlungen wird noch näher zu klären sein. Sie ist aber in jedem Fall im politischen Diskurs angekommen:

> „This year, in this election, we are called to reaffirm our values and commitments, to hold them against a hard reality and see how we are measuring up, to the legacy of our forbearers, and the promise of future generations" (Obama 2004).

Obama spricht hier vor der Democratic National Convention als Kandidat für den Senat. Die Rede findet große Beachtung, sie wird oft gedruckt und zitiert. Es ist interessant, aber bleibt völlig unklar, was Obama mit dem „Versprechen an zukünftige Generationen" meint. Auf eine noch ungeklärte Art und Weise sind unsere Werte und Überzeugungen an das Wohlergehen zukünftiger Generationen geknüpft. Aber wieso ein solches Versprechen besteht oder wie es umgesetzt werden kann muss herausgearbeitet werden. Es scheint auch nicht genug zu sein, nur ein Versprechen zu halten. Im alltäglichen Gebrauch empfinden wir weitreichendere Pflichten gegenüber kommenden Generationen. „We need universal and unequivocal recognition of the duty to protect the interests of future generations, as well as of the principles necessary to implement that duty" (Gründling 1990, S. 212). Bei Entscheidungen, die nicht nur uns, sondern insbesondere zukünftige Generationen betreffen, ist die von Gründling angesprochene Anerkennung zukünftiger Generationen ein zentraler Gerechtigkeitsaspekt.

Dies wird insbesondere dann klar, wenn man sich vergegenwärtigt, dass, wie bereits angesprochen, die heute lebenden Generationen die Ersten sind, die zukünftigen Generationen wirklich langfristig schaden können und die vor allem auch um diesen Schaden wissen. "Erst seit dem 20. Jahrhundert hat der Mensch mit der modernen Technik das Potenzial, durch sein Handeln das Schicksal von Menschheit und Natur im globalen Maßstab bis in die ferne Zukunft irreversibel negativ zu beeinflussen" (Tremmel 2012, S. 17). Im juristischen Diskurs ist die Verantwortung, die aus dem Umstand entsteht, dass der Mensch inzwischen Teile der Umwelt langfristig und unwiderruflich zerstören kann, bereits angekommen. Die Frage, die hier entsteht, bezieht sich aber auf die Problematik der Klageberechtigung. Wie sollen ungeborene Menschen vor ein Gericht treten und dort Klage erheben? Diese Frage wurde zum ersten Mal auf den Philippinen beantwortet. „On July 30, 1993, The Suprem Court of the Phillines, granted standing to a group of Children who had sued to uphold their environmental rights and those of future generations" (Allen 1994, S. 713). Der Fall beschäftigte sich mit der bevorstehenden Abholzung eines Teils des Primär-Regenwalds. Eine Gruppe von Kindern, die mithilfe einer NGO vor allem im Namen zukünftiger Generationen sprachen, klagte gegen die Abholzung und wurde als Repräsentanten ungeborener Menschen und heute lebender Kinder akzeptiert[1]. Die Klageberechtigung, wie sie in den Philippinen umgesetzt wurde, ist aber zunächst ein Einzelfall. Es liegt immer noch in der Entscheidung des Gerichts, ob sie eine solche Art der Repräsentation zulassen. Diese Art des Schutzes zukünftiger Generationen ist darüber hinaus immer abhängig von einer Gruppe, die ihre Interessen vertreten wollen und dazu auch die nötigen Mittel haben. Sie tun dies maximal aus dem Gefühl der moralischen Verpflichtung da es keine institutionalisierte Pflicht des Schutzes für zukünftige Menschen gibt.

> „The threat to future generations is too serious, and the task of warding off this threat too complex, to be left to the informal and often uncertain domain of morals. Law should provide for the fundamental duty to preserve the environment for the benefit of future generations, and it should also provide the basic principles that states must observe in fulfilling this duty" (Gründling 1990, S. 212).

Die moralische Pflicht ist also nicht ausreichend, um den Schutz zukünftiger Generationen zu gewährleisten. Doch die Frage, die sich im Anschluss an eine solche Argumentation stellt, ist, wie ein solcher staatlicher Schutz zu gestalten ist. Konkret würde das bedeuten, dass herausgestellt werden muss welche institutionelle Verankerung nötig wäre und wie diese legitimiert und umgesetzt werden kann. Genauso ist an dieser Stelle nicht geklärt, woher das beschriebene Pflichtgefühl gegenüber zukünftigen Generationen kommt. Es ist klar, dass der Scha-

---

[1] Eine gute Aufarbeitung des Falls findet sich in Allen (1994) und Lawrence (2014).

den, den wir heute anrichten, wenn er permanent ist, auch noch nicht geborene Menschen betreffen wird. Diese Menschen hatten keine Möglichkeit, sich in den Prozess einzubringen, der zu ihrem Schaden geführt hat. Das spricht unser Gerechtigkeitsgefühl an. Auf einer intuitiven Ebene ist dieser Schutz irgendwie umzusetzen und die Stimme zukünftiger Generationen vernehmbar zu machen.

> „[T]he voice that future people will have in the future will come too late in many cases, to the extent that practically irreversible consequences are often attached to our decisions. This is why future people should also have a voice today" (Gosseries 2008, S. 34).

Aber eine Intuition reicht nicht aus. Was Gosseries hier anspricht, ist ein strukturelles Problem in modernen Staaten. Die Stimmlosigkeit zukünftiger Generationen stellt Staaten mit den bisher vorgebrachten Anfragen vor die Aufgabe zu klären, inwieweit sie den Schutz zukünftiger Generationen gewährleisten können bzw. müssen. Diese Frage kann aber nicht auf der Grundlage des Gefühls, dass noch nicht geborene Menschen mit einbezogen werden müssen, geklärt werden. Es muss erarbeitet werden, woher das Pflichtgefühl kommt, ob es berechtigt ist und welcher theoretische Unterbau zugrunde liegt, um diese Frage zu klären.

Ein Blick auf die Konzeption des Bürgers oder vielmehr was einen Menschen zu einem Bürger macht, kann hier einen ersten Einblick geben. Deutscher „[...] im Sinne dieses Grundgesetzes ist vorbehaltlich anderweitiger gesetzlicher Regelung, wer die deutsche Staatsangehörigkeit besitzt [...]" (Art 116, Abs. 1 GG). Wer die deutsche Staatsangehörigkeit besitzt, regelt das Staatsangehörigkeitsgesetz (StAG). Dieses Regelwerk, definiert den Prozess, wie ein Mensch deutscher Staatsbürger wird. Aus den deutschen Bürgern konstituiert sich nach herrschender Meinung das Staatsvolk (vgl. Voßkuhle, Kaiser 2009, S. 803). Dieses wiederum bildet die Legitimationsgrundlage des deutschen Staates (Art. 20 GG). Das bedeutet aber im Umkehrschluss, dass alle Staatshandlungen nur durch das deutsche Volk legitimiert sind. In dem bisher Ausgeführten gibt es aber zumindest eine Gruppe von (in diesem Fall zukünftigen) Menschen, die von Staatshandlungen betroffen sind, ohne Einfluss auf sie nehmen zu können. „[H]ow to decide who legitimately make up 'the people' and hence are entitled to govern themselves [...] is a problem almost totally neglected by all the great political philosophers who wrote about democracy" (Dahl 1970, S. 60f.). Die Frage, die Dahl hier aufwirft, könnte mit dem Verweis auf das StAG abgewiesen werden. Aus der Sicht politischer Philosophie ist dies aber infrage zu stellen.

Das StAG erklärt nicht, wieso ein Mensch zu einem deutschen Bürger wird. Es legt nur den Prozess fest, der dazu notwendig ist. Es gibt allerdings auch andere Wege ein Staatsvolk zu definiere. Wäre die Staatsbürgerschaft zum Beispiel von betroffenen Interessen abhängig, ergäbe sich eine neue und deutlich erweiterte

Definition des Volkes. Dabei ist in diesem Zusammenhang auf die Beziehung zwischen Interessen und Repräsentation hinzuweisen. Wie im Verlauf der vorliegenden Arbeit aufgezeigt wird, hängen Interessen und Repräsentation eng zusammen. Beide sind stark von der Art und Weise, wie für eine Legitimation des Staates argumentiert wird, abhängig. Die Beziehung zwischen Repräsentation, Interessen und Legitimation ist also Teil der später ausgeführten Forschungsfrage. Diese Beziehung muss geklärt sein, um eine Aussage über eine möglicherweise notwendige Bezugnahme von Staaten auf den Schutz der Interessen zukünftiger Generationen zu treffen. Auch die Definition von ‚Volk' wird im Verlauf der Arbeit noch sehr viel genauer zu analysieren sein.

Es ist aber die Frage zu stellen, warum die Beschäftigung mit zukünftige Generationen zu der hier aufgezeigten Problematik führt. Man könnte sie als einen Einzelfall ansehen und damit lösen, dass irgendeine Form der Repräsentation oder sonstigen Einbindung der Interessen zukünftiger Generationen gefunden wird. Aufgrund der Definition des Volks wurde bereits dargelegt, dass es sich hier allerdings um ein strukturelles Problem für Staaten handelt. Dabei bildet nicht die Eigenschaft ‚noch nicht geborener Mensch' zu sein den Kern dieses Problems, es entsteht aufgrund der fehlenden generellen Repräsentation der Interessen von Nicht-Staatsbürgern. Wobei dieses Verhältnis und das damit einhergehende Problem noch ausgeführt werden muss. Ausgangspunkt der Problemstellung ist, dass spezielle Interessen dieser Gruppe betroffen werden und deswegen (offenbar) eine Pflicht entsteht, bei der Verletzung dieser Interessen einen Schutz zu gewährleisten. Interessen müssen nur dann wahrgenommen oder repräsentiert werden, wenn sie beeinflusst werden. Ein Interesse wird also erst dann relevant, wenn es einen Umstand gibt, der die Ausführung der mit dem Interesse einhergehenden Handlung behindert oder beeinflusst. Mit anderen Worten: Interessen müssen anscheinend immer dann repräsentiert sein, wenn sie von Handlungen betroffen sind. Im hier vorgestellten Fall sind diese Handlungen mit Staatshandlungen gleichzusetzen.

Gerade in Bezug auf zukünftige Generationen, in Debatten um Atommülllagerung oder Staatsschulden etwa, zeigt sich dieser Einfluss staatlicher Handlungen an diversen Stellen.[2] Die fehlende Repräsentation zukünftiger Generationen ist offensichtlich. Zu klären ist aber, ob die politischen Diskussionen mit Argumenten, die dem Schutz zukünftiger Generationen dienen, ausreichen oder ob es zum Beispiel eine institutionalisierte Repräsentation[3] geben muss. Das Merkmal, das

---

2   VGL. z. B.: „Risiken wie atomare Rückstände gefährden das Wohlergehen tausender zukünftiger Generationen" (Tremmel 2010, 2).
3   Eine erste Möglichkeit wäre zum Beispiel die konstitutionelle Festlegung des Schutzes zukünftiger Generationen wie in Island. „The use of natural resources shall be such that their depletion

zukünftige Generationen für diese Debatte so interessant macht, ist das völlige Fehlen auch potenzieller politischer Einflussnahme. Dies ist ein Grund, warum sie als eines der Musterbeispiele dieser Arbeit dienen werden. Aber Argumente zum Schutz und zu den Rechten zukünftiger Generationen sind nicht die einzigen, die sich auf Gruppen beziehen, die keine eigene politische Stimme haben. Das Merkmal, das zukünftige Generationen in diese Gruppe eingliedert, ist nicht das des ‚Noch-nicht-geboren-Seins'. Der zentrale Punkt, der bisher erarbeitet werden konnte, ist, dass diese Gruppe von Staatshandlungen betroffen ist, ohne eine eigene politische Stimme zu haben. Geht man in dieser Argumentation einen Schritt weiter, unter Beibehaltung des bisher gesagten, stellt man fest, dass mehr Menschen von Staatshandlungen betroffen sind als nur die Bürger eines Staates und zukünftigen Generationen. Hier sind zu Beispiel Asylbewerber oder Ausländer die im Landleben anzuführen. Um eine abschließende Definition zu geben, muss man aber klären, warum den Interessen der betroffenen Bürger ein Vorrang vor den Interessen anderer ebenfalls betroffener Menschen eingeräumt wird.

Beispiele wie der Südschleswigsche Wählerverband oder die Flüchtlingsbeiräte können als Versuche angesehen werden, die Repräsentation anderer Gruppierungen, ohne eigene politische Stimme zu gewährleisten. Dies geschieht aber meist eher aus gutem Willen als aus theoretischer Notwendigkeit oder dem praktischen Versuch, den Staat auf eine legitimierte Grundlage zu stellen. Die Existenz dieser Gruppen ist unstrittig; es fehlt aber der Beweis, wieso sie überhaupt repräsentiert sein müssen. Zentraler Punkt dieser Arbeit wird es sein aufzuzeigen, ob und – wenn ja – wie und wieso sie repräsentiert sein müssen. Die kurz aufgeführten Beispiele zeigen zwar die Aufmerksamkeit, die der öffentliche und politische Diskurs diesen Themenfelder schenkt, es ist aber offensichtlich, dass es keine geordnete oder fundierte Debatte zum grundlegenden Problem fehlender Repräsentation gibt[4]. Dies zu klären, ist Ziel und Anspruch der hier vorgestellten Arbeit. Dazu müssen eine Reihe von Argumentationsschritten erfolgen; zusätzlich müssen die hier verwendeten Grundbegriffe wie Legitimation und Repräsentation geklärt werden. Im folgenden Kapitel wird darauf eingegangen werden, wie genau die Forschungsfrage auszudifferenzieren ist. Zudem werden das Vorgehen und die Verortung in den wissenschaftlichen Kontext zu klären sein. Dem Leser soll im folgenden Kapitel verdeutlicht werden, wie eine Argumentation aussehen kann und welches Vorgehen, aus welchen Gründen das Beste zu sein scheint.

---

will be minimized in the long term and that the right of nature and coming generations be respected" (Stjórn-lagaráð, 2011, Artikel 33).

4   Wohl aber gibt es eine ausführliche Debatte der jeweiligen einzelnen Beispiele, die aufgeführt werden.

2 Forschungsfrage und Aufbau der Arbeit

Die in der Einleitung angesprochene Intuition, dass Gruppen ohne eine politische Stimme bei Betroffenheit trotzdem in den Prozess politischer Entscheidungsfindung eingebunden sein müssen, ist ein erster Schritt hin zu einem Verständnis der Problematik. Um aber eine wissenschaftlich fundierte Aussage darüber zu treffen, ob diese Intuition richtig ist, muss eine mögliche Argumentation analysiert werden, die es ermöglicht, sich für oder gegen diese Intuition auszusprechen.

Intuitionen sind von Natur aus vage und hängen von der Person ab, die sie besitzt. Um aber in einen wissenschaftlichen Diskurs bestehen zu können, muss eine Forschungsfrage erarbeitet werden, die dann zur Klärung des Themas behandelt wird. Aus dem bisher Ausgeführten lässt sich bereits eine erste Problemstellung ableiten, dazu sind folgende Punkte festzuhalten[5]: Menschen sind von Staatshandlungen eines konkreten Staats betroffen. Unter diesen Menschen gibt es zwei Gruppen: Bürger und Nicht-Bürger. Bürger haben Einfluss auf die Entscheidungen des Staats, Nicht-Bürger haben keinen Einfluss. Die Intuition weist nun darauf hin, dass ,Nicht-Bürger' in irgendeiner Weise Einfluss haben sollten. Für diese Arbeit wird die Staatsform der Demokratie als Anschauungsobjekt gewählt.

> „The first is that in a number of cases democratic decisions cannot be regarded as normatively legitimate from the point of view of deliberative democracy, unless posterity is given a voice. This view on the legitimacy of democratic decisions is based on the fundamental moral intuition that collectively binding decisions can only be regarded as ethically justifiable if they result from a process of deliberation where all affected parties have had the opportunity to participate" (Ekeli 2005, S. 430).

Was Ekeli hier ausführt, ist eine Argumentation, die auf Grundlage der Demokratie für die Notwendigkeit der Repräsentation der Stimme zukünftiger Generationen plädiert. Ekeli führt hier die „moralische Intuition [übers. des Autors]"

---

5 Die hier vorgestellte Argumentation leitet sich in aller Kürze aus der in der Einleitung beschriebenen Intuition ab. Auf die einzelnen Begrifflichkeiten wird im weiteren Verlauf der Arbeit noch eingegangen. Sie sind an dieser Stelle weder definiert noch genauer erläutert, es wird hier zunächst von dem alltäglichen Sprachgebrauch ausgegangen.

(ebd.) an. Ziel dieser Arbeit ist es aber, dieser Intuition eine wissenschaftliche Grundlage zu verleihen. Die Volkssouveränität, also die Herrschaft durch das Volk, setzt als Grundlage der Demokratie den Staat in spezielle Relation zu seinen Bürgern[6]. Sie sind nicht bloße Untertanen, wie in anderen Staatsformen, sondern haben selbst Anteil an der Regierungsführung.[7] Der Staat handelt in einer mittelbaren Demokratie durch Repräsentanten, d. h. durch legitimierte Vertreter der Bürger. Es wäre in einer anderen Arbeit auszuführen, ob sich die hier vorgestellte Argumentation auch auf andere Staats- und Demokratieformen anwenden ließe. Die hier vorgestellte Analyse beschränkt sich aus rein praktischen Gründen auf die Demokratie. Der Großteil der Literatur sowohl zur Legitimation als auch zur Repräsentation unterschiedlicher NVP geht von der Demokratie als Regierungsform aus.

In einer Demokratie beeinflussen Bürger den Staat zunächst durch ihre Legitimationsfunktion. Dadurch, dass sie das Volk bilden, legitimieren sie den Staat (Art. 20 GG). Diese Legitimation wird durch Wahlen von Bürgern auf den Staat übertragen (dieses Argument wird in Kapitel 3 ausgeführt). Sie ist also im Umkehrschluss dann gegeben, wenn die Bürger repräsentiert sind. Durch diese Repräsentation nehmen Bürger aber nicht nur in ihrer Legitimationsfunktion Einfluss auf den Staat, auch ihre Interessen werden vertreten. Durch die Intuition lässt sich nun fragen, ob das, was bisher ‚Nicht-Bürger' genannt wurde, nicht auch repräsentiert sein müsste. Zudem ist ihr Verhältnis zur Legitimation zu klären. Aus der Beschreibung der Bürger und ihrer Rolle im Staat lassen sich nun zwei Fragen für ‚Nicht-Bürger' ableiten:

1) Tragen ‚Nicht-Bürger' überhaupt zur Legitimation des Staats bei?

2) Müssen ‚Nicht-Bürger' bei Staatsentscheidungen, die sie betreffen, repräsentiert sein?

---

6   Eine Einordnung in die Debatte über den Bezug der Volkssouveränität zum Individuum liefert Chwaszcza, die allerdings im Rahmen der funktionalen Legitimation bleibt (vgl. Chwaszcza 2011, S. 923 – 925; der Begriff der funktionalen Legitimation wird im weiteren Verlauf erläutert). Sie führt aus, dass die Volkssouveränität die Grundlage der Herrschaft bedingt. „Die normativ entscheidende Pointe des Begriffs der Souveränität besteht in der Berechtigung, allgemeinverbindliche Gesetze zu erlassen – und das heißt explizit, anderen vorschreiben zu dürfen, wie sie sich verhalten sollen" (Chwaszcza 2011, S. 919).

7   „In addition, democratic politics should also shape the ways in which the members of the society understand themselves and their own legitimate interests" (Cohen 1989, S. 19). Cohen stellt seine Überlegungen zum Aspekt der deliberativen Demokratie ausführlich dar. Diese Debatte greift wichtige Aspekte der hier vorgestellten Arbeit auf. Sowohl die bereits erwähnten Autoren Johnson und Knight als auch Robert E. Goodin greifen, in dieser Hinsicht den Aspekt des Individuums und seiner Beziehung zur Demokratie auf (vgl. Johnson, Knight 1994; Goodin 2000). Die Verbindung von Deliberation, Individuum und Liberalismus stellen Manin, Stein und Mansbridge heraus (vgl. Manin, Stein, Mansbridge 1987).

2.1   Forschungsfrage

Wie zuvor gezeigt, hängen Repräsentation und Legitimation offenbar unmittelbar zusammen. Auf dieser Grundlange lässt sich die Forschungsfrage dieser Arbeit ableiten. Zunächst muss aber auf den Begriff der Nicht-Bürger eingegangen werden. Der Begriff ist sehr sperrig – und nimmt man ihn genau, umfasst er alle Menschen, die zu dem jetzigen Zeitpunkt nicht den definierten Kriterien (z. B. durch das StAG) entsprechen. Es geht aber, wie in der Einleitung beschrieben, bei der vorgestellten Intuition, um die Menschen, die ohne eine politische Stimme von Staatshandlungen betroffen sind. Im englischen kann man für solche Menschen den Begriff ‚Non-Voice-Parties' benutzen. Dieser wird auch hier in der Forschungsfrage verwendet. Verbindet man nun Frage 1) und 2) mit dem Begriff der Non-Voice-Parties, ergibt sich folgende Forschungsfrage.

Müssen Non-Voice-Parties notwendigerweise in einer Demokratie repräsentiert sein, damit diese legitimiert ist?

Die notwendige wissenschaftliche Auseinandersetzung mit Non-Voice-Parties (NVP) muss also sowohl das Konzept der Legitimation als auch das der Repräsentation klären. Die hier vorgestellte Fragestellung kann aber aus unterschiedlichen Disziplinen und auf unterschiedliche Art und Weise erörtert werden. Aus diesem Grund ist darauf einzugehen, warum diese Arbeit aus Sicht der politischen Philosophie geschrieben wird.

Auch die Rechts- und die Politikwissenschaft erläutern die Begriffe Legitimation und Repräsentation. Die hier vorgelegte Arbeit beachtet diese Begriffe aber aus einem anderen Blickwinkel. Der zentrale Punkt, der jeweils analysiert wird, ist die Bedingung, von der aus eine Argumentation zur hier vorgelegten Forschungsfrage erarbeitet wird.

> „So fragen politische Philosophen nach den Bedingungen und nach der Beschaffenheit der „guten" oder der „besten", nach der „gerechten" oder der „richtigen" Ordnung für das menschliche Zusammenleben; sie geben Antwort auf die Fragen, wer die Geschicke einer Gemeinschaft bestimmen, also wer herrschen soll, welche Institutionen vorhanden sein müssen und welcher Typus von Bürgern notwendig ist" (Becker 2006, S. 17).

Die hier aufgestellte Definition politischer Philosophie weist einen stark normativen Charakter auf: die Bestimmung von ‚Ordnung für das menschliche Zusammenleben'. Sie stellt die politische Philosophie als eine Disziplin dar, die zwei Seiten der Aspekte dieser Ordnung beleuchtet. Die Herleitung des Staates aus der Zweckmäßigkeit seiner Ordnung in Hinblick auf dessen Qualität ist das entscheidende Kriterium, das es ermöglicht, die Forschungsfrage zu klären. Diese basiert ja zunächst auf der Intuition, dass es nicht richtig ist, NVP aus den Entscheidungsprozessen auszuschließen. Dieses ‚nicht richtig sein' bezieht sich aber auf die von Becker angesprochene Qualität der Ordnung. Aus diesem Grund muss, wie im Zitat festgehalten, die Frage beantwortet werden, „wer herrschen soll" (ebd.). Da sich diese Arbeit im Bereich der Demokratie bewegt, muss diese Frage also auf die Definition des Volks angewandt werden, da in einer Demokratie das Volk herrscht. Zum einen wird also die Frage nach der Qualität der Ordnung aufgestellt; so wird über eine ‚gute' oder ‚richtige' Ordnung gesprochen. Zum anderen fragt die politische Philosophie nach der institutionalisierten Umsetzung eines Staates. Fragen zur Legitimation decken beide Bereiche politischer Philosophie ab. Die Arbeit, wie bereits dargelegt, fasst also die Frage nach der Legitimation auf. Anhand der Analyse der Legitimation lässt sich ableiten, was notwendig ist, um eine gute oder gerechte Ordnung zu erreichen. Zudem beschäftigt sich die Arbeit explizit mit der Frage, ob die Institutionalisierung der Repräsentation von NVP notwendig ist oder nicht. Und damit wird entsprechend die Frage gestellt und beantwortet, ob der herrschende Volksbegriff zu erweitern ist. Nach der Definition Beckers ist also diese Arbeit in den Bereich der politischen Philosophie einzuordnen.

2.2   Aufbau der Arbeit

Um die hier formulierten Fragestellungen aufzugreifen, soll nun aufgezeigt werden, welche Schritte zu einer Antwort auf die Forschungsfrage führen. Im Verlauf der Arbeit wird zunächst das Modell und Konzept der Legitimation aus unterschiedlicher Sicht analysiert. Hier werden sowohl der geschichtliche Aspekt, die herrschende Meinung der Rechtswissenschaft in Deutschland als auch die philosophischen Grundlagen sowohl der Legitimations- als auch der Staatstheorie erörtert. So kann erarbeitet werden, welche Aspekte für die Legitimation von Staaten hervorzuheben sind; dies geschieht in Kapitel 3. In diesem Kapitel wird die grundlegende Legitimation von der funktionalen abgegrenzt und erläutert. Teil der grundlegenden Legitimation ist die Frage, warum der Mensch überhaupt einen Staat bildet. Antwort auf diese Frage liefern zwei Argumente. Aus diesen beiden Argumenten, dem des Selbstinteresses und dem der Würde (Kapitel 4), geht die Antwort auf die Frage nach der Legitimation in demokratischen Staaten hervor. Nachdem diese Fragen geklärt sind, erfolgt der Bezug beider Argumente auf die Non-Voice-Parties. Es wird hier gezeigt werden, dass die Interessen aller Menschen einbezogen werden müssen. Somit ist dann aufgezeigt, dass NVP notwendiger Teil der grundlegenden Legitimation sind.

In Kapitel 5 wird anschließend die Frage der Repräsentation erörtert. Hier wird zunächst eine begriffliche Definition vorgenommen. Davon ausgehend wird aufgezeigt werden, welche Bedingungen der Repräsentation gegeben sein müssen, um die grundlegende Legitimation durch NVP zu gewährleisten. Nachdem diese beiden Bereiche in Bezug gesetzt worden sind, werden in Kapitel 6 Handlungsvorschläge für demokratische Staatsmodelle analysiert und anhand von Szenarien aus realpolitischen Beispielen überprüft. Auf diese Weise wird nicht nur das derzeitige System kritisch betrachtet, sondern es werden auch Lösungsangebote erarbeitet. Zum Schluss wird nochmals auf mögliche Gegenargumente eingegangen werden.

Um aber einen Einblick in die vorgelegte Struktur der Argumentation zu bekommen, wird nun in Kürze auf den Zusammenhang von NVP und dem Staat eingegangen. Dies soll die für diese Arbeit wichtige Beziehung, die hier entsteht, nochmals verdeutlichen, bevor die Argumentation zur Legitimation dargelegt wird. Um also einen systematischen Ansatz der Analyse der beschriebenen Intuition zu gewährleisten, muss geklärt werden, in welchem Zusammenhang Staat und NVP stehen. Es ist zunächst davon auszugehen, dass ungeklärt ist, wie ein Staat sich mit Menschen auseinandersetzen muss, die nicht im klassischen Sinne als Bürger aufgefasst werden können.

Es ist zu klären, wieso diese Gruppen von Menschen überhaupt für den Staat von Interesse sein sollten. In der Einleitung wurde darauf hingewiesen, dass Folgen von Staatshandlungen zum Teil massive Auswirkungen auf diese Gruppen haben können. „Macht ist ganz allg. das Vermögen etwas zu bewirken" (Albrecht 1976, S. 73). In diesem Sinn hat der Staat also Macht gegenüber NVP. Damit ist aufgezeigt, dass zumindest ein Verhältnis zwischen Staat und NVP besteht. Staatliche Macht muss aber immer an ein Konzept der Legitimation geknüpft sein. Ist dies nicht der Fall, kann im klassischen Sinn vertragstheoretischer Überlegungen die Gefahr bestehen, dass der Staat seine Macht missbraucht, ohne Rechenschaft ablegen zu müssen. Ermacora beschreibt zwei Arten, aus denen die Legitimität[8] des Staates hergeleitet werden kann. „Die *Legitimität des Staates*, […], ist aus dem Wesen den Menschen als ‚zoon politikon' und aus der Notwendigkeit, den ‚Krieg aller gegen alle' zu verhindern, gegeben" (Ermacora 1979, S. 65). Hier ergeben sich zwei Sichtweisen auf den Begriff der Legitimation in Bezug zur

---

8 Ermacora vertauscht in diesem Teil seiner Argumentation offenbar Legitimität, verstanden als „den Glauben an bzw. das Vertrauen auf die Rechtmäßigkeit politischer Herrschaft" (Schubert, Klein 2011), mit Legitimation. Legitimation beantwortet die Frage wodurch die Rechtmäßigkeit von Herrschaft objektiv gegeben ist (ausführlicher in Kapitel 3). An dieser Stelle wird der Begriff der Legitimität synonym mit dem der Legitimation benutzt, da dieser gemeint sein muss, um Ermacoras Argumentation folgen zu können.

Staatskonzeption. Zum einen kann der Staat als Teil menschlichen Daseins (zoon politikon) und zum anderen als menschengemachte Institution angesehen werden[9]. Diese beruht dann in vielen Argumentationen, vor allem der Vertragstheorie, auf dem Schutz vor Gewalt. Dieser Punkt wird in Kapitel 4 weiter ausgeführt. Der Schutz vor Gewalt durch den Staat zeigt aber auf, dass, nachdem er eingerichtet ist, ein spezielles Verhältnis zwischen dem Staat und seinen Untertanen besteht.

„Zum einen bezeichnen diese Begriffe [„Legitimität" und „Legitimation"] ein spezifisches Verhältnis zwischen „Herrschaft" und „Herrschaftsunterworfenen". „Legitimation" bzw. „Legitimität" setzt die Vorstellung eines Dualismus voraus. Zum anderen stehen die beiden Begriffe in einem logischen Gegensatz zu Zwang und Gewalt: Legitime Herrschaft herrscht grundsätzlich zwanglos" (Menzel 1980, S. 17).

Die ‚Zwanglosigkeit' ist bei Staatshandlungen gegenüber NVP nicht gegeben. Im Bereich der zukünftigen Generationen wird dies am Beispiel der Frage nach einer Lagerstätte für atomaren Abfall deutlich. Die Lagerung von Atommüll und damit die Verschiebung des Problems in die Zukunft stellt zukünftige Generationen (z. G.) vor vollendete Fakten. Sie sind also 'gezwungen', mit diesem, von uns vermeidbaren, Umstand umzugehen. NVP sind also im Sinne Menzels „Herrschaftsunterworfene" (ebd.). Das zeigt sich daran, dass neben z. G. sowohl Ausländer, die im Land leben, als auch Asylbewerber sich den Gesetzen des Landes ‚beugen' müssen, diesen unterworfen sind. Sowohl der Begriff der ‚Herrschaft' als auch der des ‚Zwangs' werden im Verlauf der Arbeit noch einmal

---

9   John Stuart Mill führt diese zwei Typen von staatstheoretischen Überlegungen aus, die beide jeweils ein anderes Zustandekommen des Staates annehmen. Er unterteilt alle „Auffassungen über des [sic!] Wesens politischer Institutionen" in zwei gegensätzliche Theorien (Mill 1861, S. 9). Einerseits können politische Institutionen „ausschließlich als eine Frage des Erfindens und Konstruierens betrachtet werden" (Mill 1861, S. 9). Diese erste Gruppe sieht „Regieren als eine im strikten Sinn praktische Kunst [.], die keine andere Frage als jene nach Mitteln und Zweck aufwirft" (Mill 1861, S. 9) an. Theoretiker dieser Überzeugung vergleichen den Staat mit einer Maschine oder einem Werkzeug, das in seinem Dasein rein zur Erfüllung eines anderen Zwecks dient (vgl. Mill 1861, S. 9). Für diese Gruppe ist der Staat an die Bedürfnisse seiner Bürger jederzeit anzupassen; und ein, im Sinne der Definition der politischen Philosophie nach Becker, ‚guter' Staat ist der, der den übergeordneten Zweck am besten erfüllt.
    Andererseits betrachtet die zweite Gruppe von Theoretikern politische Institutionen „vielmehr als eine Art spontanes Produkt und die Regierungslehre gewissermaßen als einen Zweig der Naturgeschichte" (Mill 1861, S. 9-10). Vertreter dieser Gruppe sehen politische Institutionen als in der Natur des Menschen angelegt. Für sie kann der Staat nur durch eine Änderung der Menschen beeinflusst werden (vgl. Mill 1861, S. 10f.). Der Vorteil dieser Gruppierung ist die Möglichkeit, eine große Vielzahl und Ausprägung von Staatssystemen anhand der Unterschiede menschlichen Daseins und menschlicher Kultur zu erklären.
    In dieser Arbeit wird von einem Staatsmodell, das als menschlich geschaffen angesehen wird, ausgegangen. In Kapitel 4 wird allerdings auf mögliche Gegenargumente aus der zweiten Gruppe eingegangen.

aufgegriffen. An dieser Stelle wird die Begrifflichkeit nur herangezogen, um die Fragestellung der Debatte dieser Arbeit weiter erläutern zu können.

Die Legitimation von Staathandlungen gegenüber NVP ist nach der bisherigen Argumentation also zumindest fragwürdig. Es ist offensichtlich, dass Staaten Handlungen vollziehen können, die auf NVP Auswirkungen haben. Der Staat muss also auf die eine oder andere Weise mit NVP umgehen. Um hier ein weiteres Verständnis zu ermöglichen, ist zunächst das Wie des Umgangs von Staaten mit NVP zu klären. Auf diese Problemstellung lassen sich insgesamt vier logisch mögliche Antworten finden. Wie in der Einleitung ausgeführt, sind vor allem die betroffenen Interessen für die Fragestellung interessant. Aus diesem Grund wird im folgenden Argument von Interessen ausgegangen, ohne dass näher geklärt ist, was diese Interessen sind. Das Verhältnis von Interessen, Legitimation und Repräsentation wird in den Kapiteln 4 und 5 weiter ausgeführt.

2.3   Grundlegende Definitionen

Diese Begriffe sind zentraler Bestandteil der wissenschaftlichen Aufarbeitung der Forschungsfrage. In diesem Zusammenhang ist die Frage, warum ein Staat seine Existenzberechtigung hat, zu klären. Dazu ist das bereits beschriebene Machtmonopol noch einmal aufzugreifen. Rein funktional gesehen übt ein Staat zunächst in ganz unterschiedlichen Gebieten Macht aus (Albrecht 1976, S. 73). Nach der Definition von Max Weber ist er der Einzige, der das Machtmonopol innehat.

> „Den politischen Verband kennzeichnet neben dem Umstand: daß die Gewaltsamkeit (mindestens auch) zur Garantie von »Ordnungen« angewendet wird, das Merkmal: daß er die Herrschaft seines Verwaltungsstabes und seiner Ordnungen für ein Gebiet in Anspruch nimmt und gewaltsam garantiert" (Weber 2008, S. 39).

Die „Herrschaft des Verwaltungsstabes", in modernem Sprachgebrauch ‚die Herrschaft der Regierung', ist in diesem Kontext als die Grundlage staatlicher Ordnung zu betrachten. „Alle Ordnung ist Ordnung auf einen bestimmten Bezugspunkt hin" (Albrecht 1976, S. 72). Mit Albrecht kann man sagen, dass dieser Bezugspunkt mit dem Zweck des Staates gleichzusetzen ist. Aus diesem Zweck muss sich aber auch die Frage nach der Legitimation ableiten, wie in Kapitel 3 herausgearbeitet wird. Wird Zweck mit dem Gemeinwohl gleichgesetzt oder besser das *„zeitliche öffentliche Wohl"*, auch *„allgemeines Interesse"*, genannt (vgl. Dabin 1964, S. 59), so kann man hieraus die Beschränkung der Macht des Staates ableiten. Diese ist immer nur dann gegeben, wenn der Staat in Hinblick auf diesen Zweck handelt. Der politische Verband oder Staat hat nach dieser

Aussage das Gewaltmonopol inne. Dieses darf er aber durch seine Zweckgebundenheit nur in Ausrichtung auf den beschriebenen Bezugspunkt nutzen.

Grundlage der Ausübung des Gewaltmonopols in einem demokratischen System ist die Repräsentation seiner Bürger. Wie bereits beschrieben, ist dies der Umkehrschluss zu Art. 20 GG. „Alle Macht geht vom Volk aus." Aber auch der Begriff der Repräsentation muss weiter eingeschränkt werden[10].

> „Repräsentation ist die rechtlich autorisierte Ausübung von Herrschaftsfunktionen durch verfassungsmäßig bestellte, im Namen des Volkes, jedoch ohne dessen bindenden Auftrag, handelnde Organe eines Staates oder sonstigen Trägers öffentlicher Gewalt, die ihre Autorität mittelbar oder unmittelbar vom Volk ableiten und mit dem Anspruch legitimieren, dem Gesamtinteresse des Volkes zu dienen und dergestalt dessen wahren Willen zu vollziehen" (Fraenkel 1991, S. 157).

Fraenkel spricht hier von einer ‚Autorität', die mittelbar oder unmittelbar vom Volk abgeleitet wird. „A[utorität] wird auch Institutionen und Organisationen zugeschrieben, denen es [...] gelingt, rechtmäßig anerkannten Einfluss zu erringen" (Schubert, Klein 2011). In diesem Fall beruht der Einfluss auf der Vermittlung durch das Volk. Art. 20 GG zeigt, dass nach Fraenkels Definition Autorität und Legitimität auf einer gemeinsamen Grundlage aufbauen. In demokratischen Staaten wird beides durch Repräsentation vermittelt. Fraenkel sieht die Repräsentation in seiner Definition dann gewährleistet, wenn das Gesamtinteresse des Volks durch seinen ‚wahren Willen' in den Entscheidungen der handelnden Organe abgebildet ist. Der Staatszweck besteht für Fraenkel darin „‚dem Gesamtinteresse des Volkes zu dienen und dergestalt dessen wahren Willen zu vollziehen" (ebd.). Allein schon das Konzept ‚wahrer Wille' ist definitorisch aber hoch problematisch. Es bleibt unklar, ob und wie ein Organ, zum Beispiel eine Regierung, den wahren Willen des Volkes überhaupt erkennen kann. Noch komplizierter ist es, das ‚Gesamtinteresse' zu bestimmen. Fraenkel stellt hier fest, dass das Gesamtinteresse dann vollzogen wird, wenn der ‚wahre Wille' ausgeführt wird. Es ist schwierig, das Gesamtinteresse und den ‚wahren Willen' institutionell abzubilden. In Kapitel 3 wird dazu näher auf den Staatszweck eingegangen. In Kapitel 5 wird dann die Frage geklärt, wie eine Repräsentation des Volkes, aufbauend auf der Argumentation zur Legitimation in den Kapiteln 3 und 4, umsetzbar ist.

---

10 Die genaue Ausarbeitung des Begriffs folgt in Kapitel 5. An dieser Stelle soll Repräsentation allerdings erläutert werden, um dem Leser ein Bild der folgenden Argumentation zu vermitteln. Diese bezieht die Begriffe Legitimation und Repräsentation immer wieder ein, um eine Definition zu erarbeiten. Da beide Begriffe eng miteinander verknüpft sind, ist eine kurze Einordnung des Begriffs Repräsentation in den Kontext der Argumentation notwendig, um die folgenden Schritte besser verständlich zu machen.

Als Ausgangslage dient dieser Arbeit als kleinste Analyseeinheit das Individuum. In Fragen, die den Gemeinwillen, den wahren Willen oder eine prozedurale Inkorporation in Staatsinstitutionen klären, kann zunächst angenommen werden, dass der Staat existiert und bereits legitimiert ist. „Der Souverän kann nur als ein Ganzes und als Körperschaft betrachtet werden. Aber jeder Einzelne in seiner Eigenschaft als Untertan wird als Individuum betrachtet" (Rousseau 2011, S. 65). In Kapitel 3 wird dementsprechend geklärt werden müssen, inwiefern es überhaupt zur Staatslegitimation kommt. Daraus wird dann die Möglichkeit oder Notwendigkeit zur Repräsentation und zur Art der Repräsentation abgeleitet. Personen, die in einem demokratischen Staat leben, lassen sich unter anderem von zwei Positionen aus betrachten: zum einen als Bürger und damit als das Staatsvolk konstituierende Person, zum anderen als ‚Betroffene der Staatshandlung‘[11]. Die Frage, ob sich diese Gruppen unterscheiden und wenn ja, wie sich diese ‚Betroffenheit‘ auf Legitimation auswirkt (vgl. unter anderem Benhabib 2008, 38-42), ist eine zentrale Frage dieser Arbeit.[12] Was aber bisher unklar geblieben ist, ist die Definition des Begriffs ‚Volk‘. Nach der bisherigen Analyse sind damit die Bürger gemeint, die als Volk die Legitimation für demokratische Staaten gewährleisten. Diese müssen repräsentiert werden, d. h. ihre Interessen müssen vertreten sein. Es besteht also ein enger Zusammenhang zwischen Bürgern, Interessen, Repräsentation und Legitimation innerhalb demokratischer Staaten. Aber die Menge der Menschen, die als ‚Bürger‘ bezeichnet werden, muss nicht notwendigerweise mit der Menge der Menschen, die das ‚Volk‘ ausmachen, übereinstimmen. Bisher wurde gezeigt, dass, sollte die Repräsentation von NVP im Staat notwendig sein, die Frage, wie das ‚Volk‘ zu definieren ist, neu gestellt werden muss. An dieser Stelle führt ein Vorgriff auf den juristischen Teil der Arbeit weiter. Hier ist zunächst das Legitimationssubjekt zu definieren. „*Legitimationssubjekt* ist gem. Art. GG Artikel 20 GG Artikel 20 Absatz II 1 GG das Volk" (Voßkuhle, Kaiser 2009, S. 803). Das Legitimationssubjekt muss in diesem Fall als das legitimationsgebende Element im Staat betrachtet werden. Es sind also diejenigen gemeint, die den Staatshandlungen die notwendige Legitimation geben. Wie in Kapitel 3 ausgeführt, betrachtet die juristische Debatte nur die Seite der Staatshandlungen, nicht die Legitimation des Staates generell. Voß-

---

11 Habermas definiert in ‚Faktizität und Geltung‘ Betroffene. „D: Gültig sind genau die Handlungsnormen, denen alle möglicherweise Betroffenen als Teilnehmer an rationalen Diskursen zustimmen könnten" (Habermas 1998, S. 138). Die Fähigkeit zur Zustimmung wird in Kapitel 3 in Habermas Argumentationsschema eingefügt und weiter erörtert.

12 Seyla Benhabib setzt die Begriffe Demos (Volk, Bürger), Populous (Bevölkerung) und Ethnos (Volk, Ethnie) in Bezug zueinander und zu ihrem Verhältnis zur Legitimität. Diese Unterscheidung bildet die Grundlange der Definition der hier vorgestellten Arbeit. In Benjamin R. Barbers Auseinandersetzung mit Robert Nozick setzt er das Individuum in Bezug zur Legitimation (vgl. Barber 1977).

kuhle setzt das Legitimationssubjekt mit dem Volk gleich. Er muss also zunächst zeigen, was unter Volk zu verstehen ist. „Darunter ist nach h. M. die Personengesamtheit der deutschen Staatsangehörigen und der ihnen nach Art. 116 Absatz 1 GG gleichgestellten Personen, also das *deutsche Volk* zu verstehen" (Voßkuhle, Kaiser 2009, S. 803). Artikel 116 des deutschen Grundgesetztes führt in Paragraf 1 aus:

> „(1) Deutscher im Sinne dieses Grundgesetzes ist vorbehaltlich anderweitiger gesetzlicher Regelung, wer die deutsche Staatsangehörigkeit besitzt oder als Flüchtling oder Vertriebener deutscher Volkszugehörigkeit oder als dessen Ehegatte oder Abkömmling in dem Gebiete des Deutschen Reiches nach dem Stande vom 31. Dezember 1937 Aufnahme gefunden hat" (Grundgesetz).

Die deutsche Staatsangehörigkeit kann man durch unterschiedliche Umstände erhalten (vgl. StAG §3 Abs.1 und Abs. 2). Juristisch scheint also klar zu sein, wie das Volk konstituiert wird. Es wurde aber bereits zu Beginn festgehalten, dass zur Gewährleistung einer legitimen Staatshandlung eine Repräsentation erfolgen muss. Zudem wurde aufgezeigt, dass es bei der Repräsentation auch um die Interessen der Betroffenen geht. Auch Voßkuhle erkennt das und erläutert dies näher, indem er zwei Volksbegriffe unterscheidet. „Die mit dieser Auslegung verbundene Ablehnung des sog. offenen Volksbegriffs hat zur Konsequenz, dass für die Legitimationsfrage nicht auf die Gesamtheit der Betroffenen abgestellt werden kann" (Voßkuhle, Kaiser 2009, S. 803). Diesem offenen Volksbegriff wird ein ‚geschlossener' gegenübergestellt. Dieser setzt das Volk mit den qua Verfassung definierten Bürgern gleich. Es wird später in zwei Argumenten in Kapitel 4 erläutert, warum es notwendig ist, dass alle Betroffenen repräsentiert werden müssen. Zunächst wird aber mit dem ‚geschlossenen' Volksbegriff weiter argumentiert. Voßkuhle führt aus, warum der offene Begriff der Volksdefinition nicht als Definition im deutschen Rechtssystem genutzt werden kann. „Dies würde der Gleichheit aller Staatsbürger zuwiderlaufen, die andernfalls je nach Betroffenheit gestufte Beteiligungsrechte hätten" (Voßkuhle, Kaiser 2009, S. 804). Diese Argumentation geht von der Prämisse aus, dass die Gleichheit der Bürger der zentrale Faktor für ihre Vermittlung von Legitimität ist. Dies ist aber nicht notwendigerweise das einzige Kriterium; so könnte man z. B. Betroffenheit selber als Faktor für Legitimation geltend machen. Es ist hier die Frage zu stellen, warum notwendigerweise Betroffenheit eine Rolle spielen kann oder muss, welche in Kapitel 4 beantwortet wird. Ausländer sind per se auch aus dem Legitimationssubjekt ausgeschlossen (vgl. Voßkuhle, Kaiser 2009, S. 804) – wobei auch hier die Frage zu stellen ist, in welchem Umfang die Interessen betroffener Ausländer berücksichtigt werden.

Dieses grobe Schema ist notwendig, um dem weiteren Verlauf der Argumentation folgen zu können, da sich die Begrifflichkeiten, die bisher angesprochen wurden, aufeinander beziehen. Bisher wurde eine kurze Einführung in die relevanten Begriffe und ihre Funktion in der Argumentation dargelegt. Methodisch werden drei Aspekte in der folgenden Argumentation genutzt. Es wird zunächst immer von einer Analyse des Begriffs ausgegangen. Um daraus die notwendigen Argumentationsschritte abzuleiten, werden unterschiedliche Definitionen betrachtet. Zudem werden die Argumente an den relevanten Stellen formalisiert oder halbformalisiert. Um ein umfassendes Bild des Begriffs der Legitimation zu erhalten, wird zudem eine kurze Analyse der Definition in der deutschen Rechtswissenschaft vorgelegt. Um aber in die Diskussion einsteigen zu können, sind noch zwei Aspekte notwendig: Zum einen muss der Begriff der Non-Voice-Parties definiert werden; zum anderen muss eine Eingrenzung in der aktuellen Debatte der politischen Philosophie vorgenommen werden. Die bisher vorgestellte Argumentation verweist implizit an einigen Stellen auf das sogenannte ‚All Affected Interests Principle'. Dieses wird, nach der Definition der NVP, genauer analysiert und eine Einordnung dieser Arbeit innerhalb der Debatte vorgenommen.

2.4 Definition des Begriffs Non-Voice-Parties

Der Begriff der Non-Voice-Parties (NVP) ist Teil der englischen Umgangssprache und bezeichnet hier zumeist die weiße Unterschicht, die nicht wählen geht.[13] Diese ist im englischen Staat dementsprechend un- oder bestenfalls unterrepräsentiert[14]. Die hier vorgestellte Arbeit dehnt den Begriff der Non-Voice-Parties aus, präzisiert ihn aber zugleich. Die Gruppe der englischen ‚Nicht-Wähler' steht der Problematik gegenüber, un- oder bestenfalls unterrepräsentiert zu sein, d. h. keine eigene Interessensvertretung im englischen Parlament zu haben. Die hier definierten NVP gehen über das Fehlen ihrer Interessensvertretung hinaus. Um der Arbeit die nötige definitorische Klarheit zu geben, muss es sich bei NVP im Sinne dieser Arbeit um Gruppen von Menschen handeln, die keine Möglichkeit zur Partizipation am politischen Entscheidungsprozess haben. Dies wird daran gemessen, dass sie keine Möglichkeit haben, durch Wahlen den demokratischen Diskurs mitzubestimmen. So sind sie auch für Interessenvertreter nicht relevant,

---

13 Der Begriff ist dem englischen Sprachgebrauch politischer Berater entnommen.
14 Unterrepräsentiert bedeutet hier, dass es unter Umständen eine Person gibt, die sich zwar für das Wohl dieser Gruppe einsetzt, dies aber nicht im Sinne der Gruppe tut, sondern in Form der Surrogatsrepräsentation handelt. Auf diese Form wurde bereits in Kapitel 6 eingegangen.

da sie das politische Geschehen nicht beeinflussen können[15]. Dies ist als erstes Kriterium festzuhalten.

K1: Non-Voice-Parties sind Gruppen von Menschen, die nicht wahlberechtigt sind.

Ohne allerdings überhaupt von den Entscheidungen des Staats betroffen zu sein, ist die Möglichkeit zur Partizipation allerhöchstens theoretisch interessant. Dies ist in Bezug auf die englische Unterschicht bereits implizit enthalten, muss aber explizit als zweites Kriterium betrachtet werden.

K2: Non-Voice-Parties sind Gruppen von Menschen, die von Entscheidungen des Staats betroffen werden.

Um aber eine politische Repräsentation überhaupt möglich zu machen, muss ein drittes Kriterium eingeführt werden. Um ‚repräsentierbar' zu sein, ist es notwendig, die ‚Partie', also die Gruppe, klar definieren zu können. Es muss die Möglichkeit geben, genau anzugeben, wer Teil dieser Gruppe ist und wer nicht. Zudem müssen sich aus den Eigenschaften zur Definition Interessen ableiten lassen, die durch den Staat betroffen sind, wie in K2 festgehalten. Erst die genaue Definition der Gruppe und ihrer Interessen macht sowohl die Betroffenheit als auch die Repräsentation möglich. So ergibt sich das letzte Kriterium.

K3: Non-Voice-Parties sind Gruppen von Menschen, die klar über eine oder mehrere Eigenschaften zu definieren sind.

Fasst man diese drei Kriterien zusammen, entsteht die Definition von Non-Voice-Parties:

Definition NVP: Non-Voice-Parties sind Gruppen von Menschen, die nicht wählen können, aber von Entscheidungen des Staats betroffen und klar über eine oder mehrere Eigenschaften zu definieren sind.

Ein gutes Beispiel sind Asylbewerber in Deutschland. Es gibt eine klar definierte Menge an Menschen, auf die es zu einem bestimmten Zeitpunkt zutrifft, deutscher Asylbewerber zu sein. Asylbewerber sind zudem per Definition nicht in der Lage, am politischen Geschehen teilzunehmen, sie sind somit nicht repräsentiert. Da die Migrationspolitik sich speziell auf diese Gruppe bezieht, sind sie auch Betroffene und somit, da alle genannten Kriterien auf sie zutreffen, eine

---

15 In Kapitel 6 wird genauer auf Gruppen eingegangen, die auf andere Weise als die der Wahl politischen Einfluss nehmen können.

Non-Voice-Partie. In diesem Sinne kann man auch die Gruppe der ‚zukünftigen Generationen' beschreiben. Die Frage, wie aktuelle Regierungen mit möglichen zukünftigen Generationen ‚interagieren' können, spielt hier, neben der klaren Definition der Mitglieder dieser Gruppe, eine entscheidende Rolle. In diesem Zusammenhang ist das Science and Environmental Health Network (SEHN) zu erwähnen (vgl. SEHN, 2008). Dieses Netzwerk der Harvard Law School hat, als Lösungsvorschlag für die Realpolitik, bereits eine Debatte zur Frage des Schutzes zukünftiger Generationen in Hinblick auf die legalen Aspekte eröffnet, dies wird in Kapitel 7 analysiert.

Die Frage der Zugehörigkeit und auch der Interaktion mit Non-Voice-Parties wird bedeutend komplexer, wenn wir ein anthropozentrisches Gesamtbild verlassen. In einer anderen Arbeit wird zu prüfen sein, ob die drei Kriterien auch auf nicht-menschliche Gruppen wie Tiere oder die gesamte Umwelt (im Sinne z. B. eines Gaia-Konzeptes[16]) anzuwenden sind. Die Einordnung von Tieren oder Umwelt wird in dieser Arbeit bewusst ausgelassen. Es muss zunächst geklärt werden, ob und wie NVP repräsentiert sein müssen. Ist dieser grundlegende Schritt geklärt, kann die genaue Definition einzelner Gruppen vorgenommen werden. Um aber Fragestellungen wie der des Bewusstseins – und damit verbunden der Interessen von Tieren und Umwelt – zu entgehen, wird diese Gruppe in der hier vorliegenden Arbeit nicht weiter ausgeführt.

Des Weiteren ist zu fragen, ob sich Non-Voice-Parties nur auf nationale Gruppierungen oder auch auf inter- oder transnationale Gruppen beziehen können. Ein mögliches Beispiel wären hier die gemeinsamen Interessen der Sinti und Roma oder indigener Gruppen, deren ursprünglich bewohnte Gebiete nationale Grenzen überschreiten. Können sie sich auf grenzüberschreitende Gruppen beziehen, schließt sich die Frage an, welche Möglichkeiten die einzelnen Staaten haben, sich solcher Themen zu widmen. Es gibt einige interessante realpolitische Beispiele, die sich mit einzelnen Gruppierungen, welche die Kriterien der Non-Voice-Parties erfüllen, auseinandersetzen. Die Beispiele zeigen aber noch mehr: Sie stellen auf abstrakter Ebene dar, dass Non-Voice-Parties im politischen Diskurs sowohl systemintern als auch systemextern repräsentiert werden können. Beide Felder schließen sich nicht aus, sind aber als Abgrenzungskriterien relevant. Systemintern bedeutet hier Repräsentation innerhalb des politischen Appa-

---

16 Die Gaia Foundation und Stephan Harding beschreiben die Natur bzw. die Welt als eine Gesamtstruktur und somit als Individuum. „[…] the sum of all the complex feedbacks between life, atmosphere, rocks and water give rise to Gaia, the evolving, self-regulating planetary entity that has maintained habitable conditions on the surface of our planet over vast stretches of geological time" (Harding 2006, S. 64). Dies lässt zumindest die Frage nach dem rechtlichen und politischen Status des Individuums ‚Erde' und somit zu seiner evtl. Mitgliedschaft bei den Non-Voice-Parties zu.

rats. Das ungarische Konzept des Ombudsmanns für zukünftige Generationen und Nachhaltigkeit ist hier als Institution ministerialer Vertretung zu nennen. Zudem gibt es auch die Möglichkeit, die einzelnen Mitglieder der Regierung in die individuelle Verantwortung zu nehmen. Wie dies geschehen kann, wird in Kapitel 6 analysiert werden. Der systemexterne Weg gliedert sich auf in Fragen der legalen Verankerung und der juristischen Umsetzbarkeit dieser Formen der Repräsentation sowie in eine ‚gesellschaftliche' Herangehensweise. Die vorgestellte Arbeit wird zeigen müssen, ob eine rein rechtliche Herangehensweise in der Lage ist, die Probleme jeder der Non-Voice-Parties zu lösen. Dieser Fragestellung sehen sich auch die gesellschaftlichen Ansätze gegenübergestellt. Hier ist zum einen die Möglichkeit einer Repräsentation durch gesellschaftliche Gruppierungen wie etwa Nicht-Regierungs-Organisationen zu nennen. Zum anderen könnte auch ein Weg ökonomischer Entschädigung gewählt werden (vgl. Tremmel 2010, 8–12). In Kapitel 6 werden die bis dahin analysierten Argumentationsschritte zusammengefasst und auf eine beispielhafte Auswahl möglicher Repräsentationsmodelle angewandt. Kapitel 7 wird sich dann mit möglichen Kritikpunkten befassen.

2.5   Der Bezug zum All Affected Principle

Nachdem nun Forschungsfrage, Argumentationsverlauf und Definition von NVP geklärt sind, muss die vorliegende Arbeit noch in den Forschungskontext eingeordnet werden. Wie bereits gezeigt, steht die Arbeit im Kontext der politischen Philosophie. In diesem Bereich der Philosophie gibt es kaum eine systematische Aufarbeitung des Umgangs mit NVP durch Staaten. Was dieser Fragestellung von der Grundidee noch am nächsten kommt, ist die Debatte um das sogenannte All-Affected-Principle (AAP)[17]. Durch die bisher vorgestellte kurze Ausführung des Argumentationsschemas lassen sich hier Parallelen zur Struktur des AAP finden. Zwar sind Legitimation und Repräsentation die begrifflichen Grundlagen, von denen die Arbeit ausgeht, aber gerade durch die Frage der Definition des

---

17 Das Principle of All-Affected Interests wird von unterschiedlichen Autoren leicht unterschiedlich benannt. Robert Dahl, einer der ersten Autoren, die sich konkret mit dem Prinzip auseinandersetzten, nennt es Principle of Affected Interests (Dahl 1990, S. 49). Miklosi nennt es Principle of All Affected Interests (Miklosi 2012, S. 483) und Robert Goodin, einer der meistdiskutierten Autoren zu diesem Thema, nennt es All Affected Principle (Goodin 2007, S. 40) – wobei Goodin den Namen je nach Definition anpasst (vgl. Goodin 2007). Für diese Arbeit wird das Prinzip durchgängig All Affected Principle (AAP) genannt, es sei denn, es wird ausgeführt, dass es erweitert werden muss.

Volks[18] und der möglicherweise notwendigen Einbindung von Betroffenen lässt sich eine Nähe zum AAP feststellen. Dieses Prinzip soll nun in Kürze ausgeführt werden, um eine Abgrenzung der Arbeit vornehmen zu können. Dies ist zudem relevant, da die Gegenargumente, die gegen das AAP vorgebracht werden, zum Teil auch gegen das Resultat dieser Arbeit verwendet werden können. Auf diese möglichen Gegenargumente wird in Kapitel 7 eingegangen werden, da erst an dieser Stelle die in dieser Arbeit aufgeführten Argumente auf die Debatte um das All-Affected-Principle bezogen werden können.

Grundlage für das AAP ist eine Intuition. Diese wurde als einer der Slogans des amerikanischen Unabhängigkeitskriegs formuliert: ‚No taxation without representation.' Die Idee dahinter ist, dass in einer Demokratie jeder, der besteuert wird, auch repräsentiert sein muss. Erweitert man diesen Gedanken, muss jeder der Betroffen auch am Prozess der Handlung, die zur Betroffenheit führt, beteiligt sein. Saunders führt aus, dass dies nicht nur ein Prinzip in der Demokratietheorie, sondern ein generelles moralisches Prinzip sei (Saunders 2012, S. 286). Über diese Erweiterung des Prinzips auf die moralische Ebene kritisiert er es zur gleichen Zeit. Auch diese Kritik wird in Kapitel 7 debattiert. Das AAP wird meistens auf der Grundlage zweier Frage- oder Problemstellungen aufgebaut: das sogenannte ‚Boundary Problem' (vgl. Arrenhius 2005) und die Frage, wie der ‚Demos' konstituiert wird (Dahl 1990; Goodin 2007). Beide Problemstellungen sind auf die Frage bezogen, wie das Volk zu definieren ist. Das ‚Boundary Problem' geht dabei in seiner ursprünglichen Formulierung von der Grundlage aus, dass die Handlungen von Nationalstaaten (negative) Konsequenzen für Menschen haben können, die in anderen Staaten leben (vgl. Arrenhius 2005, S. 15; Saunders 2012). Diese Menschen müssten, zunächst einer Intuition nach, in den Entscheidungsprozess zu dieser Handlung einbezogen werden. Saunders begründet diese Intuition in einer Überlegung über die Demokratie.

> „Democracy can be seen as a procedure that allows some of us to impose costs on others for our own benefit, provided that all expect to benefit overall. We are prepared to waive some of our rights provided that others do so too and all expect to gain. The gains, however, are confined to members of a particular cooperative group. We are entitled to impose losses on some, but this does not entitle us to impose losses on those who neither consent nor stand to gain" (Saunders 2012, S. 281).

Die Idee der Übertragung von Kosten auf Menschen, die nicht in den demokratischen Prozess eingebunden sind, ist die Grundlage dafür, dass es hier einer möglichen Umformung der Demokratie bedarf (vgl. auch Saunders 2012, S. 294). Dieses Problem stellt sich nicht nur bei Handlungen, die Einfluss auf Menschen

---

18 Im kommenden Abschnitt werden Volk und Demos gleichgesetzt. Diese Begriffseinheit hat sich in der aktuellen Debatte durchgesetzt und wird hier nicht weiter hinterfragt.

anderer Staaten haben, sie ist auch ein Problem für die Demokratie im Umgang mit strukturellen Minderheiten (vgl. Saunders 2012, S. 281). Saunders baut diesen Gedanken auf einem impliziten Prinzip der Fairness auf. Zwar verlieren Menschen in einer Demokratie manchmal, sie akzeptieren diese Niederlage aber, weil sie eben manchmal auch gewinnen (vgl. Saunders 2012, S. 280-282). Die Frage nach der Pflicht, den Gesetzen in einer Demokratie zu folgen, wird hier nicht weiter ausgeführt[19]. Der Gedanke, den Saunders hier ausführt, ist allerdings, dass jedes reziproke Prinzip, wie das angesprochene Fairnessprinzip, darauf aufbaut, dass alle Parteien überhaupt die Möglichkeit haben, etwas Gutes aus diesem Prinzip zu ziehen. Dies ist aber aufgrund des ‚Boundary Problems‘ nicht möglich: „Consequently, many of those who have considered the so-called 'boundary problem' have argued that there is no justification for restricting the franchise to members of a particular state " (Saunders 2012, S. 281). Dadurch, dass sich die Gruppe derer, die von Entscheidungen betroffen sind, nicht auf einen Nationalstaat in der derzeitigen Ausgestaltung beziehen kann, muss ein neues Prinzip gefunden werden.

2.5.1   Die Grundlage des All-Affected-Principle

Ein solches Prinzip kann das AAP darstellen. Saunders argumentiert hier über die Frage der Rechtfertigung von Demokratie.

> „If the justification of democracy lies, for example, in allowing people to protect their interests, then it seems reasonable that all whose interests are at stake in a decision should have the chance to participate in making it" (Saunders 2012, S. 282).

Über diese Argumentation versucht er zu belegen, dass sich die Entscheidungsmacht des Demos auf die Mitglieder des Demos beziehen sollte (vgl. Saunders 2012, S. 290), nicht auf Außenstehende, da diese keinen Ausgleich für Schaden durch den Demos zu erwarten hätten[20]. In seiner Argumentation findet sich einer der Kritikpunkte am All-Affected-Principle, auf den in Kapitel 7 eingegangen wird.

---

19 Eine Diskussion des Fairnessgedankens findet sich zum Beispiel bei Peter Singer (vgl. Singer 1973). Andere Autoren, die sich mit diesem Bereich beschäftigen, sind Craig Carr, Patrick Durning, David Mapel und John Horton (vgl. Carr 2002, Durning 2003, Mapel 2005 und Horton 2010). Dies ist nur eine kurze Übersicht. Zur Argumentation der Pflicht, die Gesetze in einem Staat zu befolgen, gibt es eine sehr breite Debatte, die hier nicht weiter aufgegriffen werden kann. Die Argumentation der Arbeit setzt sich mit der grundlegenden Legitimation des Staats auseinander (siehe Kapitel 3). Die Frage nach der Pflicht, den Gesetzen zu folgen, ist aber eine funktionale Frage, die durch die Ausgestaltung der Staats- und Regierungsform entsteht.

20 "Those who are not part of the demos cannot expect to receive compensating benefits, so should not be liable to bear costs either" (Saunders 2012, S. 290).

Die zweite Frage- oder Problemstellung, aus der das AAP abgeleitet wird, ist die Frage nach dem Demos selber. Diese Argumentation bezieht sich nicht zuerst auf ein Problem der Betroffenheit; sie fragt vielmehr direkt danach, wie der Demos zu konstituieren ist. So beginnt Goodin seine Untersuchung des AAP mit der Problemanalyse, dass es nur eine sehr begrenzte Debatte zur Frage des ‚Demos' oder Volks gebe (vgl. Goodin 2007, S. 40f.; diese Argumentation findet sich auch bei Dahl 1990, S. 45f.). Dass das Demos zufällig entstehen oder akzeptiert werden kann, ist für Goodin klar (vgl. Goodin 2007, S. 44). Die Frage, wie das Volk als Legitimationssubjekt definiert werden kann, wird in Kapitel 5 wieder aufgegriffen werden. Für Goodin bedeutet diese Frage die Grundlage jeder Demokratie. „Constituting the demos is the first step in constructing a democracy" (Goodin 2007, S. 43). Aber, so führt er weiter aus, das Volk kann nicht selber durch einen demokratischen Prozess definiert werden[21]. Wäre dies der Ansatz, käme es zu einem infiniten Regress. Es muss also ein anderes Prinzip außerhalb der Demokratie gefunden werden (vgl. Goodin 2007, S. 43). Mit diesem Gedanken will Goodin nicht die Demokratie infrage stellen, er sagt damit nur aus, dass Demokratie alleine nicht ausreichend ist. „The need to appeal to some principle outside democracy to constitute the demos does not render democratic theory incoherent, merely incomplete" (Goodin 2007, S. 43f.). Goodin überprüft auf dieser Grundlage die bestehenden Prinzipien von Abstammung, Geburtsort und anderen Vorschlägen (vgl. Goodin 2005, S. 48f.; diese Überlegung findet sich auch bei Arrenhius 2005 und Näsström 2011). Goodin kritisiert die Vorschläge anhand ihrer Über- oder Untereinbezogenheit („over- or underinclusive" (Goodin 2005, S. 47)) anderer Menschen (vgl. Goodin 2007, S. 49). Seiner Ansicht nach bietet das AAP in diesem Rahmen die beste Alternative. „The „all affected interests" principle is the standard by which the adequacy of those other approximations is invariably assessed" (Goodin 2007, S. 49). Die geschilderte Problemstellung hat sich erst mit dem Eintritt in das beschriebene Anthropozähn ergeben, da sich die meisten Handlungen vorher auf Menschen in einem engeren Umfeld bezogen. Es wurde in der Einleitung und zu Beginn dieses Kapitels bereits argumentiert, dass sich der Handlungsrahmen in den letzten Jahrzehnten deutlich erweitert hat und somit die Notwendigkeit, neue Prinzipien zu finden, gegeben ist (vgl. Goodin 2007, S. 48; Saunders 2012, S. 282). Dahl, Arrenhius und Goodin argumentieren, dass das AAP das beste Prinzip für diese neue Situation ist.

---

21 Diese Problemstellung greift auch Miklosi auf: "The boundary problem is related to the fact that traditionally, democratic theory has presumed that the set of persons constituting the demos has already been established prior to democratic decision-making, and therefore specifying this set is not itself the outcome of democratic decisions" (Miklosi 2012, S. 483).

„Constituting a demos on the basis of shared territory or history or nationality is thus only an approximation to constituting it on the basis of what really matters, which is interlinked interests" (Goodin 2007, S. 49).

Auf der Grundlage der verbundenen Interessen muss also ein Prinzip entwickelt werden, das die oben genannten Argumentationen aus der Demokratietheorie des ‚Boundary Problems' und der Bestimmung des Demos aufgreift. Arrhenius zeigt auf, dass, wenn ein solches Prinzip bewertet wird, dieses auf Grundlage der besten Funktion für die Demokratie geschehen muss.

„When we try to figure out which theory of democracy is the best one, and which conception of relevant effects is correct, we have to weigh the evidence for and against different theories – it is an epistemic question, not a moral or political one" (Arrhenius 2005, S. 26).

Um das AAP nach diesem Maßstab zu bewerten, ist eine genauere Definition notwendig. Das Prinzip wird in der Debatte mehrfach aufgegriffen und unterschiedlich ausformuliert. Kern ist immer, dass es um die Einbindung aller Betroffenen geht.

2.5.2   Die unterschiedlichen Definitionen des AAP

Hier soll ein kurzer Überblick über die unterschiedlichen Definitionen des AAP gegeben werden, um den Bezug zur Arbeit herstellen zu können.

Eine der ersten Definitionen wurde 1970 von Robert A. Dahl gegeben. „Everyone who is affected by the decisions of a government should have the right to participate in that government" (Dahl 1990, S. 49). In dieser frühen Version des AAP ist die Rolle der Regierung noch explizit ausformuliert. Dahl bezieht das AAP also rein auf den politischen Diskurs. Er sieht es als das beste Prinzip, um die Definition des Demos zu gewährleisten, an (Dahl 1990, S. 49). Die gesamte Debatte um das AAP bewegt sich, bis auf die bereits ausgeführte Argumentation von Saunders, im Bereich der Frage nach Staatshandlungen. Goodin bleibt in diesem Schema, spricht aber von betroffenen Interessen.

„According to what I shall call the „all actually affected interests" principle, the decision-making body should include all interests that are actually affected by the actual decision. This is probably the most common form of the principle" (Goodin 2007, S. 52).

Diese Standardform des AAP bezieht die Betroffenheit des Menschen auf das aktuelle Interesse, die durch aktuelle Entscheidungen betroffen werden. Dies ist nach Goodin die überzeugendste Lösung für die Bestimmung des Demos. Das so ausformulierte AAP ist grundlegend egalitär, es bezieht nach Goodin alle Inter-

essen zunächst auf gleiche Weise ein (vgl. Goodin 2007, S. 50). Aus dieser Formulierung entsteht aber ein Problem. Dadurch, dass das AAP zur Bestimmung
des Demos geschaffen ist, wird dieser über die Betroffenheit bestimmt. Unter
anderem hängt diese Betroffenheit aber von denjenigen ab, die die Entscheidung
treffen. Diese müssten also wieder durch das AAP bestimmt werden. Auch hier
ergibt sich der angesprochene infinite Regress (vgl. Goodin 2007, S. 54). Dieser
kann durch die Erweiterung des Prinzips auf alle ‚potenzielle' Betroffenen gelöst
werden (vgl. Goodin 2007, S. 55). So wird aber der Demos deutlich erweitert.
Diese Erweiterung wird aus Praktikabilitätsgründen kritisiert (vgl. z. B. Schaffer
2012 und Saunders 2012, 2013). Für Goodin ist diese Ausweitung allerdings die
einzig legitime Art, den Demos zu definieren.

> „A maximally extensive franchise, virtually (perhaps literally) ignoring boundaries
> both of space and of time, would be the only legitimate way of constituting the de-
> mos to this more defensible version of the „all possibly affected interests" principle"
> (Goodin 2007, S. 55).

Es gibt aus seiner Argumentation heraus nur zwei Alternativen. Entweder man
akzeptiert die Ausweitung des Demos, und nach Goodin damit einen Weltstaat,
oder man limitiert die Handlungsmacht des Demos rein auf eben diesen Demos
(Goodin 2007, S. 55). Beides wird von einer Reihe von Autoren kritisiert und abgelehnt. Die Diskussion dazu wird in Kapitel 7 aufgegriffen. Das AAP kann über
die Bestimmung der Betroffenheit auf unterschiedliche Art und Weise ausgeweitet werden. „We may distinguish, for example, between enfranchising 'all actually affected interests', 'all probably affected interests', 'all possibly affected interests', 'all and only affected interests', and so on" (Saunders 2012, S. 281). Die
Bestimmung der Betroffenheit diskutiert Richard Owen detailliert in seinem Artikel und erläutert ausführlich, welche Gruppen als 'betroffen' gelten sollen und
inwiefern Betroffenheit welche Rolle spielt (vgl. Owen 2012, 131 -133). Saunders formuliert das AAP aufgrund dieser Schwierigkeit, Betroffenheit zu definieren, um. Er spricht nicht von betroffenen Interessen, sondern von betroffenen
Rechten[22], führt aber auch aus, dass das Prinzip je nach Definition von Betroffenheit anders formuliert werden kann (vgl. Saunders 2012, S. 281). An dieser
Stelle wird auf die Definition der Betroffenheit im AAP nicht weiter eingegangen, da es zur Abgrenzung dieser Arbeit gegenüber dem AAP nicht weiterhilft.

Eine weitere Differenzierung des AAP kommt von Sofia Näsström. Diese Differenzierung ist entscheidend für die Einordnung der Argumente dieser Arbeit in
den Kontext der Debatte um das AAP. Näsström unterteilt das AAP in zwei

---

22 Die Debatte um betroffene Rechte ist war interessant, führt aber von der Fragestellung dieser
    Arbeit weg. Sie wird im achten Kapitel kurz aufgegriffen.

Prinzipien. Sie unterscheidet zwischen dem all-subjected und dem all-affected principle. Sie definiert nicht nur das AAP, sie beschreibt auch die Aufgaben, die es erfüllt. „The all-affected principle in fact has three distinct roles to play, that of *diagnosing*, *generating* and *justifying* the boundaries of the people" (Näsström 2011, S. 117). Gerade die Rechtfertigungsaufgabe des AAPs ist jedoch der Punkt, an dem viele der in Kapitel 7 aufgeführten Kritikpunkte ansetzen. Das AAP führt zu einer Argumentation für einen Weltstaat. „Thus, the PAAI has come to serve as one of the normative premises of arguments for the moral desirability of global democratic decision making" (Miklosi 2012, S. 484). Miklosi spezifiziert diesen durch das AAP angestrebten Weltstaat als eine demokratische Institution, in der alle betroffenen Interessen durch Wahlen abgedeckt sein müssen (vgl. Miklosi 2012, S. 484). So spannend die Diskussion um den Weltstaat ist, sie ist weder Teil der Forschungsfrage dieser Arbeit noch Resultat des hier Argumentierten. Aus diesen Gründen wird auf diese Debatte nicht weiter eingegangen.

Näsström definiert den Unterschied zwischen all-subjected und all-affected principle durch die unterschiedlichen Ausgangslagen. Das all-subjected principle nimmt den Staat als gegeben an und argumentiert auf dieser Grundlage weiter – wohingegen das „all-affected principle serves to take normative command of a situation of plural and competing allegiances" (Näsström 2011, S. 118-122). Das AAP kann also deutlich weiter gefasst werden und beschäftigt sich mit einer anderen Fragestellung. Für diese Arbeit ist das all-subjected principle aber interessanter, da es zu ähnlichen Resultaten wie die hier vorgestellte Argumentation führen kann.

> „What is significant for the all-subjected principle is that it takes the existence of a political unit for granted. It assumes the state as a primary boundary or threshold for inclusion and exclusion and then argues that all those subjected to political rule within its boundaries ought to have a say in its making" (Näsström 2011, S. 117).

Das all-subjected-principle hat den Vorteil, dass es dem Gegenargument entgeht, das über den infiniten Regress aufgebaut wird. Durch die Annahme, dass es bereits politische Institutionen gibt, muss bei diesem Prinzip die Frage beantwortet werden, wie die Interessen der ‚all-subjected‘ in die bestehenden Institutionen einbezogen werden können. Das all-subjected principle stellt also ein normatives Ideal dar, mit dem das Volk eines bestehenden demokratischen Staats bestimmt werden kann (vgl. Näsström 2011, S. 122-126). Näsström wendet sich allerdings von dem all-subjected-principle ab, da sie den Staat selber als eine umstrittene Institution ansieht (Näsström 2011, S. 117). Von dieser Schlussfolgerung geht die folgende Argumentation auch aus. Die Konsequenz ist aber eine grundlegend andere. Über die Definition der Legitimation wird in dieser Arbeit für die Gründe argumentiert, warum es einen Staat geben muss. Aus diesen Gründen ergibt sich dann eine Argumentation für die Ausgestaltung eines ähnlichen Prinzips wie das all-subjected principle. Hierin liegt auch die Abgrenzung dieser Arbeit gegenüber der Debatte des AAP. In dieser Debatte wird das Prinzip als aus der Demokratie legitimiert angenommen und in den meisten Fällen über die Folgen oder die Definition von Betroffenheit diskutiert. Die hier vorgestellte Arbeit geht einen anderen Weg. Das Prinzip der Demokratie wird nicht als grundlegend angenommen. Durch den Aufbau der Argumentation über die Legitimation wird hier ein anderer Argumentationsweg gewählt. Zum einen kommt es so nicht zum Gegenargument des infiniten Regresses, zum anderen ergibt sich aber aus dieser Argumentation eine neue Sicht, was die ‚Einbindung' der betroffenen Interessen bedeutet. Somit startet die Argumentation bei der Frage nach der Legitimation.

3 Der Zweck von Staaten

Um eine Antwort auf die normative Fragestellung der ‚guten' Ordnung des menschlichen Zusammenlebens zu erhalten, braucht man einen Rahmen, in dem ‚gut' bestimmt werden kann. Man muss also an dieser Stelle Kriterien angeben, die ‚gut' messbar machen. Ziel dieses Kapitels ist es, einen solchen Rahmen zu schaffen. Die vorgestellte Argumentation versteht den Begriff der Legitimation als Teil der Forschungsfrage. Der in diesem Kapitel erarbeitete Rahmen wird eine Einordnung der Legitimation in die Frage nach einer ‚guten' Ordnung liefern. Die Frage, welche Rolle die Legitimation für diese Ordnung spielt, ist der erste Schritt der Argumentation, der zur Klärung der Forschungsfrage erläutert werden muss.

Dazu wird zunächst analysiert, welchen Zweck Staaten erfüllen. ‚Gut' kann im aristotelischen Sinn immer unter der Frage ‚Gut zu welchem Zweck' erarbeitet werden. Es muss also der Zweck angegeben werden, um eine Aussage zu treffen ob etwas, in diesem Fall die Ordnung, ‚gut' ist. Daraus ergibt sich die Frage nach der Legitimation. Aus dem Zweck kann insofern eine Rechtfertigung abgeleitet werden als etwas, das mit einem Zweck versehen ist, diesen aus einem bestimmten Grund zu erfüllen hat. Ob dieser Grund gerechtfertigt ist oder nicht bestimmt in Bezug auf den Staat die Legitimation. Diese leitet sich also aus dem Zweck des Staats ab. Es gibt aber unterschiedliche Perspektiven, aus denen diese Legitimation betrachtet werden kann. Dazu muss geklärt werden, wie der Begriff definiert werden kann. Neben den Überlegungen hierzu aus der politischen Philosophie wird anhand des Beispiels des deutschen Staats ausgeführt, wie aus einer rechtswissenschaftlichen Perspektive Legitimation zu verstehen ist. Die Erkenntnisse aus diesen ersten Schritten der Analyse werden dann in einen Kontext mit dem Versuch der Erklärung des Gesamtsystems ‚Staat' bei Max Weber gestellt. Weber dient hier nur dazu, einen begrifflichen Rahmen zum Verständnis des ‚Staats' zu schaffen. Seine Theorie wird nicht selber analysiert, die Gründe hierfür werden in der Auseinandersetzung mit Weber im Verlauf des Kapitels geklärt. Deswegen wird Weber auch nicht aus einer der vielen systematischen Auseinandersetzungen mit seinem Werk aufgearbeitet. Mit der Klärung des Begriffs Legitimation aus dem Zweck des Staats wird der angestrebte Rahmen für die restliche Arbeit vorgeben. Innerhalb dessen werden in Kapitel 4 die Argumente, die zur Legitimation des Staats führen, erörtert.

3.1 Die Ordnung des Staats

„Alle Ordnung ist Ordnung auf einen bestimmten Bezugspunkt hin" (Albrecht 1976, S. 72). In diesem Fall ist der Bezugspunkt der Zweck des Staats. Ein Staat ist also keine zwecklose Institution. Er ist immer Mittel zum Erfüllen eines bestimmten Ziels. „Wenn Menschen auf die eine oder andere Weise eine Gruppe bilden, so geschieht das offensichtlich in *Hinblick auf den Zweck,* den ihre Gruppierung als Mittel untergeordnet ist" (Dabin 1964, S. 58). Staaten sind nichts Anderes als Gruppen[23]. Man kann also den Staat in eine teleologische Ordnung eingliedern. In dieser Sichtweise kann ein Staat funktional beschrieben und somit bewertet werden. Es gibt nun unterschiedliche Ansätze, wie dieser Zweck definiert werden kann. Doehring argumentiert, dass Staaten zwar einen Zweck haben, dieser aber nur subjektiv von den Individuen bestimmt und somit nicht wissenschaftlich erklärt werden kann.

> „Es sei nochmals wiederholt, daß die Frage nach dem – abstrakt gesehen – besten Staat unsinnig ist. Wenn aber über das konkrete Staatsziel voluntaristisch, d.h. keiner Logik, sondern nur einer ethischen Wertung entsprechend einmal entschieden ist, ist die Frage an die Wissenschaft von Staatslehre berechtigt, wie denn nun und durch welche Organisation diesem dem vorangestellte Ziel am ehesten dient" (Doehring 2004, S. 5).

An dieser Stelle ist ein Punkt aus Doehrings Werk entschieden abzulehnen. Doehring führt aus, dass der „Staat als rein normative Ordnung" (Doehring 2004, S. 13) betrachtet werden kann. Sollte die Staatslehre, die Doehring hier vorstellt, in der Lage sein, den Staat aus seiner normativen Ordnung heraus zu erklären, ergibt sich schon rein begrifflich aber ein Widerspruch mit der Aussage, dass der Staatszweck rein subjektiv erfahrbar wäre (vgl. Doehring 2004, S. 4f.). Um die normative Ordnung einer Institution zu erklären, die zu einem bestimmten Zweck geschaffen wird, muss dieser Zweck angegeben werden. Erst durch diese Funktionalität einer Institution wird ihr Zweck also erklärbar. Durch diesen Zusammenhang stellt der Zweck selber eine normative Gegebenheit dar (bei Staaten nennt sie Kelsen „Grundnorm" (vgl. Kelsen 1960)). Diese normative Gegebenheit hat entscheidenden Einfluss auf die normative Ordnung innerhalb der betrachteten Institution. Trotzdem muss Doehrings Kritik, dass der Staatszweck

---

23 Sie werden allerdings in speziellen Sinn definiert. Dazu mehr in der Analyse Max Webers staatstheoretischer Überlegungen.

rein subjektiv zu betrachten sei (vgl. Doehring 2004, S. 4f.) ernst genommen und widerlegt werden. Es gibt eine ganze Reihe unterschiedlicher Ansätze, die auf den Staatszweck hinweisen. Diese lassen sich zum Teil aus der menschlichen Natur, zum Teil aus menschlichen Interessen ableiten. Um aber eine definitive Aussage über den Staatszweck treffen zu können, muss der ‚kleinste gemeinsame Nenner' gefunden werden, auf den sich alle diese Theorien bringen lassen. Wie bereits beschrieben, wird der Staat an dieser Stelle als rein funktionale Institution gesehen. „Ein erprobter Weg zur Erschließung des Sinns eines Seiendens ist deshalb die Frage nach dem, was wäre, wenn es dieses Seiende nicht gäbe" (Albrecht 1976, S. 64). Im speziellen Fall des Staates kann man den Sinn mit dem Zweck gleichsetzen, da der Sinn bei einem funktionalen Seienden immer aus seinem Zweck abgeleitet werden muss. Es ist also zu fragen, was wäre, wenn es keinen Staat gäbe. Albrecht sieht in der Anarchie einen Zustand der Gewalt zwischen den Menschen (vgl. Albrecht 1976, S. 65 – 67)[24]. Um sicherzustellen, dass dieser Zustand nicht anhält, schafft der Mensch den Staat. Albrecht legt hier eine Definition vor:

> „Der Staat ist seinem Wesen nach ein von Menschen geschaffener Herrschaftsverband, der das Zusammenleben der Menschen in einer Weise ordnet, die menschenwürdiges, d. h. dem Wesen des Menschen gemäßes Dasein ermöglicht und fördert" (Albrecht 1976, S. 75).

Die angesprochene Ordnung des Zusammenlebens ist eine Formulierung des Bewertungsrahmens der Qualität von Staaten. Der Staatszweck als Ermöglichung und Förderung menschenwürdigen Daseins kann als Bezugspunkt angesehen werden, an dem man messen kann, ob der Staat ‚gut' ist. Das Maß, nach dem der Staat diesen Zweck erfüllt, ist das Kriterium, von dem man seine Qualität ableiten kann.

Aus diesem Zweck ergibt sich aber auch eine Form der Legitimation. Der Staat wird zu dem von Albrecht beschriebenen Zweck geschaffen: Die Rechtfertigung, dass es ihn überhaupt gibt, muss dadurch begründet werden, dass die Ordnung „die menschenwürdiges, [...] Dasein ermöglicht und fördert" (ebd.), notwendigerweise umzusetzen ist. ‚Notwendigerweise' bedeutet aber hier ‚als dem Staat vorausgehend', also ‚grundlegend'. Nicht weil es den Staat bereits gibt, ist ein menschenwürdiges Dasein anzustreben, sondern weil es ‚richtig' ist, muss der Staat diesen Zweck erfüllen. Dass es richtig ist, muss aber unabhängig vom Staat der Fall sein, sonst bräuchte man keine Institution zu schaffen, die diesen Zweck zu erfüllen hat. Dies ergibt sich aus der zeitlichen Abfolge. Zunächst muss der

---

24 Dies ist die klassische Interpretation des staatenlosen Zustands, die sich in den meisten Vertragstheorien, wie z.B. bei Hobbes und Locke, findet.

Zweck vorhanden sein, erst danach kann dieser Zweck umgesetzt werden. Die Formulierung ‚weil es richtig ist' ist aber an sich keine normative Begründung, für sie muss weiter argumentiert werden. Dieser Punkt wird in Kapitel 4 aufgegriffen. Da hier der Begriff Legitimation geklärt werden soll, müssen zunächst die Formen aufgezeigt werden, die eine Legitimation des Staats annehmen kann. Denn neben der Form der grundlegenden Legitimation kann man in der Argumentation von Albrecht noch eine zweite Form finden.

3.1.1   Die funktionale Legitimation

Nachdem der Zweck und damit der Maßstab zur Qualität eines Staates bestimmt ist, kann damit begonnen werden, nach der Staats- oder Regierungsform zu suchen die diesen Staat in Hinblick auf diesen Zweck am besten ausgestaltet (Doehring 2004, S. 4). Die Frage nach der besten Staats- oder Regierungsform beinhaltet die zweite Form der Legitimation. Die beste Staats- oder Regierungsform muss durch den bereits erläuterten Zweck bestimmt werden. Sie ist dann am besten, wenn sie so funktioniert, dass der Zweck erfüllt wird. Hier spiegelt sich das Maß wider, mit dem die Qualität gemessen wird. Eine Staats- oder Regierungsform besteht aber neben ihrer verfassungsmäßigen Konzeption auch in ihrem Handeln und ihrer Funktionalität. Da auch dies auf den Zweck ausgerichtet sein muss, ist eine Staats- oder Regierungsform dann schlecht, wenn sie den Zweck nicht richtig erfüllt, und dann gut, wenn sie ihn bestmöglich erfüllt. Wenn ihr Funktionieren aber weder am Zweck gemessen wird noch auf den Zweck ausgelegt ist, dann ist sie – und damit der ganze Staat – nicht legitimiert. Der Staat wird ja nur erschaffen, um einen Zweck zu erfüllen; ist seine Funktion nicht auf diesen Zweck ausgerichtet, ist der Staat auch nicht notwendig. Daraus ergibt sich aber neben der grundlegenden Legitimation, die die Frage nach der Rechtfertigung für den Staatszweck stellt, auch eine ‚funktionale Legitimation', die die Frage nach der Ausrichtung der Funktion auf den Staatszweck stellt. Am Beispiel der herrschenden Meinung in der Rechtswissenschaft und der Analyse von Max Weber wird gezeigt werden, wie einen funktionale Legitimation der Staatshandlung, und damit des Staats, aufgebaut sein kann. In Kürze kann man sagen, dass, nachdem es bereits einen Staat (oder mindestens eine Verfassung) gibt, eine Prozedur geschaffen werden muss, die die Legitimation vom Legitimationssubjekt (im Fall der Demokratie ‚dem Volk') auf den Staatshandelnden übertragen wird. Hier spielt die Qualität der Legitimationsvermittlung eine entscheidende Rolle (siehe die Diskussion um Voßkuhle, Kaiser 2008 im weiteren

Verlauf des Kapitels).[25] Beide Arten der Legitimation können allerdings nicht getrennt voneinander betrachtet werden[26]. Sie hängen insofern voneinander ab, als das die grundlegende Legitimation durch den Staatszweck einen Rahmen für die funktionale Legitimation bilden muss.

3.1.2 Die grundlegende Legitimation des Staats

Albrecht führt die grundlegende Legitimation des Staates durch die Beschreibung des Staatszwecks aus. „Sinn des Staates ist es, menschenwürdiges Dasein zu ermöglichen und zu fördern" (Albrecht 1976, S. 69). So sieht Albrecht die Grundfunktion des Staats als „Ordnung der Beziehungen der Staatsbürger untereinander" (Albrecht 1976, S. 68). Wenn diese Ordnung menschenwürdiges Leben ermöglicht, ist auch die funktionale Legitimation des Staates zumindest aus der Sicht politischer Philosophie abgedeckt. „Staatliche Ordnung ist gute Ordnung, wenn sie in rechter Weise auf dieses Ziel [menschenwürdiges Dasein zu fördern; Anm. des Autors] gerichtet ist" (Albrecht 1976, S. 72). Die Ermöglichung menschenwürdigen Lebens findet sich in einer ganzen Reihe von Theorien die den Zweck des Staates erklären wollen[27]. Menschenwürdiges Leben lässt sich aber auch weiter fassen, und so wird auch vom Wohl der Menschen gesprochen. Aus der Gruppe von Menschen führt der Staat zu einer „konstitutiven Bildung einer *organisierten* und *hierarchischen* Gesellschaft [.], deren *spezifisches* Ziel oder deren *sozialer Zweck* ein *Gut* ist, das man *öffentlich* nennt, und noch genauer gesagt [...] das *zeitlich öffentliche Wohl*" (Dabin 1964, S. 52 – 53). In diesen Argumentationssträngen ist offensichtlich, dass der Zweckbegriff an das Wesen des Menschen geknüpft ist. Um das Wohl des Menschen oder ein menschenwürdiges Dasein zu bestimmen, muss definiert werden, was den Menschen ausmacht, um erarbeiten zu können, was dieses Wohl oder ein menschenwürdi-

---

25 So definiert Ermacora, „daß sich die Auseinandersetzung mit der Frage nach der Legitimität in der westlichen Gesellschaft auf die Folgebereitschaft der Bürger einem bestimmten politischen System gegenüber bezieht" (Ermacora 1979, S. 66). Dazu muss dieses System bereits existieren; die Legitimität, die über diese Funktionalität definiert wird, wird allerding messbar (so ist zum Beispiel die Folgebereitschaft der Menschen messbar). Man muss allerdings sagen, dass Emacora der zweiten Schule von Theoretikern zuzuordnen ist, die Mill beschreibt. Er definiert den Staat nicht über seine Funktion, sondern als in der Natur des Menschen angelegt und bleibt der Tradition Hegels in diesem Punkt verhaftet.

26 Die einzige Staatsform, in der beide Legitimationsschemata zusammenfallen, ist der göttliche Staat, da hier durch einen externen Faktor sowohl Zweck als auch ‚Verfassung' bzw. Recht vorgegeben werden.

27 Ermacora knüpft staatliche Legitimität an Menschenrechte und Grundfreiheiten, also eine Ableitung aus der Menschenwürde. „Zu den Legitimitäts-und Legitimationskriterien gehört also das Ausmaß der Verwirklichung der [...] Menschenrechte und Grundfreiheiten – [...]" (Ermacora 1979, S. 67).

ges Dasein für ihn ist. So führt zum Beispiel John Stuart Mill aus, dass eine Regierung dann als gut erachtet werden kann, wenn sie zum einen die „allgemeine geistige Entwicklung des Gemeinwesens" fördert, und zum anderen, wenn die „politischen Institutionen die bereits vorhandenen moralischen, intellektuellen Fähigkeiten so organisieren, dass sie von maximalen Einfluss auf die öffentlichen Angelegenheiten sind" (Mill 1861, S. 35). Mittel, um diesen Zweck zu erreichen, sind „Ordnung" und „Fortschritt" (vgl. Mill 1861, S. 25-28). Diese Interpretationen des Staatszwecks bauen aber auf einer Prämisse auf die nur sehr schwierig zu belegen ist. Um den Staatszweck aus dem Wesen des Menschen abzuleiten, müssen diese Lebensumstände derjenigen, von denen sie abgeleitet werden, als allgemeingültig verstanden werden. Gerade in dieser Ableitung liegt aber ein Problem für die Argumentation, wie die Debatten um den moralischen Relativismus, Naturalismus und das Naturrecht zeigen. Zunächst muss bei der beschriebenen Interpretation immer der einzelne Mensch in den Fokus der Überlegung genommen werden. Denn weder das zeitlich-öffentliche Wohl noch die allgemeine geistige Entwicklung des Gemeinwesens oder ein menschenwürdiges Leben können unabhängig vom Individuum bestimmt werden[28]. Knüpft man sie aber an Individuen, muss man zum einen den Einwand von Doehring über die Abhängigkeit des Zwecks von rein subjektiven Maßstäben entkräften.

Zum anderen braucht man dann aber auch eine gute Argumentation gegen den moralischen Relativismus, den Naturalismus und die Naturrechtsdebatte. Um diesen ontologisch sehr tief greifenden Argumentationsschritten zu entgehen, wird zunächst ein anderer Weg gewählt. Denn, es lässt sich noch eine andere, grundlegendere Form der Staatszweckbestimmung finden. „Der große und wichtigste Zweck, daß Menschen sich zu einem Staatswesen vereinigen und sich unter eine Regierung stellen, ist [.] die Erhaltung ihres Eigentums" (Locke 1995, §124). Als Grundlage den Schutz des Eigentums zu gewähren, gilt als zentraler Punkt der Staatsbildung, gerade in vertragstheoretischen Überlegungen. Sie bildet damit den kleinsten gemeinsamen Nenner der hier gesucht wird. Dennoch ist dieser Punkt weiter auszuführen, da sich rein aus dieser Formulierung ein Paradox ergeben kann.

3.1.3   Der Schutz des Eigentums als Grundlage des Vertrags

Vertragstheorien gehen normalerweise davon aus, dass ein Staat geschaffen wird, weil für die Menschen aus einem (meist hypothetischen) Naturzustand

---

28 Letzteres ließe sich unter Umständen an die Menschenrechte knüpfen. Dies könnte als kleinster gemeinsamer Nenner angesehen werden. Dieser Standpunkt wird im ‚Argument aus der Menschenwürde' (Kapitel 4) aufgegriffen und weiter ausgeführt.

heraus eben dieser Schutz und alle daraus folgenden Rechte am besten umgesetzt sind. Bei Locke, Rousseau und Hobbes ist es dieses ‚Schutzargument', das zur Notwendigkeit des Staates führt. Wie bereits im ersten Kapitel ausgeführt, basiert die Überlegung dieser Arbeit auf dem Individuum. Es wird als Grundlage und Erschaffer staatlicher Institutionen angesehen. Aus dieser Perspektive heraus wird hier argumentiert. Dies bedeutet aber auch, dass Staaten nicht als willkürliche Instanziierungen aus der menschlichen Natur hervorgehen, sondern geschaffene Institutionen mit einer Funktion sind. In dem beschriebenen Fall der Vertragstheorie müssen sie in erster Linie dem Schutz menschlichen Lebens und Eigentums vor äußerlicher Gewalteinwirkung dienen. Diese Notwendigkeit der Schutzfunktion lässt sich in allen Theorien über den Staatszweck finden, da der Schutz der Person grundlegende Voraussetzung für menschliche Entwicklung ist. Ohne eine Erweiterung des Schutzbegriffs käme es aber an dieser Stelle zu einem Paradox. Wenn der Zweck des Staates der Schutz seiner Bürger vor Gewalt wäre, dürfte der Staat selber auch keine Gewalt gegen sie anwenden. Entsprechend geht es nicht um den Schutz vor Gewalt im Allgemeinen, sondern um den Schutz vor willkürlicher Gewalt. Die Anwendung von Gewalt ist dann nicht als willkürlich anzusehen, wenn sie für denjenigen, auf den sie angewendet wird „vermeidbar" gewesen wäre und ihre Folgen klar für ihn nachvollziehbar sind (vgl. Abizadeh 2010, S. 123f.). Somit ist die Ausübung des Gewaltmonopols von zentraler Bedeutung, da der Staat der einzige ist, der durch die Ausübung dieses Monopols zwischen Gewalt und willkürlicher Gewalt unterscheiden kann (vgl. Buchanan 2002, S. 690).

Geht der Bürger einen Gesellschaftsvertrag ein oder konstituiert er auf eine andere Art und Weise den Staat, so geht es um den Schutz vor willkürlicher Gewalt, der er ohne den Staat ausgeliefert wäre. Dieser Zweck lässt sich auch am Prinzip der Gewaltenteilung erkennen. „Since the writings of Locke and Montesquieu, separation of the legislative, executive, and judicial powers is deemed essential to avoid usurpation and tyranny by the holder of these powers" (Person et al. 1997, S. 1164). Der Schutz vor Tyrannei entspricht dem Gedanken des Schutzes vor willkürlicher Gewalt, die durch den Staat ausgeübt werden könnte. „Wenn zerstreut lebende Menschen nach und nach in die Knechtschaft eines Einzelnen geraten, sehe ich dabei, gleichgültig wie groß ihre Zahl sein mag, nur Sklaven und einen Herrn und nicht ein Volk und sein Oberhaupt" (Rousseau 2011, S. 15). Erst wenn der Staat ein System geschaffen hat, in dem die Willkür der Gewalt beherrschbar gemacht wird, wird ein legitimer Staat daraus. Denn nicht nur andere Menschen können willkürliche Gewalt anwenden; auch staatliche Gewalt muss nicht notwendigerweise legitim sein. Deswegen dient die Gewaltenteilung „dem Ziel, die Konzentration und den Missbrauch politischer Macht zu verhindern, die Ausübung politischer Herrschaft zu begrenzen und zu mäßigen und damit die bürgerlichen Freiheiten zu sichern" (Schubert, Klein 2011). Die Gewaltenteilung führt also ein Mittel ein, um das Potenzial des Missbrauchs staatlicher Macht zu minimieren. Sie kann das, was Max Weber Herrschaft nennt, begrenzen. „§ 15. Eine Herrschaft kann traditional oder rational durch *besondere Mittel* begrenzt und beschränkt sein" (Weber 2008, S. 201). Locke führt diese Begrenzung zunächst rein funktional ein. Für ihn muss die Legislative nicht permanent bestehen, da Gesetze eine immerwährende Dauer haben, ohne permanent neu geschaffen werden zu müssen. Es ist aber „notwendig, daß eine ständige Gewalt vorhanden sei, die auf die Vollziehung der erlassenen und in Kraft bleibenden Gesetze achtet. Und so geschieht es oft, daß die legislative und die exekutive Gewalt getrennt werden" (Locke 1995, §144). Entsprechend der Idee der Gewaltenteilung ist die einfachste Formulierung des Staatszwecks der Schutz vor willkürlicher Gewalt. Aus diesem gehen die weitergehenden Formulierungen unterschiedlicher Staatszwecke hervor, da der Staatszweck die Grundlage bürgerlicher Freiheit und damit auch menschlicher Entwicklung ist. Der kleinste gemeinsame Nenner des Staatszwecks ist somit der Schutz vor willkürlicher Gewalt.

Nachdem nun der Staatszweck gefunden wurde, muss diese grundlegende Art der Legitimation mit der funktionalen Legitimation verglichen werden. Dazu wird zunächst das juristische Verständnis von Legitimation analysiert. Daraufhin wird die Position Max Webers zur Legitimation untersucht. Dieser bietet auch einen Überblick über den Rahmen, innerhalb dessen sich eine Debatte über Legitimation bewegen kann.

3.2   Der Begriff der Legitimation im deutschen Rechtssystem

Die Diskussion des Legitimationsbegriffs im deutschen Rechtssystem soll vermitteln, wie eine funktionale Legitimation von Staatshandlungen aufgebaut sein kann. Anhand dieser Analyse wird verdeutlicht, inwiefern grundlegende und funktionale Legitimation voneinander abhängig sind und wo die Grenzen beider Formen liegen. Zudem wird über eine solche Analyse die Definition funktionaler Legitimation verdeutlicht. Im Urteil zur Legitimation des Lippeverbandes durch das Bundesverfassungsgericht werden zunächst zwei Arten von Legitimation in Hinblick auf die Legitimation der Ausübung von Staatsgewalt erläutert.

> „[…] die Ausübung von Staatsgewalt ist demokratisch legitimiert, wenn sich die Bestellung der Amtsträger – personelle Legitimation vermittelnd –auf das Staatsvolk zurückführen lässt und das Handeln der Amtsträger selbst eine ausreichende sachlich-inhaltliche Legitimation erfährt; dies setzt voraus, dass die Amtsträger im Auf-

trag und nach Weisung der Regierung ohne Bindung an die Willensentschließung einer außerhalb parlamentarischen Verantwortung stehenden Stelle –handeln können und die Regierung damit in die Lage versetzen, die Sachverantwortung gegenüber Volk und Parlament wahrzunehmen" (BVerfGE 93, 37 67).

Nach dieser Definition des Bundesverfassungsgerichts kommen der Legitimation zwei Aspekte zu. In Kapitel 2 wurde festgehalten, dass das Volk dem Staat seine Zustimmung in demokratischen Systemen durch Wahlen gibt und dass der Staat legitim oder illegitim handeln kann. Nach der hier vorgelegten Definition durch das BVerfGE ist eine Staatshandlung dann legitimiert, wenn sie zum einen durch Amtsträger durchgeführt wird, die sich auf das Staatvolk zurückführen lassen, und zum anderen dieses Handeln selbst ‚sachlich-inhaltliche Legitimation erfährt'. Artikel 20 des Deutschen Grundgesetztes besagt:

„(1) Die Bundesrepublik Deutschland ist ein demokratischer und sozialer Bundesstaat.
(2) Alle Staatsgewalt geht vom Volke aus. Sie wird vom Volke in Wahlen und Abstimmungen und durch besondere Organe der Gesetzgebung, der vollziehenden Gewalt und der Rechtsprechung ausgeübt.
(3) Die Gesetzgebung ist an die verfassungsmäßige Ordnung, die vollziehende Gewalt und die Rechtsprechung sind an Gesetz und Recht gebunden.
(4) Gegen jeden, der es unternimmt, diese Ordnung zu beseitigen, haben alle Deutschen das Recht zum Widerstand, wenn andere Abhilfe nicht möglich ist" (GG Art. 20).

Aus diesem Artikel des Grundgesetzes leitet sich in der Hauptsache die Legitimation des deutschen Staates ab. Anhand der juristischen Auslegung von Legitimation soll hier erläutert werden, welches Selbstverständnis einem Rechtssystem in seiner eigenen Legitimationsbegründung zugrunde liegt. Dieser Teil der Arbeit beschäftigt sich mit der Rechtswissenschaft. An dieser Stelle kann dementsprechend nur eine Darstellung der aktuellen Auffassung zur Legitimation in der Rechtswissenschaft erarbeitet werden. Die juristische Debatte selbst wird nicht an sich interpretiert oder bewertet. An entsprechender Stelle wird aber zu fragen sein, welchen Begründungshorizont die Rechtswissenschaft im Bereich der Legitimation bieten kann. Gerade durch den Maßstab, den das Grundgesetz liefert, ist die Wirkmacht dieser Legitimitätsdefinition eingeschränkt. Dies wird im Verlauf noch näher zu erläutern sein. Zunächst wird in diesem Abschnitt die herrschende Meinung der Rechtswissenschaften betrachtet. Ausgangspunkt hierfür ist ein Urteil des Bundesverfassungsgerichts. Aus dieser Analyse ergibt sich das weitere Vorgehen. Sowohl die Bedeutung des Legitimationsniveaus als auch die Formen und prozeduralen Umsetzungen werden ermittelt. Zum Schluss folgen eine kurze Kritik und die Eingliederung in die Argumentation der Arbeit.

„Maßstab für das notwendige Minimum normativer Steuerung sind in erster Linie die Grundrechte" (Huster, Rux 2013, Rn. 97). Die Legitimität des Staates und seiner ausführenden Organe muss also im Kontext der Rechtswissenschaft immer rückgebunden sein an das Grundgesetz. Der oben zitierte Artikel 20 eröffnet vier interessante Sachverhalte. In Art. 20 Abschnitt 1 bestimmt er die Staatsform Deutschlands. Aus dieser leitet sich notwendigerweise das prozedurale Legitimationsschema ab. Es ist im Gegensatz zu einer externen, wie z. B. einer religiösen, Legitimation in einer Demokratie notwendig, dass das Volk die Legitimationsgrundlage für den Akt der Übertragung der Legitimation bildet. Art. 20 GG Abs. 2 spricht einen weiteren Punkt über diese Legitimationsgrundlage hinaus an. Der erste Satz lautet „Alle Staatsgewalt geht vom Volke aus". Es wird also nicht gesagt, dass die Institution ‚deutscher Staat' auf der Legitimation durch das Volk beruht, sondern die Staatsgewalt. Implizit wird also die Gewalt (siehe Kapitel 4), nicht aber die politische Handlungsoption dem Volk zugeschrieben. „Da aber sämtliche Staatsgewalt vom Volk ausgeht, muss zwischen dem Volk und dem Staatsgewalt ausübenden besonderen Staatsorgan ein demokratischer Legitimationszusammenhang bestehen, der die Ausübung der Staatsgewalt durch das Organ hinreichend demokratisch legitimiert" (Grzeszick 2013, Rn. 117).

Diese Divergenz lässt sich auch bei Weber nachvollziehen, wie im weiteren Verlauf des Kapitels zu erläutern sein wird. An dieser Stelle ist zunächst relevant, dass der Staat seine Sanktionsmöglichkeit des Gewaltmonopols durch das Volk erhält.

„Das demokratische Legitimationsgebot des Artikel 20 Absatz II 1 GG, konkretisiert durch Artikel 20 Absatz II 2 GG, fordert, dass sich sämtliche Akte staatlicher Gewalt auf den Willen des Volkes zurückführen lassen und ihm gegenüber verantwortet werden" (Voßkuhle, Kaiser 2009, S. 803).

Seine primäre Sanktionsmöglichkeit, die Staatsgewalt, lässt sich dementsprechend ausschließlich auf das Volk zurückführen. Der Prozess, um diese ‚Gewalt' auf den Staat zu übertragen muss näher erläutert werden, zudem wird in Art. 20 GG Abs. 3 die Gewaltenteilung ausgeführt (die Notwendigkeit, der Sinn und der Zweck der Gewaltenteilung wurden bereits beschrieben). Darüber hinaus wird dem deutschen Volk in Art. 20 Abs. 4 die Möglichkeit eingeräumt, sich gegen jeden zu wenden, der ‚diese Ordnung' zu beseitigen versucht. Zwar erläutert der Art. 20 GG, aus welcher Quelle der deutsche Staat die Legitimität seiner Handlungen bezieht, wie dieser Prozess aber genauer ausgeführt wird, muss eingehender betrachtet werden.

„In Folge [sic!] der starken Betonung, die die Entscheidungsformen der *mittelbaren Demokratie* im GG erfahren, gewinnt die Frage *entscheidende Bedeutung*, ob und wie die im zweiten Satzteil des Art. 20 Abs. 2 Satz 2 vorgesehenen Staatsorgane der gesetzgebenden, vollziehenden und rechtsprechenden Gewalt zur Ausübung der ihnen übertragenen Machtbefugnisse demokratisch zu legitimieren sind" (Grzeszick 2013, Rn. 116).

Gerade das ,ob' und das ,wie' müssen an dieser Stelle näher untersucht werden. In der Rechtswissenschaft orientiert man sich generell an drei unterschiedlichen Formen der Legitimation. „Bei den Formen der Legitimationsvermittlung wird regelmäßig unterschieden zwischen der personell-demokratischen, der sachlich-inhaltlichen und der institutionellen bzw. funktionellen Legitimation" (Grzeszick 2013, Rn. 120). Die Anwendung der jeweiligen Art ist davon abhängig, welcher Sachverhalt zu legitimiert ist. Es besteht ein Unterschied, ob der zu legitimierende Gegenstand eine Handlung oder eine Person ist. Zunächst ist aber die Notwendigkeit des Legitimationszusammenhangs, in dem diese drei Arten der Legitimation stehen, relevant.

„Bei den besonderen Organen der Gesetzgebung, der vollziehenden Gewalt und der Rechtsprechung fallen die Innehabung der Staatsgewalt durch das Volk und deren Ausübung durch das staatliche Organ auseinander" (Grzeszick 2013, Rn. 117).

Es muss also unterschieden werden zwischen dem legitimierenden Faktor und der Ausübung der durch die Legitimation übertragenen Gewalt. Im Falle Deutschlands wird dementsprechend zwischen Volk und Staatsapparat unterschieden. Der Akt der Übertragung der Gewalt durch das Volk führt zu einer Übertragung von Aufgaben des Einzelnen an den Staat. So wird in erster Linie Schutz vor willkürlicher Gewaltanwendung und davon ausgehend zum Beispiel Rechtssicherheit gewährleistet. In diesem Zusammenhang stellt sich allerdings die Frage, was auf die hier beschriebene Art und Weise genau legitimiert wird.

„Beim *grundgesetzlichen Begriff* der demokratischen Legitimation geht es nicht (mehr) um die Frage nach der Rechtfertigung des Staates selbst, sondern um die Rechtfertigung staatlichen Handelns" (Voßkuhle, Kaiser 2009, S. 803).

Die Übertragung von Aufgaben des Individuums an den Staat ist aber nicht mit der Legitimation von Staatshandlungen gleichzusetzen. So ist die Übertragung des Schutzes vor willkürlicher Gewaltanwendung zum Beispiel eine der grundlegenden Begründungen für die Einrichtung einer staatlichen Institution. Wie Voßkuhle ausführt, beschreiben aber die Formulierungen im GG, entgegen der grundlegenden Staatsbegründung, die Legitimation einzelner Staatshandlungen. Es wäre also in diesem Sinne notwendig, nicht die einzelne Staatshandlung zu legitimieren, sondern den Staat selbst. Diese Dichotomie wird unter dem Punkt ,Kritik' nochmals aufgegriffen. Dennoch ist es notwendig, dass auch die einzelne Staatshandlung selbst legitim sein muss. Die Argumentation der Rechtswissenschaft beruft sich an dieser Stelle auf den Grad des sogenannten Legitimationsniveaus. Es ist nötig, eine Definition und Beschreibung dessen Kerns auszuführen, um ein Verständnis der hier vorgestellten Argumentation zu erhalten.

3.2.1 Das Legitimationsniveau

Die Übertragung der Legitimation durch das Volk auf den Staat ist theoretisch geklärt. Für die Arbeit soll am Beispiel der deutschen Rechtswissenschaft hier die funktionale Legitimation von Staatshandlungen erläutert werden. Dazu ist die Art und Weise, wie die Legitimation einer solchen Handlung vollzogen wird, weiter auszuführen. In der Rechtswissenschaft wird in diesem Zusammenhang von dem ‚Legitimationsniveau' gesprochen.

„Der demokratische Legitimationszusammenhang muss sicherstellen, dass der *Einfluss des Volkes auf die Ausübung der Staatsgewalt* durch die besonderen Organe *hinreichend effektiv* ist. Aus demokratischer Sicht ist deshalb die Effektivität der demokratischen Legitimation staatlichen Handelns entscheidend, die als *Legitimationsniveau* bezeichnet wird" (Grzeszick 2013, Rn. 126).

Der ‚Einflusses des Volkes auf die Ausübung der Staatsgewalt' ist die Grundlage der Vermittlung der Legitimation einzelner Staatshandlungen. Dies ist im Kontext der bereits erläuterten Macht, die vom Volk ausgeht, folgerichtig. Bei dieser Übertragung der Macht des Volkes an die Regierung hört diese Übertragung nicht durch die Wahl auf. Sie muss von den gewählten Repräsentanten an jeden, der für den Staat eine Handlung ausführt übertragen werden, um so bei jeder Staatshandlung die Legitimation durch das Volk zu gewährleisten. Exemplarisch wird dieser Einfluss im weiteren Verlauf in den einzelnen Formen der Legitimation herausgearbeitet.

Zunächst ist an dieser Stelle der Bezug zur ‚Effektivität der demokratischen Legitimation staatlichen Handelns' weiter auszuführen, da diese Effektivität das Legitimationsniveau definiert. „Das Maß der *verfassungsrechtlich nötigen Effektivität* kann daher nur *in Bezug auf das jeweilige Staatshandeln* festgestellt werden" (Grzeszick 2013, Rn. 126). Wie allerdings dieses Maß festzustellen ist, liegt letztlich in der Entscheidung von Richtern, wenn es zu einer Klage darüber kommt (siehe das angesprochene Urteil zum Lippeverband). Dies ist insofern legitim, als Richter, wie bereits ausgeführt, als Organ des Staates agieren, nicht aber über den Legitimierungsakt der direkten Wahl eingesetzt werden. Der Bezug dieses Maßstabs lässt aber zumindest eine Annäherung an die Problemstellung der Festlegung des Niveaus zu. Es ist zunächst zu sehen, dass sich hier auf die institutionelle Ausformung staatlichen Handelns bezogen werden muss. Es ist aber nicht der Fall, dass diese Handlungen zunächst einem Klugheits- oder Gerechtigkeitsprinzip unterliegen, um legitim zu sein. „Vielmehr kommt es entscheidend darauf an, dass sich die Maßnahmen der Staatsorgane auf den Willen des Volkes zurückführen lassen und ihm gegenüber verantwortet werden" (Huster, Rux 2013, Rn. 93). Hier ist zu bemerken, dass es sich um die allgemeine Legitimationsübertragung durch das Volk handelt. Bezogen auf einzelne Staatshandlungen muss nicht jede Handlung direkt auf das Volk zurückzuführen sein.

"Wenn das BVerfG fordert, dass das Volk einen effektiven Einfluss auf die Ausübung der Staatsgewalt durch die Organe der Gesetzgebung, der vollziehenden Gewalt und der Rechtsprechung haben muss (BVerfGE 93, 37, 66 = NVwZ 1996, 574), so darf dies nicht in dem Sinne verstanden werden, dass die Staatsbürger grundsätzlich dazu in der Lage sein müssten, auf jede Detailentscheidung Einfluss zu nehmen" (Huster, Rux 2013, Rn. 93).

Es ist also notwendig, einen prozeduralen Bezug der Legitimation des Handelnden und dessen Legitimation in Rückkopplung zum Volk zu finden, ohne dass das Volk an den Entscheidungen selbst beteiligt sein muss. Dies wird durch die Formen der Legitimation sichergestellt. Grundsätzlich wird hier in die sachlich-inhaltliche, die personell-organisatorische und die funktionelle Legitimation unterschieden. "Die Legitimationsformen wirken zur Erreichung des Legitimationsniveaus zwar zusammen, vermitteln dabei aber jeweils eigenständig Legitimation" (Grzeszick 2013, Rn. 127). Diese Formen stehen zwar in direktem Zusammenhang mit der jeweiligen Legitimation, sie legen aber einzelne Aspekte des jeweiligen Legitimationsniveaus fest.

"Je geringer die sachlich-inhaltliche Legitimation ist, also je unbestimmter und geringer die Steuerung des Staatshandelns durch inhaltliche Vorgaben und je größer der Anteil der persönlichen Entscheidungsleistung ist, desto größer muss die personell-organisatorische Legitimation sein, um das jeweils nötige Legitimationsniveau zu erreichen" (Grzeszick 2013, Rn. 127).

3.2.2 Die drei Legitimationsmodelle

Im Folgenden soll nun auf die drei Legitimationsmodelle eingegangen werden, um die funktionale Legitimation besser in den Zusammenhang mit der grundlegenden Legitimation einordnen zu können. Diese Modelle bilden den Kern der Übertragung von Legitimation über das Volk hin zur einzelnen Entscheidung und sind deswegen für den Funktionszusammenhang entscheidend.

"Der Einfluss des Volkes auf die Ausübung der Staatsgewalt durch das staatliche Organ kann dazu an die *zwei grundsätzlichen Bestimmungsfaktoren der Ausübung von Staatsgewalt* anknüpfen: An die *sachlich-inhaltlichen Vorgaben* für die Ausübung der Staatsgewalt und an die *organisatorisch-personellen Vorgaben* für die Ausübung der Staatsgewalt" (Grzeszick 2013, Rn. 118).

Zusätzlich zur sachlich-inhaltlichen und organisatorisch-personellen Legitimation wird oft noch eine dritte Form der Legitimation eingeführt. Die institutionelle und funktionelle Legitimation bezieht sich auf Institutionen oder Funktionen,
die im Grundgesetz selber verankert sind (vgl. Grzeszick 2013, Rn. 120). Zusammengefasst werden diese Formen als *„Dogmatik demokratischer Legitimationsvermittlung"* (Grzeszick 2013, Rn. 119). Diese Dogmatik setzt sich aus zwei
Aspekten zusammen: Zum einen gibt es den formalen Aspekt, der die drei Legitimationsmodelle umfasst; und zum anderen den materiellen Aspekt. Dieser
bezieht sich auf die Ermöglichung des *„hinreichend effektiven Einfluss des Volkes auf das staatliche Verhalten* [...]; das Maß an effektivem Einfluss wird dabei
als *Legitimationsniveau* bezeichnet" (Grzeszick 2013, Rn. 119). Diese Formen
sollen nun ausgeführt werden, um die funktionale Legitimation der Staatshandlung zu beschreiben.

3.2.3 Die organisatorisch-personelle demokratische Legitimation

Die organisatorisch-personelle demokratische Legitimation ist die prominenteste
Form der Legitimation in der Debatte der Rechtswissenschaft. Kurz gesprochen,
ist die personelle Legitimation definiert als „Kette individueller Bestellungen
von Personen" (Grzeszick 2013, Rn. 121). Sie ist „gegeben, wenn diejenige Person, die Staatsgewalt ausübt, ihre Bestellung zur und ihren eigenständigen Bei-
trag bei der Ausübung von Staatsgewalt auf das Volk als Legitimationssubjekt
zurückführen kann" (Grzeszick 2013, Rn. 121). Die Begründung hierzu liefert
das Grundgesetz in Artikel 20 Absatz 2, indem es die drei Gewalten institutionalisiert, „mittels derer das Volk die Staatsgewalt ausübt. Jede Gewalt erhält also
bereits durch das Volk als Verfassungsgeber eine abstrakte demokratische Legitimation" (Voßkuhle, Kaiser 2009, S. 804). Gerade im Bereich der organisatorisch-personellen demokratischen Legitimation nimmt die sogenannte Legitimationskette zwischen Amtswalter und Volk eine zentrale Stellung ein (vgl. Voßkuhle, Kaiser 2009, S. 804). Die personelle Legitimation ergibt sich durch die
Übertragung der von einer legitimierten Person auf die andere (vgl. Huster, Rux
2013, Rn. 94). Hier wird der Akt der Übertragung der Legitimation durch das
Volk verdeutlicht. Durch den demokratischen Legitimationsprozess eines Amts-
trägers kann dieser seine Legitimation wiederum weitervermitteln.

> „Durch die personelle Legitimation lässt sich auf diese Weise eine ‚Legitimations-
> kette' konstruieren, die von einem einzelnen Amtsträger über seine Vorgesetzten
> und deren Vorgesetzte bis zum zuständigen Fachminister reicht, der wiederum von
> der vom Bundestag gewählten Bundeskanzlerin ernannt wurde" (Huster, Rux 2013,
> Rn. 94; vgl. auch Greszick 2013, Rn. 121).

Dies kann in einzelnen Fällen aber problematisch werden, nämlich dann wenn der Anspruch an einen Repräsentanten besteht zu entscheiden, ob eine Handlung das entsprechende Legitimationsniveau erreicht oder nicht (vgl. Huster, Rux 2013, Rn. 97.1). Parlamentarier sind zwar grundsätzlich ungebunden in ihrer Entscheidung, aber ihnen wird durch das Volk und die Gesetze ein klarer Auftrag vermittelt. Handeln sie, auch in der Übertragung der Legitimationsmacht, in diesem Sinn, ist die Legitimation der nächsten Person unproblematisch, es ist aber von Fall zu Fall zu prüfen, was dieser an den gewählten Repräsentanten übergebene Auftrag bedeutet. Entsprechend muss geprüft werden, ob sich die Übertragung der Legitimationsmacht sich im Rahmen dieses Auftrags bewegt oder nicht. „Die Legitimationskette ist durchbrochen, wenn über die Auswahl des Amtswalters nicht demokratisch legitimierte Einheiten maßgeblich entscheiden" (Grzeszick 2013, Rn. 121). Die Legitimationskette kann also noch auf eine andere Art und Weise gebrochen werden. Der Akt der Übertragung ist dann nicht legitimiert, wenn die Übertragung der Legitimation nicht mehr von gewählten Personen bestimmt werden kann, das heißt, wenn sie nicht die letztliche Entscheidungsmacht haben, wer die übertragene Legitimation und damit Handlungsmacht übernimmt.

3.2.4 Die sachlich-inhaltliche demokratische Legitimation

Neben der organisatorisch-personellen Legitimation gibt es die sachlich-inhaltliche Legitimation. Diese bezieht sich nicht auf handelnde Personen, sondern auf inhaltliche Entscheidungen bzw. Handlungen.

> „Auch die sog. sachlich-inhaltliche demokratische Legitimation macht die demokratische Vorrangstellung des Parlaments deutlich: Im Gegensatz zur personellen Legitimation geht es bei der sachlich-inhaltlichen Legitimation um die Rückkopplung des Inhalts staatlichen Handelns an den Willen des Volkes" (Voßkuhle, Kaiser 2009, S. 804; vgl. auch Grzeszick 2013, Rn. 122).

Das staatliche Handeln selber muss, nach dieser Definition, an den Willen des Volkes gebunden sein. Wie beim ersten Modell der Legitimation ausgeführt, ist die übertragene Macht des Volkes der entscheidende Faktor in der Legitimationsfrage staatlichen Handelns. Aufgrund dieser Definition kann man die Relevanz der Repräsentation erkennen. Die Frage, die sich hier stellt, wird später als die Unterscheidung zwischen gebundener und freier Repräsentation erneut aufgegriffen (Kapitel 5). Durch das freie Mandat, das gewählte Parlamentarier erhalten, ist nicht klar, inwiefern diese an den Willen des Volks gebunden sind. Zudem ist unklar, wie dieser Wille zu definieren ist. Man kann aber für den Moment annehmen, dass sich durch den Wahlzyklus eine Sanktionsmacht des

Volkes gegenüber den gewählten Repräsentanten ergibt. Man kann also argumentieren, dass der Wille des Volkes, zumindest insofern für die Repräsentanten erfahrbar ist, als sie eine Motivation zur Wiederwahl erhalten. Da an dieser Stellte die Auffassung der Rechtswissenschaft nicht diskutiert, sondern nur rekonstruiert werden soll, wird erst in Kapitel 5 auf diese Fragen in Hinblick auf andere Betroffene eingegangen.

Ausgeführt bedeutet die sachlich-inhaltliche Legitimation, dass den Parlamentariern eine Reihe von Aufgaben übertragen wird, um den Willen des Volkes umzusetzen und zu vertreten.

> „Zum einen wird dem – vom Volk gewählten – Parlament exklusiv das Recht zum Geben von *Gesetzen* zugeordnet, mit denen das Parlament das Verhalten der besonderen Organe inhaltlich bestimmt. Zum anderen werden dem Parlament *Kontrollrechte* zugeordnet, denen eine *Verantwortlichkeit,* der davon betroffenen besonderen Organe und deren Mitglieder entspricht" (Grzeszick 2013, Rn. 122).

Das Parlament erhält also neben den üblichen Aufgaben der Gesetzgebung auch die Aufgabe, die innerstaatliche Übertragung der Legitimation sicherzustellen und zu überprüfen. Damit wird in dem hier vorgestellten Schema sichergestellt, dass die vom Volk übertragene Legitimation auf Staatshandlungen auf ausreichendem Niveau weitervermittelt wird.

3.2.5   Die institutionelle und funktionelle demokratische Legitimation

Neben den beiden beschriebenen Formen gibt es noch eine dritte Art der Legitimation. Die Institutionelle und funktionelle Legitimation ist nicht direkt an die Übertragung des Willens des Volkes gekoppelt. Sie hängt von den im Grundgesetz erwähnten Funktionen und Institutionen ab.

> „Häufig wird neben der personellen und der sachlich-inhaltlichen demokratischen Legitimation auch noch die institutionelle und funktionelle Legitimation genannt (vgl. BVerfGE 49, 89, 125 = NJW 1979, 359; BVerfGE 107, 59, 87 = NVwZ 2003, 974), die sich daraus ergeben soll, dass bestimmte Institutionen oder Funktionen ausdrücklich im Grundgesetz erwähnt werden" (Huster, Rux 2013, Rn. 98).

Dieses Legitimationsmodell ist für diese Arbeit nur von begrenzter Relevanz, da es sich hierbei um die Legitimation aus dem Rechtsstaat selber handelt. Im Gegensatz zu den ersten beiden Formen geht es hier nicht direkt um die Übertragung der Legitimation durch das Volk (vgl. Grzeszick 2013, Rn. 124). Dieses Modell wird aus Gründen der Vollständigkeit eingeführt. Durch den Rechtsrahmen, den das Grundgesetz setzt, werden spezielle Funktionen und Institutionen festgesetzt, die ihre Legitimation aus dem Grundgesetz beziehen. Wichtig ist, dass zwar verfassungsgemäß Legitimation nur auf die ersten zwei Arten vermittelt wird, sich aber auf Grundlage des Grundgesetzes eine Reihe von Faktoren ergeben, die zur Unterstützung der Legitimation oder zu einer direkten Legitimation führen. Gerade im Hinblick auf die Gewaltenteilung ist dies relevant (vgl. Grzeszick 2013, Rn. 123). „Im Verhältnis der Gewalten zueinander werde der Legitimationsnachteil der anderen Gewalten gegenüber dem Parlament als dem einzigen unmittelbar legitimierten besonderen Organ dadurch ausgeglichen, dass die Verfassung Exekutive und Judikative mit ihren Funktionen unmittelbar in der Verfassung vorsieht" (Grzeszick 2013, Rn. 123). Die institutionelle Legitimation befindet sich aber auf einer anderen Ebene als die zuvor beschriebenen Legitimationsarten, da sie nicht direkt auf das Volk zurückzuführen ist. „Während diese die Rückführung der konkreten Ausübung der Staatsgewalt auf den Willen des Volkes sicherstellen sollen, betrifft die institutionelle und funktionelle Legitimation Fragen der Gewaltenteilung und der abstrakten Funktionengliederung" (Grzeszick 2013, Rn. 124). Dieses Modell der Legitimation ist entsprechend komplementär zu den ersten beiden Modellen zu sehen. Da es sich aber nicht um die Übertragung der Legitimation handelt, wird dieses Modell hier nicht weiter ausgeführt.

3.2.6   Die prozedurale Umsetzung der Legitimation

Nachdem nun die Arten der Legitimation und das Verhältnis von deutschem Staat und seinem Volk in Bezug auf die Legitimation in der deutschen Rechtswissenschaft geklärt sind, muss noch die Umsetzung dieser Legitimationsübertragung ausgeführt werden. Dies ist mit anderen Worten die Erklärung dazu, wie sich die funktionale Legitimation aus der Argumentation in der Rechtswissenschaft ergibt.

„Während eine Direktwahl oder eine Volksabstimmung eine unmittelbare demokratische Legitimation vermitteln, stellt sich bei den Entscheidungen und sonstigen Maßnahmen der Staatsorgane die Frage, wie ein hinreichendes Legitimationsniveau erreicht werden kann" (Huster, Rux 2013, Rn. 92).

Durch die Legitimationsvermittlung – ausgehend von gewählten Parlamentariern – ergibt sich der Prozess der Übertragung der Legitimation. Für diese Arbeit ist der Prozess dieser Übertragung insofern relevant, als man auf dieser Grundlage die funktionale Legitimation deutlich machen kann. Durch die Übertragung der Macht des Volkes auf gewählte Vertreter muss ein Rahmen ausgeführt werden, in dem das erforderliche Legitimationsniveau zum einen vermittelt wird und zum anderen klar überprüfbar ist. Die funktionale Legitimation kann also nur in einem bestehenden Staat in Auslegung des Rechts, im Fall Deutschlands in Aus-

legung des Grundgesetztes, entstehen. Damit ist aber auch klar, dass die funktionale Legitimation von der grundlegenden Legitimation abhängt. Die funktionale
Legitimation kann erst entstehen, wenn es bereits einen Staat mit einem bestimmten Zweck gibt. Nur in diesem kann der notwendige Rahmen zur Übertragung der Legitimation entwickelt werden. Gerade im Bereich der organisatorisch-personellen demokratischen Legitimation und der sachlich-inhaltlichen
demokratischen Legitimation wird dies deutlich. An diesen beiden Legitima-
tionsmodellen wird deutlich, welche zentrale Rolle die Legitimationskette für die
Legitimation darstellt. „Entscheidend ist dabei nicht die Zuordnung zu einer
bestimmten Form der demokratischen Legitimation, sondern das Niveau und die
Effektivität dieser Legitimation (BVerfGE 107, 59, 87 = NVwZ 2003, 974), die
sich nur durch eine Gesamtbetrachtung ermitteln lassen" (Huster, Rux 2013, Rn.
92). Dadurch, dass Effektivität nur einem Prozess zugeordnet werden kann, ist
dieser das entscheidende Maß, um die funktionale Legitimation des Staates zu
überprüfen. Denn nur über die Legitimationskette lassen sich ein ausreichendes
Niveau und Effektivität herstellen (vgl. Voßkuhle, Kaiser 2009, S. 804). „Dies
gilt umso mehr, als nach der Rechtsprechung des BVerfG ‚nicht die Form' der
Legitimation, ‚sondern deren Effektivität' entscheidend ist" (Derder 2000,
S. 404). Die Legitimationskette dient in diesem Fall zur Verdeutlichung, inwieweit die Staatshandlung mit der Wahl von Repräsentanten durch das Staatsvolk
zusammenhängt (vgl. Voßkuhle, Kaiser 2009, S. 803).

> „Der Begriff der Legitimationskette macht anschaulich, dass zwischen Volk und
> dem jeweiligen Amtswalter Glieder zwischengeschaltet sein können (*mittelbare de-
> mokratische Legitimation*). Allerdings müssen die dazwischentretenden Glieder
> ihrerseits hinreichend demokratisch legitimiert sein, da sonst nicht von einer lücken-
> losen Kette gesprochen werden kann" (Voßkuhle, Kaiser 2009, S. 804).

Die einzelnen Glieder dieser Kette müssen auf ihre eigenständige oder ggf. abhängige Legitimation geprüft werden.[29] Das Vorgehen hierbei wird von Voßkuhle am Beispiel der deutschen Regierung verdeutlicht (vgl. Voßkuhle, Kaiser
2009, S. 804). Auf dieser Grundlage lässt sich das Legitimationsniveau verdeutlichen und bestimmen. Es gibt also einen Prozess, der nach der Legitimationsvermittlung diese wiederum überprüfbar macht. Das Zusammenspiel der Glieder
bekommt hier eine entscheidende Relevanz.

---

29 „Zur Herstellung dieses Zurechnungszusammenhangs zwischen Staatsvolk (Legitimationssub-
    jekt) und der staatlichen Herrschaft (Legitimationsobjekt) kommen insbesondere in Betracht:
    a) die Wahl des Parlaments, b) dessen Gesetze als Maßstab des Handelns von Exekutive und
    Judikative sowie c) die Weisungsgebundenheit der Verwaltung gegenüber der Regierung" (Voß-
    kuhle, Kaiser 2009, S. 803).

„Bei der Prüfung, ob staatliches Handeln ausreichend legitimiert ist, ist nicht auf eine einzelne Legitimationsform abzustellen; vielmehr entscheidet erst das Zusammenwirken der genannten Formen, ob ein hinreichender Gehalt an demokratischer Legitimation gegeben ist" (Voßkuhle, Kaiser 2009, S. 804).

Die so entstandene funktionale Legitimation erfüllt zwei Kriterien. Sie ist zum einem aus dem Aufbau des Staats selber ableitbar; zum anderen gibt es die Möglichkeit, diese nachzuvollziehen und zu überprüfen. Damit ist die bereits beschriebene Definition funktionaler Legitimation am Beispiel des deutschen Staats verdeutlicht worden. Einen Bruch dieser Kette kann man sehr gut am Beispiel des Prozesses um den Lippeverband herausstellen (vgl. Derder 2000, S. 403-404).

3.2.7 Kritik

Nachdem nun die Sicht der sogenannten ‚herrschenden Meinung' zur Legitimation des Staates aufgearbeitet wurde, soll hier an drei Punkten aufgezeigt werden, warum es einer Kritik bedarf. Mit der Unterscheidung in die grundlegende und die funktionale Legitimation kann man so aufzeigen, bis zu welchem Punkt die funktionale Legitimation anzuwenden ist und, ab welchem Punkt man auf eine andere Argumentation zurückgreifen muss. Zunächst ist festzuhalten, dass es wie in jeder Wissenschaft auch hier eine Gegenmeinung gibt. Gerade der Zusammenhang von Volkssouveränität und Legitimation wird in Zweifel gezogen. „Insbesondere lässt sich das Dogma von der ununterbrochenen Legitimationskette auch nicht aus der ‚demokratischen Volkssouveränität' als zwingendes Prinzip der Amtswalterberufung herleiten" (Derder 2000, S. 404). Diese interne Kritik ist zwar interessant, wird aber hier nicht weiter ausgeführt, da sie sich nicht auf die funktionale Legitimation bezieht, sondern ein Prinzip der Rechtswissenschaft debattiert.

Methodisch wird die Auslegung der Rechtswissenschaft in dieser Arbeit dazu verwendet, wichtige Aspekte prozeduraler Legitimation und grundlegender Begrifflichkeiten auszuführen. Dies ist für die Arbeit insofern relevant, als die funktionale Legitimation und die hier verwendeten Begriffe in der Debatte um die Repräsentation eine wichtige Rolle spielen (vgl. Kapitel 5). Auf dieser Grundlage werden weitere Schritte der Argumentation dieser Arbeit aufgebaut. Um aber weiter in Hinblick auf die Forschungsfrage argumentieren zu können, muss gezeigt werden, warum die rechtliche Legitimation nicht den Fall der betroffenen NVP miteinschließen kann. Dies führt zu den weiteren beiden Kritikpunkten. „Beim *grundgesetzlichen Begriff* der demokratischen Legitimation geht es nicht (mehr) um die Frage nach der Rechtfertigung des Staates selbst, sondern um die

Rechtfertigung staatlichen Handelns" (Voßkuhle, Kaiser 2009, S. 803). Voßkuhle und Kaiser führen hier die angesprochene Unterscheidung zwischen funktionaler und grundlegender Legitimation aus. Die rechtswissenschaftliche Debatte deckt ‚nur' die Frage der Staatshandlung ab, ohne sich der Frage nach dem Staatszweck zu widmen. Die grundlegende Legitimation ist allerdings auch für die funktionale von entscheidender Bedeutung, da sich aus dem Staatszweck, wie bereits gezeigt, auch der Staatsaufbau ergibt. Aus diesem leitet sich wiederum die funktionale Legitimation ab.

Die Forschungsfrage bezieht sich auf den Zusammenhang zwischen Staatslegitimation und NVP. Die beschriebene funktionale Legitimation bezieht sich aber auf den derzeitigen Rechtsrahmen, der die Repräsentation von NVP nicht vorsieht. Die Argumentation dieser Arbeit zeigt auf, dass es aufgrund des Staatszwecks notwendig ist, diese Gruppierungen zu repräsentieren. Entsprechend ist die Debatte um die funktionale Legitimation dann relevant, wenn klar wird, ob NVP überhaupt repräsentiert sein müssen. Dies lässt sich aber nicht aus der funktionalen Legitimation, wie sie hier dargestellt wird, ableiten. Ist aber geklärt, ob NVP repräsentiert sein müssen, dann muss diese Repräsentation auch entsprechend einer Argumentation zur funktionalen Legitimation erarbeitet werden. Dies wäre allerdings Aufgabe einer anderen Arbeit. Die Debatte um die Legitimation von Staatshandlungen greift somit zu kurz, und die rechtliche Debatte kann an dieser Stelle den entscheidenden Punkt nicht klären. Zudem hängt jede funktionale Legitimation immer von der grundlegenden Staatslegitimation ab, wie bereits geklärt wurde.

Als letzter Kritikpunkt ist festzuhalten, dass sich die rechtliche Legitimation nur auf die Staatsbürger in ihrer engen grundgesetzlichen Definition bezieht (vgl. Voßkuhle, Kaiser 2009, S. 803; siehe auch Kapitel 5). „Die mit dieser Auslegung verbundene Ablehnung des sog. offenen Volksbegriffs hat zur Konsequenz, dass für die Legitimationsfrage nicht auf die Gesamtheit der Betroffenen abgestellt werden kann" (Voßkuhle, Kaiser 2009, S. 803). Im weiteren Verlauf wird gezeigt, dass die Betroffenheit aber zentraler Bestandteil staatlicher Legitimation ist. Weder der Gleichheitsgrundsatz (vgl. Voßkuhle, Kaiser 2009, S. 804) noch grundgesetzliche Normen, die als Argumente für den Ausschluss aller Betroffen und die Verknappung der Argumentation auf die Staatsbürger dienen, reichen aus, um dieses Argument im Rahmen dieser Arbeit als zulässig anzuerkennen (vgl. Kapitel 5).

3.3 Die funktionale Legitimation bei Max Weber

Durch die vorangegangene Analyse der funktionalen Legitimation des deutschen Staats konnte ein System aufgezeigt werden, das den Prozess, der zur Legitimation führt, verdeutlicht. Es ist aber im deutschen Rechtssystem nicht ausführbar, in wieweit sich die funktionale Legitimation aus der grundlegenden Legitimation ableitet. An diesem Punkt der Arbeit muss gezeigt werden, wie ein solches System aussehen kann. Es wird im weiteren Verlaufen der Argumentation davon ausgegangen, dass beide Formen der Legitimation voneinander abhängig sind. Um aber die Umsetzungsmöglichkeit der Repräsentation von NVP zu gewährleisten, müssen zwei Punkte erfüllt sein. Es muss in der grundlegenden Legitimation aufgezeigt werden, dass es notwendig ist, dass NVP repräsentiert sind. Durch die funktionale Legitimation muss dann weiterhin deutlich werden, dass diese Repräsentation auch möglich ist. Dazu muss ein System erarbeitet werden, das es ermöglicht, eine spezielle Form der Repräsentation für NVP zu schaffen. Um ein solches System zu erarbeiten, bedarf es einer Analyse der Zusammenhänge unterschiedlicher Begriffe im Staat. Um die Auswirkungen der grundlegenden Legitimation auf die funktionale Legitimation zu analysieren, ist also ein Überblick notwendig, wie ein Staat konzipiert werden kann. Dazu reicht es aber aus, einen Überblick über ein systematisches Vorgehen zur Erarbeitung der Grundstruktur eines Staates zu gewinnen.

Eine ausführliche Analyse einer solchen Grundstruktur von Herrschaft und Gesellschaftsordnung findet sich bei Max Weber. Im Folgenden wird seine grundlegende Konzeption dargestellt und analysiert. Weber wird hier am Originaltext analysiert, ohne die breite Debatte, um seine Begrifflichkeit aufzugreifen. Zwar ist die Auslegung interessant, sie bezieht sich aber im Allgemeinen auf die Auswirkungen seiner Argumentation. Weber schafft ein in sich geschlossenes Gesamtsystem von aufeinander bezogenen Definitionen. Aus diesem Grund ist die Erarbeitung seines Vorgehens als methodische Darstellung eines Staats- und Legitimationssystems ausreichend. Methodisch wird diese als Beispiel dazu genutzt, eine grundlegende Struktur des Staatsaufbaus darzustellen. Im weiteren Verlauf der Arbeit wird es dann notwendig sein, hinter diese grundlegende Struktur der Staatsordnung und -bildung zu Blicken, um die Gründe die zur Staatsbildung führen zu verstehen. Dies drückt dann den Bezug der grundlegenden auf die funktionale Legitimation aus. Es muss im Folgenden ein Weg gefunden werden, zu belegen oder zu mindestens aufzuzeigen, welche Gründe es für die Staatsbildung gibt.

Es wurde bereits aufgezeigt, dass der Zweck des Staates der Schutz vor willkürlicher Gewaltanwendung ist. Dieser Schutz ist aber zunächst nicht ausreichend definiert. So lässt sich fragen, was von wem, unter welchen Umständen, gegenüber wem geschützt werden muss. Diese Fragen sind zur Umsetzung des Schutzes insofern relevant, als dass sie das Objekt des Schutzes definieren. Soll dieser Schutz institutionalisiert werden, müssen diese Frage in die Institutionalisierung somit eingebunden sein. Dies geschieht durch die Definition von Rechten. Diese bieten die Institutionalisierung der Antwort auf die Fragen ‚was', ‚von wem' und ‚unter welchem Umständen' geschützt werden soll. Sie definieren Rechtssubjekt, Pflicht und Umstand. Der Begriff der Rechte und die Notwendigkeit ihres Schutzes müssen genauer betrachtet werden. Es gibt methodisch zwei Wege diese Analyse durchzuführen. Es wäre hier zum einen möglich, eine begriffliche Definition in Verbindung mit einer Analyse eines theoretischen Konzepts durchzuführen. Zum anderen ist es möglich sich ein bereits beschriebenes Konzept in der Umsetzung innerhalb eines Theoriekonstrukts zu betrachten. Da sowohl Definition als auch theoretische Analyse einfacher werden, wenn das Konzept bereits in einem Kontext steht, wird im Folgenden eines der grundlegenden Konzepte zur Staatsordnung, das Konzept Webers, analysiert. Danach wird ein System betrachtet, dass das Recht in die funktionale Legitimation einarbeitet. Im Vergleich zwischen Habermas und Weber wird die funktionale Legitimation daraufhin verdeutlicht.

3.3.1   Das Konzept Max Webers

In ‚Wirtschaft und Gesellschaft' setzt Max Weber sich mit der Soziologie als Wissenschaft auseinander. Er analysiert in einer Abfolge von Definitionen den Rahmen, in dem sich diese Wissenschaft seiner Ansicht nach bewegt. Den Anspruch, den Weber an sein Werk stellt, ist zunächst die Klärung der sogenannten ‚empirischen Soziologie'. Der Anspruch geht aber darüber hinaus; Weber will zeigen, was die Soziologie „tatsächlich meint, wenn sie von den gleichen Dingen spricht" (Weber 2008, S. 3). Er stellt also in seinem Werk einen Sollensanspruch, um zu erarbeiten, was die Begriffe, mit denen er sich beschäftigt, meinen. Weber formuliert so einen normativ gültigen Wahrheitsanspruch an das Resultat von ‚Wirtschaft und Gesellschaft'.

Ausgangspunkt seiner Überlegungen, Analysen und Definition ist letztlich immer die Handlung. Im Rahmen von ‚Wirtschaft und Gesellschaft' ist dies die soziale Handlung. „Soziologie [...] soll heißen: eine Wissenschaft, welche soziales Handeln deutend verstehen und dadurch in seinem Ablauf und seinen Wirkungen ursächlich erklären will" (Weber 2008, S. 3). Er geht so über einen deskriptiven Anspruch hinaus. Sein Werk soll Wirkungen von sozialen Handlungen

„ursächlich erklären" (ebd.). Diese soziale Handlung ist mehr als das reine individuelle Handeln nach Emotionen oder rationalen Überlegungen.

> „Den Gegenstand solchen Erkenntnisstrebens bildet mithin in erster Linie das sinn-
> hafte Gemeinschaftshandeln, solches also, mit dem der handelnde Mensch einen von
> ihm – verständnismäßigen – gemeinten, empirisch verstehbaren *typischen* Sinn ver-
> bindet" (Winckelmann 1952, S. 6).

Das methodische Vorgehen Webers ist es, Definitionen zu erarbeiten, innerhalb
derer sich seine Vorstellung über Handlungszusammenhänge erklären lassen.
Sein Anspruch ist es aber nicht, neue Begriffe zu erarbeiten (vgl. Weber 2008,
Vorbemerkung, S. 3). Er bewegt sich im Bereich der Analyse des Bestehenden
und liefert somit das für diese Arbeit benötigte System eines Staates. Weber
arbeitet sich also an Definitionen ab, die er im Kontext sozialer Handlungen
erklären, genauer bestimmen und letztlich in den Zusammenhang miteinander
stellen will. Er versucht so, ein abschließendes Bild der sozialen Handlungen zu
liefern (vgl. Weber, § 1 S. 3).

Der Nutzen dieser Definitionen ist im Zusammenhang mit der Frage nach der
Legitimation von Staaten bereits ausgeführt worden. Die Analyse des Werks
Webers wird in keinem Fall abschließend sein. Es soll auch nicht geklärt werden,
ob der Anspruch seines Werks durch seine Analyse gerechtfertigt wird. Wie
bereits dargelegt, ist es an dieser Stelle notwendig, einen Rahmen zu finden, in
welchem man die Begriffe sinnvoll nutzen kann. Um aber einen solchen Rahmen
zu finden, müssen die Begriffe in ihrer Komplexität dargestellt werden. Dies
geschieht hier in der Analyse von Webers Werk.

3.3.2   Grundlage der Definition von Staat und staatlicher Legitimation

> „*Staat* soll ein politischer *Anstaltsbetrieb* heißen, wenn und insoweit sein Verwal-
> tungsstab erfolgreich das *Monopol legitimen* physischen Zwanges für die Durchfüh-
> rung der Ordnungen in Anspruch nimmt" (Weber 2008, S. 39).

Max Weber baut seine Definitionen aufeinander auf. Es ist also notwendig, die
einzelnen Begriffe, die in dieser Definition vorkommen, selber noch mal auszuführen. Die wichtigen Begriffe sind: „Anstaltsbetrieb", „Verwaltungsstab", „Monopol legitimen physischen Zwanges" und „Ordnungen". Um diese Definitionen
auszuführen, ist aber zunächst ein tieferes Verständnis der Struktur der politischen Zusammenhänge bei Weber notwendig. Er beschreibt die Dimension des
politischen ausführlich: Die Staatsdefinition findet sich im gleichen Paragrafen
wie die Definition des politischen Verbandes, der im Prinzip die Grundlage des
Staates bildet.

> *„Politischer* Verband soll ein Herrschaftsverband dann und insoweit heißen, als sein
> Bestand und die Geltung seiner Ordnungen innerhalb eines angebbaren geografi-
> schen *Gebiets* kontinuierlich durch Anwendung und Androhung *physischen* Zwangs
> seitens des Verwaltungsstabes garantiert werden" (Weber 2008, S. 39).

Es muss also zunächst der Begriff des Verbandes und, für den Staat wichtiger,
des Herrschaftsverbandes geklärt werden. Zudem ist es notwendig, zu verstehen,
was Verwaltungsstab bedeutet. Neben diesen beiden Begriffen, die der Erklärung
durch Weber bedürfen, kann man schon an dieser Stelle erkennen, dass für Webers Staatsdefinition sowohl der physische Zwang als auch das geografische
Gebiet entscheidend sind. Das geografische Gebiet ist auch heute noch Defini-
tionsgrundlage nationalen Verständnisses. So gibt es derzeit nur einen Staat, der
sich als solcher bezeichnet und auch vielfältig international anerkannt wird, der
aber kein eigenes Staatsgebiet besitzt: der Malteser Ritterorden.

Weber bindet den Verband und seine Definition an den Zweck, den dieser erfüllt.
Hier findet sich die Idee der grundlegenden Legitimation wieder. Weber analysiert allerdings nicht, wie dieser Zweck entsteht. In diesem Teil der Analyse Webers findet sich der Übergang von grundlegender zu funktionaler Legitimation.
Weber erreicht so eine klare Definition des Begriffs Verband, ohne eine theoretische Ableitung darüber geben zu müssen, was ein Verband im ‚eigentlichen
Sinn' ist.

> „§ 12. Verband soll eine nach außen regulierend beschränkte oder geschlossene so-
> ziale Beziehung dann heißen, wenn die Innehaltung ihrer Ordnung garantiert wird
> durch das eigens auf deren Durchführung eingestellte Verhalten bestimmter Men-
> schen" (Weber 2008, S. 34).

In dieser Definition sind zwei Aspekte ausgeführt, die auch in der Staatskonzeption eine entscheidende Rolle spielen. Zum einen setzt die „nach außen regulie-
rend beschränkte oder geschlossene soziale Beziehung" (ebd.) einen Rahmen,
mit dem soziale Beziehungen bewertet und voneinander abgegrenzt werden
können. Mit der Argumentation des AAPs in Kapitel 2 wurde bereits gezeigt,
dass eine praktische Definition dieser „geschlossenen sozialen Beziehung" (ebd.)
in einer globalisierten Welt wenigstens infrage zu stellen ist. Hier wird aber Webers System analysiert und von daher nicht weiter auf diesen kritischen Aspekt
eingegangen. Eine weitere Frage lautet, ab welcher Stelle es sich um eine „nach
außen regulierende soziale Beziehung" (ebd.) handelt, die man einen Verband
nennen kann. Die Gefahr besteht hier, dass die Definition so weitgehend ist, dass
jede soziale Beziehung ein Verband ist. Für den Staat, auch im Sinne der in Kapitel 2 gestellten Forschungsfrage, stellt aber gerade diese Abgrenzung einen
zentralen Punkt dar. Sie hat das Potenzial, eine ‚nationale Identität' zu schaffen

und scheint essenzieller Bestandteil der Staatskonzeption zu sein[30]. Sie betrifft aber auch die Frage nach der Definition der Non-Voice-Parties direkt. Entsprechend der Art, ,soziale Beziehungen' zu definieren, verändern sich auch die unter der Definition zusammengefassten Gruppen innerhalb der NVP. Definiert man ,soziale Beziehungen' zum Beispiel über die politische Partizipation, sind NVP davon ausgeschlossen. Definiert man sie aber über die Auswirkungen sozialer Handlungen, verkleinert sich das Feld der zu den NVP gehörenden Gruppen. Ohne diesen Schritt der Aussage, wer zur ,sozialen Beziehung' gehört und wer nicht, gibt es möglicherweise keine Gruppierungen, die ausgeschlossen sind vom demokratischen Prozess und somit auch keine Gruppierung ohne eigene politische Stimme.

Der zweite wichtige Aspekt ist, dass „die Innehaltung ihrer Ordnung garantiert wird durch das eigens auf deren Durchführung eingestellte Verhalten bestimmter Menschen" (ebd.). Auch dieser Punkt ist für die vorgestellte Staatskonzeption von entscheidender Bedeutung. Die innere Ordnung ist notwendig, um die vorher festgelegte soziale Beziehung zu spezifizieren. Nur durch diese entsteht ein Verband. Aber auch das Konzept der inneren Ordnung muss für unterschiedliche Verbände spezifiziert werden.

> „»Verein« und »Anstalt« sind beide Verbände mit *rational* (planvoll) gesatzten Ordnungen. Oder richtiger: *soweit* ein Verband rational gesatzte Ordnungen hat, soll er Verein oder Anstalt heißen" (Weber 2008, S. 38).

Weber definiert Verein als ein Verband, der sich auf die persönlichen Interessen der Mitglieder bezieht (vgl. Weber 2008, § 15 S. 37-38). Der Begriff der Interessen wird in Kapitel 4 nochmals aufgegriffen werden. Interessen sind insofern an dieser Stelle interessant, als sie auf ein System verweisen, das unterschiedliche Interessen ausgleichen muss. Diese Idee wird in Kapitel 4 im Argument aus dem Selbstinteresse untersucht.

3.3.3   Das Recht bei Weber

Interessanter für diese Untersuchung ist aber Webers Definition von „Anstalt":

> „*Anstalt* soll ein Verband heißen, dessen gesatzte Ordnungen innerhalb eines angebbaren Wirkungsbereiches jedem nach bestimmten Merkmalen angebbaren Handeln (relativ) erfolgreich oktroyiert werden" (Weber 2008, S. 37-38).

---

30 Die nationale Identität wird im AAP als Kriterium zur Definition des Demos angeführt und von Goodin und Arrehnius abgelehnt (vgl. Goodin 2007 und Arrehnius 2005). In Kapitel 4 wird dafür argumentiert, dass eben solche Kriterien aufgrund der grundlegenden Legitimation um NVP zu erweitern sind, sie aber dennoch für einen funktionierenden Staat Bedeutung haben können.

Der Staat als „politischer Anstaltsbetrieb" (Weber 2008, S. 39) erfüllt hier die Definition durch das Recht, das er schafft, sowie die Rechtssicherheit.

> „1. daß beliebiges Recht durch Paktierung oder Oktroyierung rational, zweckrational oder wertrational orientiert (oder: beides), gesatzt werden könne mit dem Anspruch auf Nachachtung mindestens durch die Genossen des Verbandes, regelmäßig aber auch: durch Personen, die innerhalb des Machtbereichs des Verbandes (bei Gebietsverbänden: des Gebiets) in bestimmte von der Verbandsordnung für relevant erklärte soziale Beziehungen geraten oder sozial handeln;" (Weber 2008, S. 160-161)

Weber fordert hier, dass es eine Rechtssicherheit, also die gleichbleibende Achtung des Rechts, gibt und die Einhaltung des Rechts gewährleistet werden kann. In Staaten wird dies durch das Gewaltmonopol gesichert. Es ist aber zentraler Bestandteil des Zusammenhangs zwischen grundlegender und funktionaler Legitimation. Der Staatszweck kann nur durch die Argumentation für eine Staatsbildung erarbeitet werden. Ist dieser Zweck aber etabliert, ergibt sich ein auf ihn gerichtetes Rechtssystem durch einen noch zu erläuternden Prozess. Wichtig bei diesem Rechtssystem ist es aber, dass es durch die Rechtssicherheit abgedeckt ist. Wäre in einem System diese Rechtssicherheit nicht gegeben, wären das Recht und damit seine Auswirkungen willkürlich.

> „2. daß jedes Recht seinem Wesen nach ein Kosmos abstrakter, normalerweise: absichtsvoll gesatzter Regeln sei, die Rechtspflege die Anwendung dieser Regeln auf den Einzelfall, die Verwaltung die rationale Pflege von, durch Verbandsordnungen vorgesehenen, Interessen, innerhalb der Schranken von Rechtsregeln, und: nach allgemein angebbaren Prinzipien, welche Billigung oder mindestens keine Mißbilligung in den Verbandsordnungen finden;" (Weber 2008, S. 160-161)

An dieser Stelle regelt Weber die prozedurale Ausübung des Rechts[31]. Der „Kosmos abstrakter, normalerweise: absichtsvoll gesatzter Regeln" (ebd.) ergibt sich aus der Notwendigkeit, ‚Regeln' so zu erlassen, dass sie das Zusammenleben im Staat (respektive bei Weber ‚im Verband') möglichst umfänglich ordnen können. Die Rechtspflege, die Weber hier anspricht, ist im Staat mit dem Justizsystem gleichzusetzen. Weber verdeutlicht hier den Grundsatz der Rechtssicherheit. Regeln, die erlassen werden, müssen entsprechend für alle gelten. Hinzu kommt, dass diese Regeln allgemeinen Prinzipien entsprechen müssen, die zumindest nicht auf Missbilligung treffen. Weber führt den Grundsatz der Rechtsgleichheit auch auf den ‚Herrn', respektive die Regierung, zurück, wenn er sagt, „3. daß also der typische legale Herr: der »Vorgesetzte«, indem er anordnet und mithin befiehlt, seinerseits der unpersönlichen Ordnung gehorcht, an welcher er seine Anordnungen orientiert" (Weber 2008, S. 160-161) Diese Umsetzung der Recht-

---

31 Regeln folgen für Weber aus dem Recht (vgl. Weber 2008, S. 160-161). Entsprechend werden an dieser Stelle Regeln und Gesetze gleichgesetzt.

sicherheit im Staat muss aber auf den „politischen Anstaltsbetrieb" (Weber 2008, S. 39) übertragen werden. Webers Definition der Anstalt leitet sich weiter aus dem Wirkungsbereich ab.

Der „angebbare Wirkungsbereich", in dem „angebbares Handeln erfolgreich oktroyiert" werden kann, ist beim Staat das geografische Gebiet, das er kontrolliert (vgl. ebd.). Die Möglichkeit, die Ordnung, in der das Handeln Dritten auferlegt wird[32], wird durch das „legitime Machtmonopol" (ebd.) gewährleistet. Interessant ist, dass Weber die Ordnungen, nach denen das ‚Auferlegen' vollzogen wird, als „*rational* (planvoll)" (Weber 2008, S. 38) beschreibt. Der Begriff „rational" wird in dieser Analyse im Sinne der Planung verwendet. Etwas ist dann als rational anzusehen, wenn es geplant ist.

3.3.4   Webers „rationale Ordnung"

Man kann an dieser Stelle annehmen, dass hinter dem Staat eine Idee steht, die tiefer greifend ist als die reine Funktion des Machtausübens. Da die Ordnung rational aufgestellt werden muss, um einen Staat identifizieren zu können, ist sie an ein höheres Gut (in diesem Fall die Vernunft) gebunden. Dies zeigt sich am bereits ausgeführten Teil der unterschiedlichen Herangehensweisen und Arten von Staatszwecken (vgl. Kapitel 4).

Auch die Ausübung der Gewalt ist kein Selbstzweck. Sie dient nur der Aufrechterhaltung der Ordnung und ist selber nicht notwendig oder normales Verwaltungsmittel[33]. Deutlich wird dieses Verhältnis noch mal, wenn Weber auf die Garantie der Ordnung durch den Verwaltungsstab eingeht.

> „Den politischen Verband kennzeichnet *neben* dem Umstand: daß die Gewaltsamkeit (mindestens auch) zur Garantie von »Ordnungen« angewendet wird, das Merk-

---

32 Im Folgenden wird, wenn Weber von „oktroyieren" spricht, „auferlegen" als Synonym verwendet. Man könnte alternativ ‚aufzwingen' als Begriff verwenden, der Zwang kann aber zu missverständlichen Interpretationen führen.

33 Max Weber stellt das selber heraus: „Für politische Verbände ist selbstverständlich die Gewaltsamkeit weder das einzige, noch auch nur das normale Verwaltungsmittel" (Weber 2008, S. 39). Die Frage der Art und Weise staatlichen Handelns wird hier ausgeklammert. Da es in dieser Arbeit nur um die Legitimation des Staates geht, wird diese Argumentationslinie nicht weiter verfolgt. Man spricht zwar des Öfteren von illegitimen Staatshandlungen und könnte so annehmen, dass dies ein Weg, zur Idee der staatlichen Legitimation zu kommen, sei. Das Problem ist aber, dass Staatshandlungen in den meisten Fällen nur gegen ihre eigene Verfassung illegitim handeln können. In diesem Fall setzt man den Staat und seine Verfassung aber schon als legitim gegeben voraus. In den Fällen, in denen Staaten entgegen den Menschenrechten handeln, also gegen die Menschenwürde agieren, spricht man auch von illegitimen Staatshandlungen. Hier wird das Wort aber in vielen Fällen als Synonym für verbrecherische Staatshandlungen gebraucht.

mal: daß er die Herrschaft seines Verwaltungsstabes und seiner Ordnungen für ein *Gebiet* in Anspruch nimmt und gewaltsam garantiert" (Weber 2008, S. 39). Hierin zeigt sich auch die Ausführung zum Recht. Erst die Sanktionsmacht des Staats durch das Gewaltmonopol kann die Rechtssicherheit gewährleisten. Diese knüpft die Befolgung des Rechts an die Möglichkeit, beim Verstoß dagegen diesen mit Gewalt zu ahnden.

Damit ist aber noch nicht aufzeigt, inwiefern Staatshandlungen soziales Handeln widerspiegeln. Weber setzt aber als Grundlage des Werks den Begriff der Handlung an eine zentrale Stelle. Um diesen Punkt weiter auszuführen, muss zunächst geklärt werden, was Weber überhaupt unter Handlung versteht. Handeln[34] wird von Weber in Bezug auf den Staat erweitert, es geht ihm hier um „soziales Handeln".

> „»Soziales« Handeln aber soll ein solches Handeln heißen, welches seinem von dem oder den Handelnden gemeinten Sinn nach auf das Verhalten *anderer* bezogen wird und daran in seinem Ablauf orientiert ist" (Weber 2008, S. 3).

Die Erweiterung der Definition von der „Handlung" auf die „soziale Handlung" vollzieht Weber über den „Sinn" der Handlung. Immer dann, wenn sich der Sinn einer Handlung auf das Verhalten anderer ausrichtet, ist sie als „soziale Handlung" zu bezeichnen. Dieser Sinn wird aber noch erweitert. Die Handlung muss nicht nur dem Sinn nach auf andere ausgerichtet sein, sie muss sich auch in ihrer Ausführung auf andere beziehen (vgl. ebd.). Es reicht also nicht, für sich zu handeln, selbst wenn man andere mit dieser Handlung im Blick hat, man muss den Ablauf der Handlung an den anderen orientieren. Diese Orientierung muss nicht notwendigerweise die anderen mit einbeziehen, sie ist auch dann gegeben, wenn das Verhalten anderer in den eigenen Handlungsverlauf eingeplant ist. Dies ist insofern interessant, als das „politische Handeln" eine spezielle Form des „sozialen Handelns" ist. Im „sozialen Handeln" ist kein Zweck der Handlung angegeben. Die spezielle Ausgestaltung der politischen Handlung hängt aber von diesem Zweck ab.

> „»Politisch orientiert« soll ein soziales Handeln, insbesondere auch ein Verbandshandeln, dann und insoweit heißen, als es die Beeinflussung der Leitung eines politischen Verbandes, insbesondere die Appropriation oder Expropriation oder Neuver-

---

34   „»Handeln« soll dabei [in der Definition der Soziologie] ein menschliches Verhalten (einerlei ob äußeres oder innerliches Tun, Unterlassen oder Dulden) heißen, wenn und insofern als der oder die Handelnden mit ihm einen subjektiven Sinn verbinden" (Weber 2008, S. 3). Die Verbindung des Handelns mit einem subjektiven Sinn ist hier bemerkenswert. Neben der rationalen Ordnung (s.o.) wird an dieser Stelle auch die Handlung in einen größeren Zusammenhang gestellt. Der ‚Sinn', auch wenn er subjektiv ist, muss von einem anderen Bezugspunkt erhalten werden als aus der reinen Zweckdienlichkeit selber.

teilung oder Zuweisung von Regierungsgewalten, [...] bezweckt" (Weber 2008, S. 39.).

Das „politisch orientierte Handeln" ist nach Weber also zweckgebunden. Dieser Zweck wird genauer spezifiziert durch das Ziel, welches mit der „politischen Handlung" erreicht werden soll. Um eine Handlung zu einer „politischen Handlung" zu machen, muss damit „die Beeinflussung der Leitung eines politischen Verbandes" (ebd.) angestrebt sein. Um zu erarbeiten, welche Rolle „politisch orientiertes Handeln" spielt, ist es an dieser Stelle aber notwendig, noch mal auf das Vorhaben des Werks einzugehen. Weber analysiert das menschliche Handeln. Die „Beeinflussung der Leitung eines politischen Verbandes" (ebd.) ist zweckgebunden. Sie soll den „politischen Verband" nicht nur beeinflussen, sie ist bezogen auf die „Neuverteilung oder Zuweisung von Regierungsgewalten" (ebd.). Dies kann bei Handlungen einzelner Menschen, z. B. durch Wahlen und bei Handlungen von „Verbänden" durch Gesetzgebung, entstehen. Zunächst spricht Weber aber an dieser Stelle nicht von der Handlung des Staates, sondern von der Handlung des Individuums. Dieses handelt nicht politisch, sondern politisch orientiert – also mit dem Zweck, die Regierungsgewalt umzuverteilen. Dies ist eine funktionale Aufgabe der Handlung. Sie bezieht sich nicht direkt auf politische Handlungen oder Meinungen, sondern regelt die Machtverhältnisse im „politischen Verband" (vgl. ebd.). Weber bildet hier eine Handlungskette. Zunächst beeinflusst das Individuum die Leitung, daraus folgt dann das Verbandshandeln (vgl. Weber 2008, S. 3). Verbandshandeln definiert Weber als:

> „a) das auf die Durchführung der Ordnung bezogene kraft Regierungsgewalt oder Vertretungsmacht legitime Handeln des Verwaltungsstabs selbst, b) das von ihm durch Anordnungen geleitete {verbandsbezogene (s. Nr. 3)} Handeln der Verbandsbeteiligten heißen" (Weber 2008, S. 34f.).

Verbandshandeln ist also das legitime Handeln des Verwaltungsstabs oder das von ihm geleitete „Handeln der Verbandsbeteiligten" (ebd.). Diese Art des legitimen Handelns findet sich auch in der Analyse der rechtswissenschaftlichen Sicht auf die Legitimation der Staatshandlung wieder. Das System Webers dient in dieser Argumentation dazu, aufzuzeigen, wie eine funktionale Legitimation in einem aus sich selbst aufgebauten System aussehen kann. Die dargelegte Ableitung hat bisher aber nur gezeigt, wie das politisch orientierte Handeln in Bezug auf die Regierungsgewalt selber zu verstehen ist. Um die funktionale Legitimation im System Webers abschließend erläutern zu können, müssen neben den Begriffen „Anstaltsbetrieb", „Verwaltungsstab" und „Ordnungen" auch das „Monopol legitimen physischen Zwanges" (vgl. Weber 2008) geklärt werden, um die Übertragung der Legitimation und die benötigte Rechtssicherheit, auf die bereits eingegangen wurde, erklären zu können.

3.3.5   Webers funktionale Legitimation

Es ist also das ausführende Organ des Staates zu erläutern, um zu einem Verständnis der Definition des Staats über seine Funktion, ähnlich der bereits herausgearbeiteten funktionalen Legitimation, zu gelangen. Der Verwaltungsstab hat die Leitung des Staates inne. Was aber bedeutet Leitung?[35]

> „Das Vorhandensein eines »Leiters«: Familienhaupt, Vereinsvorstand, Geschäftsführer, Fürst, Staatspräsident, Kirchenhaupt, dessen Handeln auf Durchführung der Verbandsordnung eingestellt ist, soll genügen, weil diese spezifische Art von *Handeln*: ein nicht bloß an der Ordnung orientiertes, sondern auf deren *Erzwingung* abgestelltes Handeln, soziologisch dem Tatbestand der geschlossenen »sozialen Beziehung« ein praktisch wichtiges neues Merkmal hinzufügt" (Weber 2008, S. 35).

Die Erweiterung des sozialen Handelns durch das „Erzwingen" einer Ordnung innerhalb des Staatshandelns führt direkt auf den Staatszweck zurück. Nur durch das legitime Handeln der Leitung wird dieser ermöglicht. Durch das Funktionieren der Staatshandlung erreicht also der Staat nach Weber seinen legitimen Zweck (vgl. Weber 2008, S. 35).

An dieser Stelle muss darauf hingewiesen werden, dass nicht ein konkretes Individuum leiten muss. In der Definition Webers ist das Amt selber ausschlaggebend. Das zeigt sich darin, dass es übertragbar ist. Relevant für ihn ist die Chance der Ausübung legitimer Macht.

> „So lange aber die Chance jenes Handelns besteht, so lange »besteht«, soziologisch angesehen, der Verband *trotz des Wechsels der Personen,* die ihr Handeln an der betreffenden Ordnung orientieren. (Die Art der Definition hat den Zweck: eben *diesen* Tatbestand sofort einzubeziehen)" (Weber 2008, S. 35).

Der Bezug zur grundlegenden Legitimation demokratischer Staaten wird hier durch den Zweck des Staats offensichtlich. Die Möglichkeit Zwang auszuüben setzt die Staatlichkeit voraus. So kann gewährleistet werden, dass Recht und Gesetz, das was Weber an dieser Stelle noch Ordnung nennt, erhalten bleiben. Dieser Schutz vor willkürlicher Machtausübung gegenüber dem Individuum kann nur innerhalb dieses Rahmens stattfinden, da ein politisches Handeln ohne Ordnung und die Durchsetzung der Ordnung nicht möglich ist. Weber spricht in

---

35 „Die Innehabung der Leitung oder einer Teilnahme am Handeln des Verwaltungsstabes – die »Regierungsgewalten « – können a) appropriiert oder b) durch geltende Verbandsordnungen bestimmten oder nach bestimmten Merkmalen oder in bestimmten Formen auszulesenden Personen dauernd oder zeitweise oder für bestimmte Fälle zugewiesen sein" (Weber 2008, S. 34f). Weber führt hier den Prozess der Bestimmung der Leitung aus. Diese ist auf einem theoretischen Level gehalten. Im Verlauf der Arbeit wird unter dem Punkt zur Repräsentation darauf zurückzukommen sein.

diesem Zusammenhang sehr ausführlich über Macht und die Anwendung derselben. Ohne diese ist Staatshandeln und damit staatliche Legitimation nicht erklärbar. Im Folgenden muss also Webers Definition von Macht näher analysiert werden.

3.3.6   Macht im Sinne Webers

„*Macht* bedeutet jede Chance, innerhalb einer sozialen Beziehung den eigenen Willen auch gegen Widerstreben durchzusetzen, gleichviel worauf diese Chance beruht" (Weber 2008, S. 38). Macht ist also relativ. Es geht Weber um das Verhältnis innerhalb einer sozialen Beziehung. Den eigenen Willen durchzusetzen, ist Macht auf individueller Ebene. Grundsätzlich kann Macht in jeder Art und Form von Beziehung gefunden werden. Speziell für das Staatshandeln aber von Weber diese Macht ausdifferenziert. Es wurde bereits auf das ‚Auferlegen' („Oktroyieren") einer Ordnung verwiesen. Dies ist der zentrale Aspekt, den Weber in der Ausübung von Macht als Staatshandlung sieht. Mittel dazu ist das legitime physische Gewaltmonopol.

> „Ordnungen eines Verbandes können außer den Genossen auch Ungenossen oktroyiert werden, bei denen bestimmte *Tatbestände* vorliegen. Insbesondere kann ein solcher Tatbestand in einer Gebietsbeziehung (Anwesenheit, Gebürtigkeit, Vornahme gewisser Handlungen innerhalb eines Gebiets) bestehen: »Gebietsgeltung«" (Weber 2008, S. 36).

Das Auferlegen der Ordnung durch den Staat weitet sich also für Weber auf all diejenigen aus, die das Kriterium der „Gebietsgeltung" erfüllen. Diese regelt die Möglichkeit der Auswirkung von Macht für alle Individuen, auf die dieses Merkmal angewandt werden kann. Man kann also annehmen, dass Weber die Notwendigkeit der Repräsentation von NVP zur Legitimation des Staats ablehnen würde. In seinem System müsste nur aufgezeigt werden, dass auf die NVP die „Gebietsgeltung" zutrifft, diese würden dann zu „Ungenossen". Somit würden sie Subjekte der jeweiligen Durchsetzung der Ordnung innerhalb des Gebiets, über das die „Gebietsgeltung" definiert ist. Wie bisher ausgeführt wurde, leitet Weber die Legitimation der Anwendung des Zwangs aber rein aus der Funktionalität dieser Handlung ab. Er führt aus, dass es sich bei seiner Analyse um Handlungen des Staats in seinem Geltungsbereich dreht, nicht aber darum, wie dieser Staat grundlegende zu legitimieren ist. Auf den Zusammenhang von Gebietsgeltung und NVP wird unter dem Punkt ‚Definition des Staats durch den Zweck – Kritik an Webers Konzeption' näher eingegangen.

Relevant für die Ausübung von Macht und Notwendigkeit, um das Staatskonzept Webers aus dem anfänglichen Zitat zu verstehen, ist seine Ausführung darüber, wie Macht im politischen Handeln genutzt wird. Er benutzt dazu ein anderes Konzept, welches nun zu klären ist: das Konzept der Herrschaft.

> „*Herrschaft* soll heißen die Chance, für einen Befehl bestimmten Inhalts bei angebbaren Personen Gehorsam zu finden; *Disziplin* soll heißen die Chance, kraft eingeübter Einstellung für einen Befehl prompten, automatischen und schematischen Gehorsam bei einer angebbaren Vielheit von Menschen zu finden" (Weber 2008, S. 38).

Der Zusammenhang von Herrscher und Beherrschtem wird an dieser Stelle dadurch deutlich, dass der Begriff des Gehorsams sich aus der Definition des Machtbegriffs ableitet (vgl. Weber, 2008, S. 38). In diesem Zusammenhang bedeutet Herrschaft also nichts anderes als die Ausgestaltung der Ausübung von Macht. Derjenige, bei dem Gehorsam gefunden wird, unterwirft sich der Macht. Der Herrschende braucht somit keinen Widerstand zu fürchten, da er von der Disziplin des Beherrschten ausgehen kann.

Im Bereich der Herrschaft gibt es aber nicht nur herrschende Einzelpersonen. Weber stellt in seiner Analyse die Herrschaft der Mehrheit heraus. Die Ausübung von Macht kann einer freien Vereinbarung entgegenstehen. Angewendet auf die aktuelle Staatssituation wäre aber, entgegen Webers Analyse, zu prüfen, ob die Zustimmung zu einer Ordnung in ein hierarchisches Modell eingefügt werden kann. Weber stellt fest:

> „Oktroyiert im Sinn dieser Terminologie ist *jede* nicht durch persönliche freie Vereinbarung aller Beteiligten zustande gekommene Ordnung. Also auch der »Mehrheitsbeschluß«, dem sich die Minderheit fügt" (Weber 2008, S. 36).

Dementsprechend ist jede demokratische Staatshandlung, die nicht einstimmig getroffen wird, ‚auferlegt'. Dies bedeutet aber nicht, dass diese Staatshandlungen illegitim wären. Wird auf den Staat grundsätzlich die Legitimation zur Handlung erteilt, sind einzelne Staatshandlungen, selbst wenn sie nicht die Zustimmung aller finden, legitimiert. Ein solches Modell wurde bereits in der Beschäftigung mit der funktionalen Legitimation des deutschen Staats herausgestellt. Auch theoretisch lässt sich ein solches Modell herleiten. Wenn Rousseau von der Aufgabe der natürlichen Freiheit zum Erhalt der bürgerlichen Freiheit spricht (vgl. Rousseau 2011, S. 23), ist ein solcher Akt der Übertragung implizit gegeben. Man gibt durch seine Zustimmung zum Gesellschaftsvertrag automatisch seine Zustimmung zur Staatshandlung. Dies kann bedeuten, dass man einer einzelnen Staatshandlung nicht zustimmen muss. Um die Forschungsfrage dieser Arbeit zu beantworten, wird der Prozess der Weitergabe von Legitimation nach Begründung des Staates zu klären sein (wie es in Kapitel 4 und 5 geschieht).

3.3.7 Klärung der untersuchten Staatsdefinition

Weber definiert den Herrschaftsverband wie folgt. „Ein Verband soll insoweit, als seine Mitglieder als solche kraft geltender Ordnung Herrschaftsbeziehungen unterworfen sind, Herrschaftsverband heißen" (Weber 2008, S. 38). Hier stellt sich noch mal die funktionale Legitimation in Webers Analyse heraus. Ein Verband wird durch die Gesetze, die in ihm die Durchsetzung der Ordnung garantieren, zum Herrschaftsverband. Die Legitimation wird aber nicht aus dem Zweck des Verbands, sondern „kraft geltender Ordnung" (ebd.) abgeleitet. Unklar ist aber, was damit gemeint ist, wenn das Verhältnis des Staates zu seinen Bürgern genauer betrachtet wird. Das Prinzip des Gewaltmonopols wird in der Abgrenzung gegenüber anderen, die zwar Gewalt anwenden, aber nicht das Gewaltmonopol innehaben, klar. Jede Gewalt, die nicht durch den Inhaber des Gewaltmonopols angewandt wird, ist illegitim und kann somit sanktioniert werden.

> „Ferner aber: daß es »legitime« Gewaltsamkeit heute nur noch insoweit gibt, als die staatliche Ordnung sie zuläßt oder vorschreibt [...] Dieser Monopolcharakter der staatlichen Gewaltherrschaft ist ein ebenso wesentliches Merkmal ihrer Gegenwartslage wie ihr rationaler »Anstalts«- und kontinuierlicher »Betriebs«-Charakter" (Weber 2008, S. 40).

Der Staat hat als Einziger das Gewaltmonopol inne. Er steht somit offenbar in einem dichotomen Verhältnis zu seinen Bürgern. Er ,herrscht' über sie. Was aber Herrschaft bedeutet, und inwiefern bzw., an welchen Stellen dieses Verhältnis wirklich ungleich ist, bedarf der näheren Analyse. Max Weber definiert Herrschaft nicht als reine Machtausübung, sondern als Möglichkeit von einer bestimmten Gruppe von Menschen Gehorsam zu erhalten (vgl. Weber 2008, S. 157). Gehorsam bedeutet aber, dass das Einverständnis gegeben worden sein muss, sonst würde man es als Zwang bezeichnen. D. h., dass das Subjekt, welches gehorcht, generell das Gewaltmonopol bzw. in diesem Fall den Herrschenden als Herrschenden akzeptieren muss. Dies schließt nicht aus, dass sich der Beherrschte im Einzelfall dagegen auflehnt, beherrscht zu werden. Er muss es aber von der Grundlage her akzeptieren. Man könnte nun einwenden, dass diese Zustimmung rein auf der Sanktionsmacht des Staates beruht, also in der Angst vor Gewaltanwendung. Diese Angst kann aber nicht die Grundlage für legitime Herrschaft sein. Dies gilt vor allem, wenn man die Menschenrechte akzeptiert oder generell akzeptiert, dass Sklaverei weder legitim noch in irgendeiner Form berechtigt ist. Würde man so gegen die hier gegebene Analyse argumentieren, spräche man von Sklaverei, da der Bürger nur aus Angst vor Gewalt handeln würde, „und selbst die »Untertanen«-Beziehung kann freiwillig übernommen und (in gewissen Schranken) gelöst werden. Die absolute Unfreiwilligkeit besteht erst beim Sklaven" (Weber 2008, S. 158).

Weber schließt entsprechend, dass mit Herrschaft nicht gemeint ist" […] jede Art von Chance, »Macht« und »Einfluß« auf andere Menschen auszuüben" (Weber 2008, S. 157). Dies zieht aber das oben angesprochene dichotome Verhältnis in Zweifel. Da keine Macht ausgeübt wird, sondern die Herrschaft in freiwilliger Akzeptanz des Bürgers geschieht, ist das Verhältnis von Herrschendem und Beherrschtem nicht klar getrennt. „Ein bestimmtes Minimum an Gehorchen wollen, also: Interesse (äußerem oder innerem) am Gehorchen, gehört zu jedem echten Herrschaftsverhältnis" (Weber 2008, S. 157). Ein solches Interesse kann aber nicht in der Angst vor der Anwendung von Gewalt begründet sein. Das Interesse am Gehorchen ist nicht in sich selber begründet. Es ist ein Interesse´, das auf einen Zweck abzielt. Im weiteren Verlauf der Arbeit (Kapitel 4) wird argumentiert, dass dieses Interesse das Interesse, Schutz vor willkürlicher Gewalt zu erhalten, ist. Aus diesem ergibt sich dann die grundlegende Legitimation des Staates. Man sieht hier, wie die folgende Argumentation in ein Staatssystem, wie Weber es hier aufbaut, eingegliedert werden kann. In diesem Sinn ist auch zu verstehen, dass das Gehorchen nicht an die Person, sondern die von ihr ‚repräsentierte‘ Ordnung gerichtet ist (vgl. Weber 2008, S. 161). Das Gehorchen hängt also vom Rahmen, den die bereits ausgeführte Ordnung bildet, ab. In einem demokratischen Staat hängt diese Macht aber vom Volk ab. Sie liegt also zunächst bei den Bürgern. Die Herrschaft hingegen liegt generell beim Staat und ausführend bei der Regierung. Die Frage, die nun noch zu klären ist, ist das Verhältnis der Legitimation zwischen Herr und Verwaltungsstab.

> „Dann ist noch immer die Art der Legitimität beziehung zwischen Herrn und Verwaltungsstab je nach der Art der zwischen ihnen bestehenden Autoritätsgrundlage sehr verschieden geartet und in hohem Grade maßgebend für die Struktur der Herrschaft, wie sich zeigen wird" (Weber 2008, S. 158f.).

Gerade in Hinblick auf die grundlegende Legitimation von Staaten ist dies ein wichtiger Punkt. In der Analyse der Legitimation des deutschen Staats in der Rechtswissenschaft wurde diese Legitimitätsbeziehung exemplarisch bereits analysiert. Im weiteren Verlauf der Arbeit wird auf das Argument des Selbstinteresses als Grundlage zur Legitimation von Staaten eingegangen. Die Art der hier beschriebenen Herrschaft zieht zum Teil ihre Grundlage aus diesem Argument, da dies die Grundlage für die funktionale Herrschaft und damit die Übertragung der Legitimation des Volks auf die Regierung ist.

3.3.8   Die Kritik an Webers Konzeption

Mit der Analyse von Webers Aufbau des Staats wurde ein Rahmen gegeben, in dem die Auswirkung der grundlegenden Legitimation auf die funktionale Legi-

timation erarbeitet werden kann. So notwendig und aussichtsreich der hier entstandene Rahmen von Definitionen für diese Arbeit ist – Max Weber erwähnt
einen Punkt, der dem bisher erarbeiteten, entgegensteht. In „Wirtschaft und Gesellschaft" versucht er aufzuzeigen, dass man den Staat nicht über seinen Zweck
definieren kann. „Es ist nicht möglich, einen politischen Verband – auch nicht
den »Staat« – durch Angaben des *Zweckes* seines Verbandshandelns zu definieren" (Weber 2008, S. 40). Dies entspricht dem Anspruch seiner Arbeit, soziales
Handeln zu erklären. Man muss allerdings zwischen dem Zweck des Verbandshandelns und dem Verband selber unterscheiden. Dadurch, dass der Zweck des
Handelns selber immer zielgerichtet aus der Handlung des Herrschenden, wie im
Verlauf dargestellt, gerichtet ist, lässt sich daran der Zweck des Staates selber
nicht erklären. Ohne diese Unterscheidung hat Weber recht, wenn er ausführt,
dass der Staat nur über sein Mittel zu definieren ist. „Man kann daher den »politischen« Charakter eines Verbandes *nur* durch das – […] – *Mittel* definieren,
welches nicht ihm allein eigen, aber allerdings spezifisch und für sein Wesen
unentbehrlich ist: die Gewaltsamkeit" (Weber 2008, 39f.). Nimmt man aber den
Unterschied zwischen Zweck des Staates und Zweck der Staatshandlung ernst,
ist die Definition nur durch das Mittel nicht möglich. Es liegt nicht im Ziel der
Arbeit Webers, den Staat selber über die grundlegende Legitimation zu definieren. Aus diesem Grund ist diese Unterscheidung für Weber nicht relevant. Für
diese Arbeit ist sie aber von entscheidender Bedeutung. In der Differenzierung
von funktionaler und grundlegender Legitimation wurde bereits erörtert, dass
Letztere den Zweck des Staates bestimmt. Die funktionale Legitimation muss
dann klären, wie dieser Zweck am besten umzusetzen ist. Mit der Analyse Webers wurde nun ein System aufgezeigt, das einen solchen Rahmen bieten kann.

Im Rahmen seiner Argumentation hätte Weber in Bezug auf das „Geltungsgebiet" und dessen Zusammenhang mit den NVP recht, diese nicht einzubeziehen. Nachdem ein Staat etabliert ist, lässt sich seine Ordnung auf alle anwenden,
auf die das „Geltungsgebiet" zutrifft. Seine Analyse des Staates greift aber, wie
aufgezeigt wurde, nicht den Zweck des Staats selber auf. Weber kann initial das
Zustandekommen des Staates nicht erklären und, wie zu Anfang der Analyse
Webers bereits gezeigt, ist dies auch nicht sein Anliegen. Entsprechend kann
Weber aber auch nicht erklären, wie der Zweck des Staats zu definieren ist. Die
folgende Argumentation in Kapitel 4 wird zeigen, dass die Kriterien für das
„Geltungsgebiet" und für die Definition, wer „Genosse" und wer „Ungenosse"
ist, von diesem Zweck abhängen. Weber erklärt die Verhältnisse, die aus einem
bereits bestehenden Staat abgeleitet werden können. Die Frage aber, wie und
warum es überhaupt zur Staatsbildung kommt, ist noch ungeklärt. Weber liefert
ein System, in dem diese Frage genauer und spezifischer geklärt werden kann.
Die Aussage, dass NVP aufgrund des „Geltungsgebietes" nicht repräsentiert sein

müssen, kann man aber mit Weber nicht treffen. Hier kann sein System keine Antwort liefern.

3.3.9 Die Analyse eines Systems des Rechts

In der vorangegangenen Analyse wurde der Aufbau des Staats durch die Ableitungen aus den Definitionen Max Webers durchgeführt. Es wurde in einem kurzen Exkurs auf das Recht und die Rechtssicherheit eingegangen. An dieser Stelle der Arbeit muss immer noch geklärt werden, wie ein System funktionaler Legitimation aufbauend auf einer grundlegenden Legitimation abzuleiten ist. Webers System liefert hierzu einen Bezugsrahmen unterschiedlicher Definitionen. Ein solcher Rahmen ist für die weitere Definition hilfreich, da auf ihn an entsprechender Stelle zurückgegriffen werden kann.

Mit dem Verweis in der Analyse Webers auf das Recht wäre es aber möglich, die Notwendigkeit der grundlegenden Legitimation zur Beantwortung der Forschungsfrage zu kritisieren. Könnte man zeigen, dass in das Recht NVP eingebunden sein müssen, da sie selber Rechtssubjekte sind, könnte man argumentieren, dass mindestens ihre Rechte repräsentiert sind oder werden müssen. Damit wäre eine weitere Analyse der Forschungsfrage, zumindest in den Augen Webers nicht notwendig. Im Folgenden soll nun die Rekonstruktion des Rechts als Quelle der Legitimation von Staatshandlungen erarbeitet werden. Die Analyse bewegt sich zunächst rein auf dem funktionalen Level der Legitimation, da hier nur von dem Recht in einem bereits bestehenden Staat ausgegangen werden kann. Ein solches System von Rechten ist aber nicht aus dem Nichts aufzubauen. Um ein solches System zu analysieren, wird die Kritische Theorie, konkret die Theorie von Jürgen Habermas, herangezogen. Unter den vielen Rechtstheorien ist die von Habermas eine, der am weitesten ausdifferenzierten. Hier soll allerdings, wie bei Weber, nur eine Rekonstruktion, keine Interpretation stattfinden. Diese Rekonstruktion dient hier dazu aufzuzeigen, wie ein System des Rechts aufgebaut werden kann. Aus den allgemeinen Bedingungen, die daraus abgeleitet werden können, lässt sich dann der Bezug zur grundlegenden Legitimation und weiterführend der Bezug zur Forschungsfrage erarbeiten.

3.4 Die Einordnung der Staatstheorie in die Kritische Theorie

Die Kritische Theorie wird klassischerweise in drei Generationen unterschieden (vgl. Hartmann, Heins 2011, S. 35f.). Für diese Arbeit wird nur die zweite Generation und aus dieser Jürgen Habermas als Untersuchungsobjekt herangezogen. Habermas stellt die erste zusammenhängende Theorie einer Staatslegitimation auf.

> „Gleichwohl ist die Kritische Theorie zunächst nicht als eine politische Theorie im engeren Sinne konzipiert worden. Ihre bekanntesten Vertreter haben wenig Aussagen zu den Voraussetzungen und Formen des Regierens, zur Legitimation politischer Herrschaft oder zu den Rechten und Pflichten der Bürger" (Hartmann und Heins 2011, S. 36).

Dies ändert sich allerdings durch die Schriften von Habermas, der gerade in „Faktizität und Geltung" die von der frühen Kritischen Theorie vernachlässigten Themen aufgreift (vgl. Hartmann, Heins 2011, S. 38). Die erste Generation, insbesondere vertreten durch Adorno und Horkheimer, macht zwar einige Aussagen über moralische und gesamtgesellschaftliche Zusammenhänge, diese können aber nur mit einiger Auslegungs- und Interpretationsarbeit zu einer Staatstheorie zusammengefasst werden. Selbst das Recht, ein zentraler Bestandteil funktionaler Legitimation, hat in der ersten Generation nur wenig Analyse oder Interpretation erfahren. „In der ersten Generation kritischer Theorie hatten Reflexionen über das Recht nur eine randständige Bedeutung" (Fischer-Lescano 2013, S. 179). Obwohl es interessant wäre, die Gesellschaftstheorie der ersten Generation auszuarbeiten, wird damit keine Analyse der Kritischen Theorie, sondern deren Interpretation geliefert. Die hier vorgestellte Arbeit will sich aber dem Legitimationszusammenhang aus einer analytischen Perspektive nähern.

> „Let me simply note that, in the case of critical theory, the major alternative to the Habermas school is associated with the names of Theodor Adorno and Max Horkheimer. The practical political import of this alternative is minimal, as it offers only despair in the face of an inevitably triumphant and thoroughly nefarious modernity" (Dryzek 1987, S. 658).

Im Folgenden werden nun zwei Fragestellungen erarbeitet, an denen die Auffassungen zur Staatstheorie von Jürgen Habermas gemessen werden sollen. Zunächst wird erarbeitet, welche Arten von staatstheoretischen Überlegungen unterschieden werden können. Dies geschieht mithilfe der Ausführungen John Stuart Mills in „Betrachtungen über die Repräsentativregierung", die bereits ausgeführt wurden.

3.4.1   Die Legitimation des Staats bei Jürgen Habermas

In der zweiten Generation der Kritischen Theorie liefert Jürgen Habermas in „Faktizität und Geltung" eine umfassende Analyse des Rechtsstaats und der Legitimation, die durch die Theorie des kommunikativen Handelns entsteht[36]. Habermas kritisiert zunächst die ‚herkömmliche Art' der Staatsbegründung. Hierin setzt er sich auch von der ersten Generation der Kritischen Theorie ab (vgl. Habermas 1998, S. 16). In der Auseinandersetzung mit der ‚herkömmlichen Art' der Staatsgründung und der Kritischen Theorie kann auch die Antwort auf die im Verlauf dieser Arbeit herausgearbeitete Gegenüberstellung von Mill gegeben werden.

> „[D]ie praktische Philosophie der Neuzeit geht nach wie vor von der Annahme aus, daß Individuen der Gesellschaft angehören wie die Mitglieder einem Kollektiv oder die Teile einem Ganzen – auch wenn sich das Ganze erst durch die Verbindung seiner Teile konstituieren soll" (Habermas 1998, S. 15).

Gerade in der Verbindung dieser Teile entsteht die kommunikative Vernunft, die Grundlage der habermasschen Staatslegitimation ist[37]. Nur in dem Prozess, der bei der Normenfindung durch die kommunikative Vernunft gestaltet wird, können Rechtsnormen gefunden werden, in denen sowohl Rechtsgeltung als auch Rechtsdurchsetzung vereinbar sind (vgl. Habermas 1998, S. 16-18). In diesem Sinn versteht Habermas auch seinen Buchtitel, indem er Faktizität als auferlegten Zwang oder Sanktionsmacht und Geltung als bindende Kraft rational motivierter Rechtsüberzeugung definiert (vgl. Habermas 1998, S. 43). In der Abgrenzung gegenüber der ‚praktischen Philosophie der Neuzeit' geht Habermas' Analyse davon aus, dass der Staat aus dem Zusammenwirken der Individuen in kommunikativer Vernunft entsteht.

> „Die kommunikative unterscheidet sich von der praktischen Vernunft zunächst dadurch, daß sie nicht länger dem einzelnen Aktor oder einem staatlich-gesellschaftlichen Makrosubjekt zugeschrieben wird. Es ist vielmehr das sprachliche Medium, durch das sich Interaktionen vernetzten und Lebensformen strukturieren welches kommunikative Vernunft ermöglicht" (Habermas 1998, S. 18f.).

---

36 Habermas wird hier eng am Originaltext analysiert. Es gibt eine breite Debatte über die Auslegung seiner Arbeit. An dieser Stelle soll aber keine Interpretation seines Werks, sondern eine Rekonstruktion vorgenommen werden. Das System Habermas wird für die Arbeit aufgearbeitet, um aufzuzeigen, welche Möglichkeiten das Recht für eine Staatslegitimation bietet und an welchen Stellen es durch die grundlegende Legitimation ergänzt werden muss.

37 „Ich habe deshalb mit der Theorie des kommunikativen Handelns einen anderen Weg eingeschlagen: an die Stelle der praktischen Vernunft tritt die kommunikative" (Habermas 1998, S. 17).

Mit dieser „Verlagerung der Handlung ins Kollektiv" (ebd.) kann aber nicht mehr die individualistische Konzeption, die Mill darstellt, gemeint sein. Entsteht der Staat aus dem Handlungskollektiv, muss Habermas der zweiten Schule von Theoretikern zugeordnet werden, den Naturalisten. Um aber belegen zu können, dass dem so ist, müssen sowohl die Staatsentstehung als auch sein prozedurales Handlungsvorgehen näher betrachtet werden. Dazu ist eine Analyse der Argumentation zur Staatslegitimation von Habermas notwendig.

In seiner Analyse der neuzeitlichen Diskussionsmuster zur Legitimation von Staaten zeigt sich bereits seine Auffassung von Legitimität.

> „Dieser Diskussionsverlauf verdeckt aber das wirkliche Problem, das mit der zentralen Stellung subjektiver Privatrechte verbunden ist: es gelang nicht zu erklären woher das positive Recht seine Legitimität bezieht" (Habermas 1998, S. 118).

Habermas bricht an dieser Stelle mit der Argumentation der Neuzeit, indem er auf die Notwendigkeit der Legitimität des positiven Rechts verweist. In der folgenden Beschreibung des habermasschen Verständnisses von Rechtsstaatlichkeit und positivem Recht wird sich zeigen, woher diese Kritik stammt.

Er gibt zunächst an, dass die Idee der Legitimität im Rechtssetzungsprozess stammt, der diese wiederum aus dem Prinzip der Volkssouveränität zieht (vgl. Habermas 1998, S. 118). In der Argumentation zum Privatrecht, wie zum Beispiel Hobbes sie ausführt, muss es demnach immer einen äußeren Faktor geben, der die Legitimität des privaten Rechts setzt. Aus der Theorie des kommunikativen Handelns geht die Demokratie als Ziel der Staatsentwicklung hervor (vgl. Habermas 1998, S. 211). Dessen Grundlage ist das Prinzip der Volkssouveränität: „In seiner diskurstheoretischen Lesart besagt das Prinzip der Volkssouveränität, daß sich alle politische Macht aus der kommunikativen Macht der Staatsbürger herleitet" (Habermas 1998, S. 209). In der Argumentation nimmt die kommunikative Macht insofern einen zentralen Stellenwert ein. Sie leitet sich aus der kommunikativen Vernunft als dem zentralen Aspekt der Verbindung von Individuen, die eine Gesellschaft formen, ab (vgl. Habermas 1998, S. 17). Die Macht, aus der sich die Staatsbegründung ergibt, ist also angelegt in der kommunikativen Vernunft. Sie bietet damit zunächst die Grundlage der funktionalen Legitimation, da es sich bis zu diesem Argumentationsschritt um die Legitimation des privat Rechts handelt. Das privat Recht ist insofern als erster Schritt der Argumentation zu einer funktionalen Staatslegitimation gut geeignet, als das seine Institutionalisierung nur aus einem bereits bestehenden Staat hervorgehen kann. Somit geht es hier nicht um die grundlegende, sondern die funktionale Legitimation. Wäre dies nicht der Fall, wäre jede Form des privat Rechts wirkungslos, da es nicht an das Gewaltmonopol des Staates und damit die Möglichkeit zur Sanktion gekoppelt wäre. Es muss also eine Verbindung zwischen privat Recht und Sanktionsmacht geben. Diese Sanktionen müssen durch die herrschende politische Institution umsetzbar sein. Im habermasschen Sinn ist das legitimierende Prinzip der Volkssouveränität auch an dieser Stelle Ausdruck der kommunikativen Vernunft. „Die Ausübung politischer Herrschaft richtet sich nach und legitimiert sich an den Gesetzen, die sich die Staatsbürger in einer diskursiv strukturierten Meinungs- und Willensbildung selber geben" (Habermas 1998, S. 209f.). Diese Meinungs- und Willensbildung bietet entsprechend die funktionale Legitimationsgrundlage, indem sie die praktische Vernunft mit dem Prinzip der Volkssouveränität verbindet[38]. Diese Legitimationsbegründung erklärt aber noch nicht den Prozess der Legitimation des einzelnen Gesetzes.

„Nicht die Rechtsform als solche legitimiert die Ausübung politischer Herrschaft, sondern allein die Bindung ans legitim gesetzte Recht. Und auf dem posttraditionalen Rechtfertigungsniveau gilt nur das Recht als legitim, das in einer diskursiven Meinungs- und Willensbildung von allen Rechtsgenossen rational akzeptiert werden könnte" (Habermas 1998, S. 169).

Diese Ausformulierung der kommunikativen Vernunft in ihrer Legitimationsfunktion leitet Habermas aus dem Rechtsstaat ab. Um die funktionale Legitimation zur Gänze zu erklären, muss die Legitimität und Legitimationskraft des Rechtsstaatssystems erläutert werden.

Wie bereits ausgeführt, erklärt die funktionale Legitimation den Prozess der Staatshandlung und zeigt dessen Legitimation auf. In diesem Sinn bildet also die Ergänzung des Begriffs ‚Staat' durch den Begriff ‚Recht' eine konsequente Ausformulierung des Staatssystems. Denn das Recht ist zum einen eine Möglichkeit, Staatshandlungen zu kontrollieren, da auch der Staat an das Recht gebunden ist. Zum anderen ist das Recht aber selber handlungsleitend für das Individuum. Aus Gesetzen, die Recht schaffen, folgt der Rahmen der legitimen Handlungsmöglichkeiten für das Individuum. Beides ist eine Beschreibung des Prozesses, in dem bestimmt werden kann, ob eine Staatshandlung legitimiert ist. Dies ist die Definition mit der die funktionale Legitimation geklärt werden kann.

---

38 Ihre politische Ausgestaltung nimmt auch eine zentrale Rolle im gesamtgesellschaftlichen Diskurs ein, da sie eine Reihe von Fragen zu klären hat, ohne die eine funktionierende Gesellschaft nicht möglich ist. „Die politische Meinungs- und Willensbildung muß, hinausgehend über die pragmatische Frage, was wir in Hinblick auf konkrete Aufgaben tun können, in erster Linie drei Fragen klären: die der Kompromißbildung zugrundeliegende Frage, wie wir konkurrierende Präferenzen in Einklang bringen können, die ethisch-politische Frage, wer wir sind und wer wir ernstlich sein wollen und die moralisch-praktische Frage, wie wir gerechterweise handeln sollen" (Habermas 1998, S. 222).

3.4.2   Das Rechtsverständnis bei Habermas

So ist an dieser Stelle das habermassche Verständnis von Recht zu klären. „Unter Recht verstehe ich das moderne gesatzte Recht, das mit dem Anspruch auf systematische Begründung sowie verbindliche Interpretation und Durchsetzung auftritt" (Habermas 1998, S. 106). In dieser Definition stecken bereits die zu klärenden Aspekte, die zur Erläuterung des Rechtsstaats bei Habermas notwendig sind. Sowohl die „systematische Begründung" (ebd.) als auch die „verbindliche Interpretation und Durchsetzung" (ebd.) müssen erklärt werden, um den Rechtsstaat und damit seine funktionale Legitimation verstehen zu können. Wie bereits erläutert, muss Recht durchsetzbar sein. Es ist also an politische Macht, an das Gewaltmonopol, gekoppelt. In dieser Verschränkung sieht Habermas die Idee des Rechtsstaates.

> „Aus der gleichursprünglichen Konstituierung und begrifflichen Verschränkung von Recht und politischer Macht ergibt sich ein weitergehender Legitimationsbedarf, nämlich die Notwendigkeit die staatliche Sanktions-, Organisations- und Exekutivgewalt selber rechtlich zu kanalisiere. Das ist die Idee des Rechtsstaates (I)" (Habermas 1998, S. 166).

Durch die Übertragung staatlicher Gewalt in einen Rechtszusammenhang und damit auch in die Bindung staatlicher Gewalt an Recht selber wird in der Idee des Rechtsstaats der Prozess funktionaler Legitimation erklärbar. Staatshandlung und Recht sind also selber an legitim gesetztes Recht gebunden[39]. Durch den Begriff des Rechts ist es aber an den Unterschied von Faktizität und Geltung gebunden. Dieser muss im Rechtsstaat aber aufgelöst werden, um die Legitimation umzusetzen. Im Bereich des Rechts gestaltet er sich wie folgt aus:

> „Im Geltungsmodus des Rechts verschränkt sich die Faktizität der staatlichen Rechts*durchsetzung* mit der Legitimität begründenden Kraft eines dem Anspruch nach rationalen, weil freiheitsverbürgenden Verfahrens der Rechts*setzung*" (Habermas 1998, S. 46).

Als Auflösung der Geltung in der Verschränkung muss die Idee des Rechtsstaates also die Verknüpfung der beiden bieten. Dies kann nur dann geschehen, wenn das Recht die Gewalt in einen Prozess der staatsbürgerlichen Selbstgesetzgebungen vermittelt. So bedeutet der Rechtsstaat auch Schutz vor dem, was Habermas die „Macht der Verhältnisse" (Habermas 1998, S. 58) nennt. Der Rechtsstaat etabliert ein Rechtssystem, das zwar Handlungsregeln aus einem „normativen

---

39   „Die Idee des Rechtsstaates verlangt, daß sich die kollektiv bindenden Entscheidungen der organisierten Staatsgewalt, die das Recht für die Erfüllung seiner eigenen Funktionen in Anspruch nehmen muß, nicht nur in die Form des Rechts kleiden, sondern am legitim gesetzten Recht ihrerseits legitimieren" (Habermas 1998, S. 169).

Selbstverständnis" (ebd.) ableitet, aber trotzdem kein in sich geschlossenes System bildet. Das bedeutet, dass das Rechtssystem veränderbar bleibt und somit auf eben diese „Macht der Verhältnisse" (ebd.) eingehen kann, ohne von ihnen „überwältigt" (ebd.) zu werden (vgl. Habermas 1998, S. 58). Um diese Offenheit zu gewährleisten, ist aber die Selbstgesetzgebung des Volkes notwendig. Denn nur in einem Prozess der staatsbürgerlichen Selbstgesetzgebungen, kann das Prinzip der Volkssouveränität umgesetzt werden, das hier im habermasschen Sinne aufzufassen ist.

> „Auf das Desiderat der rechtlichen Transformation der vom Recht selbst vorausgesetzten Gewalt antwortet die Idee des Rechtsstaates. In ihm nimmt die staatsbürgerliche Praxis der Selbstgesetzgebung eine institutionell ausdifferenzierte Gestalt an" (Habermas 1998, S. 58).

Diese Praxis der Selbstgesetzgebung nimmt in der kommunikativen Vernunft einen zentralen Stellenwert ein. Schafft der Rechtsstaat die grundlegende Übereinkunft von Rechtssetzung und Rechtsdurchsetzung, so ist die Selbstgesetzgebung der Kern der Normsetzung aus denen sich wiederum die Rechte ableiten. Gerade die „institutionell ausdifferenzierte Gestalt" (ebd.) der Selbstgesetzgebung führt auch zur sozial integrativen Kraft. Durch diese wird die Rechtsgeltung in der Gesellschaft erst ermöglicht.

> „Der Prozeß der Gesetzgebung bildet also im Rechtssystem den eigentlichen Ort der sozialen Integration. Deshalb muß den am Gesetzgebungsprozeß Beteiligten zugemutet werden, aus der Rolle privater Rechtssubjekte herauszutreten und mit ihrer Staatsbürgerrolle die Perspektive von Mitgliedern einer frei assoziierten Rechtsgemeinschaft zu übernehmen, in der ein Einverständnis über die normativen Grundsätze der Regelung des Zusammenlebens entweder schon durch Tradition gesichert ist oder über eine Verständigung nach normativ anerkannten Regeln herbeigeführt werden kann" (Habermas 1998, S. 50).

Die hier aufgeführte „Normsetzungskapazität der Beteiligten" (ebd.), in ihrer Rolle als Staatsbürger, begründet die funktionale Legitimation, die durch den Rechtsstaat umgesetzt und gleichzeitig in ihm ausdifferenziert wird. Sie ermöglicht die Bestimmung, wann ein Staat über funktionale Legitimation verfügt und wann nicht. Durch die grundsätzliche Notwendigkeit der Zustimmbarkeit aller Betroffenen zu einer Norm entsteht auch zugleich ihr moralisches Legitimationsniveau aus der kommunikativen Vernunft (vgl. Habermas 1998, S. 133).

3.4.3   Die Legitimation bei Habermas

Die Normsetzungskapazität zeigt zugleich die Notwendigkeit der Beteiligung der Staatsbürger in ihrer Doppelrolle als Urheber und Adressaten von Gesetzen (vgl.

Habermas 1998, S. 51f). Der legitime Zwang, der sich aus dem Gewaltmonopol ableitet, ist also nur durch die Urheberschaft der Staatsbürger zu erklären (vgl. auch Dreier 1994, S. 99).

> „Aber die Faktizität der Rechtssetzung unterscheidet sich von der sanktionierten Rechtssetzung insofern, als die Erlaubnis zum Rechtszwang *zurückgeführt* werden muß, auf eine mit der (auch anders mögliche und grundsätzlich korrigierbaren) Beschlußfassung des Gesetzgebers verbundenen *Legitimitätserwartung*" (Habermas 1998, S. 51).

Diese „Legitimitätserwartung" liegt der Möglichkeit zugrunde, dass Bürger den Gesetzen überhaupt gehorchen. Es wäre praktisch unmöglich, jedes Gesetz auf seine Legitimation zu überprüfen; und so muss der Bürger erwarten, dass Gesetze durch einen legitimierten Prozess entstanden sind. Durch die „Urheberschaft von Gesetzen" (Habermas 1998, S. 51) des Bürgers entstehen so „Normengefüge", die nur dann legitim sind, wenn sie ein abhängiges und veränderbares Konstrukt gesellschaftlich ausgeformter Diskurse bilden (vgl. Habermas 1998, S. 57).

> „Wenn aber Diskurse […] den Ort bilden, an dem sich vernünftiger Wille bilden kann, stützt sich die Legitimität des Rechts letztlich auf ein kommunikatives Arrangement: als Teilnehmer an rationalen Diskursen müssen Rechtsgenossen prüfen können, ob eine strittige Norm die Zustimmung aller möglicherweise Betroffenen finden könnte" (Habermas 1998, S. 134).

Die aus der Urheberschaft entstehenden Normen müssen dahingehend durch den Bürger geprüft werden, dass sie die Zustimmung aller „möglicherweise Betroffenen finden könnte" (ebd.). Dadurch wird aber auch der funktionale Prozess der Legitimation des Staats abgesichert. Wie bereits beschrieben, ist dazu in Habermas' Rechtssystem neben der Entwicklung von Gesetzen eine Möglichkeit zur Kontrollfunktion dieser Gesetze notwendig. Die funktionale Legitimation ist also durch die Rechtsgültigkeit der Norm, welche von der Selbstgesetzgebung der Bürger abhängt, gegeben. Um diese Rechtsgültigkeit in das Gesamtsystem der Analyse einzugliedern, muss diese weiter ausgeführt werden.

> „Die Rechtsgültigkeit einer Norm […] besagt nun, daß *beides zugleich* garantiert ist: sowohl die Legalität des Verhaltens im Sinne einer durchschnittlichen Normbefolgung, die erforderlichenfalls durch Sanktionen erzwungen wird, wie auch die Legitimität der Regel selbst, die eine Befolgung der Norm aus Achtung vor dem Gesetz jederzeit möglich macht" (Habermas 1998, S. 49).

Die hier angesprochenen Normen entstehen, wie bereits festgehalten, auf Grundlage des Vollzugs der kommunikativen Vernunft. Deswegen muss die Meinungs- und Willensbildung weiterausgeführt werden. Aus diesen kann entsprechend das Zustandekommen der funktionalen Legitimation ausgeführt werden.

„Das diskurstheoretische Verständnis des Systems der Rechte lenkt den Blick nach beiden Seiten. Einerseits verlagert sich die Bürde der Legitimation der Rechtssetzung von Staatsbürgerqualifikationen auf die rechtlich institutionalisierten Verfahren diskursiver Meinungs- und Willensbildung. Andererseits bedeutet die Verrechtlichung der kommunikativen Freiheit auch, daß sich das Recht Quellen der Legitimation erschließen muß, über die es nicht verfügen kann" (Habermas 1998, S. 165).

Für Habermas ist also „rechtlich institutionalisierte Verfahren diskursiver Meinungs- und Willensbildung" die Grundlage der funktionalen Legitimation. Die habermasssche Staatsbegründung verlangt aber in dem bisher erläuterten System mehr als nur die rein funktionale Legitimation, sie bedarf einer Quelle der Legitimation, über die das Recht nicht selber verfügen kann (vgl. ebd.). Diese Quelle muss als Ursprung der bisher herausgestellten Schritte dienen und kann ihnen nicht selber zu eigen sein. Diese Art der Argumentation ist bereits in der Unterscheidung zwischen funktionaler und grundlegender Legitimation ausgeführt worden. Somit muss hier die Frage nach der grundlegenden Staatslegitimation beantwortet werden. Habermas braucht aufgrund der Möglichkeit zur Sanktion eine vorstaatliche Argumentation, um die Sanktionsmacht und das für sie notwendige Gewaltmonopol (vgl. Habermas 1998, S.167) zu erklären. Diese kann nicht als reiner Akt der kommunikativen Vernunft entstehen, da, um seine Durchsetzung möglich zu machen, wie bereits gezeigt wurde, eine Sanktionsmacht schon nötig wäre (vgl. Dreier 1994, S. 97). Der Gehalt der vor-staatlichen Grundlage ist nicht selber aus der Kritischen Theorie abzuleiten. Um zu einem Verständnis der grundlegenden Legitimation zu kommen, benötigt Habermas eine erste Instanz staatlicher Gewalt. Er findet diesen ersten Schritt zur Staatsinstitutionalisierung im Gesellschaftsvertrag, den er allerdings nur in kantischer Form und als sehr begrenzt ansieht.

„Weil die Frage nach der Legitimität der freiheitssichernden Gesetze innerhalb des positiven Rechts eine Antwort finden muß, bringt der Gesellschaftsvertrag das Rechtsprinzip zur Herrschaft, indem er die politische Willensbildung des Gesetzgebers an Bedingungen eines demokratischen Verfahrens bindet, unter denen die verfahrenskonform zustande kommenden Ergebnisse per se den übereinstimmenden Willen oder den vernünftigen Konsens aller Beteiligten ausdrückt" (Habermas 1998, S. 123).

Habermas argumentiert in kantischer Tradition, dass der Gesellschaftsvertrag als Zweck an sich fungiert. Hier findet sich auch der Bezug zur grundlegenden Legitimation in Kapitel 4 wieder. Die grundlegende Legitimation ist bisher noch nicht ausgeführt; es zeigt sich aber, dass es in beiden Theorien, bei Weber und bei Habermas, jeweils einen Bezug dazu gibt. Habermas bezieht sich mit seiner Analyse auch auf den Staatszweck der für die grundlegende Legitimation als Ausgangspunkt dient. Habermas stellt aber den Gesellschaftsvertrag als Zweck an sich dar. „Unter diesem Aspekt [des Gesellschaftsvertrags als Zweck an sich] dient der Gesellschaftsvertrag der *Institutionalisierung* des einzigen »angeborenen« Rechts auf gleiche und subjektive Handlungsfreiheit" (Habermas 1998, S. 122). Dieses angeborene Recht ist also naturalistische Grundlage der Argumentation für den Staat selber. Die Umsetzung dieses Rechts ist Ziel und einziger Zweck des Gesellschaftsvertrags und damit Begründung der grundlegenden Legitimation (ebd.). „Auf diese Weise verschränkt sich im Gesellschaftsvertrag das moralisch begründete Recht der Menschen auf gleiche subjektive Freiheit mit dem Prinzip der Volkssouveränität" (Habermas 1998, S. 123). Aus dieser grundlegenden Legitimation wird ein funktionales Argument abgeleitet, das allerdings Teil der grundlegenden, nicht der funktionalen Legitimation des Staates ist. Das „einzige »angeborene« Recht" (Habermas 1998, S. 122) muss, um den Zweck des Gesellschaftsvertrags zu erfüllen, institutionalisiert und geschützt werden. Genau dies muss die Institutionalisierung staatlicher Gewalt gewährleisten. Sie wird so zur Umsetzung des Gesellschaftsvertrags als Zweck an sich.

> „Kurzum, der Staat wird als Sanktions-, Organisations- und Exekutivgewalt nötig, weil Rechte durchgesetzt werden müssen, weil die Rechtsgemeinschaft einer Identitätsstabilisierenden Kraft ebenso wie einer organisierten Rechtsprechung bedarf, und weil aus der politischen Willensbildung Programme hervorgehen, die implementiert werden müssen" (Habermas 1998, S. 168).

Damit ist das Zusammenwirken grundlegender und funktionaler Legitimation in Habermas' Staatstheorie dargestellt. Als Antwort auf die Einordnung in Mills Schema muss aber nun die erste Antwort revidiert werden. Durch die Selbstgesetzgebung der Staatsbürger ist der Staat selber durchgehend veränderbar. Sowohl seine Gesetze als auch die gesellschaftliche Struktur der Normen sind von der kommunikativen Vernunft im Diskurs abhängig.

3.5 Die Verortung dieses Kapitels in der Arbeit

Ziel der vorgestellten Analyse war es im habermasschen Verständnis des Rechtsstaats beispielhaft ein Verständnis von Staatslegitimation herauszuarbeiten. Mit der Erklärung sowohl der funktionalen als auch der grundlegenden Legitimation bei Habermas und seiner Verortung in Mills Gegenüberstellung wurde die Verortung in der Arbeit aufgezeigt. Anhand des von Habermas vorgestellten Modells des Rechtsstaats kann eine Möglichkeit zur funktionalen Legitimation erarbeitet werden. Es ist aber auch klar geworden, dass ein Rechtssystem nicht ohne die grundlegende Legitimation zu etablieren ist. Weiter wäre an dieser Stelle zu fragen, inwiefern die grundlegende Staatbegründung bei Habermas Teil seiner

Theorie des kommunikativen Handels sein kann. Dies ist aber Aufgabe einer anderen Arbeit. Habermas' Modell wird hier nur exemplarisch dazu genutzt, aufzuzeigen, wie sich die funktionale aus der grundlegenden Legitimation ableiten lässt. In Kapitel 5 wird ein Aspekt der funktionalen Legitimation herausgegriffen, um die Forschungsfrage zu beantworten: der Aspekt der Repräsentation. In Habermas' Modell bildet der Diskurs eine zentrale Rolle zur Etablierung der Rechtsnorm. Der Diskurs hängt aber davon ab, „ob eine strittige Norm die Zustimmung aller möglicherweise Betroffenen finden könnte" (Habermas 1998, S. 134). Es ist also zu fragen, wie weit der Demos in der Abgrenzung durch eine nationalstaatliche Zugehörigkeit überhaupt zu etablieren ist, wenn Betroffenheit und Zustimmungsmöglichkeit zentrale Bestandteile des Normsetzungsprozesses im Rechtsstaat sind. Dies sind Fragen, die in Kapitel 5 beantwortet werden.

Die grundlegende Legitimation des Staates über seinen Zweck, den Schutz vor willkürlicher Gewalt, erweitert die funktionale Legitimation sowohl der Rechtswissenschaft als auch bei Weber und Habermas in einem speziellen Punkt. Die funktionale Legitimation geht zunächst in den analysierten Modellen davon aus, ausreichend erklären zu können, inwieweit Staaten legitimiert sind. Dies ist aber nur insofern richtig, als sie schon von der Existenz des Staates ausgehen, ohne diese näher (oder bei Habermas, nur in Kürze) zu betrachten. Dieser Punkt muss aber anhand der grundlegenden Legitimation weiter ausgeführt werden. Es ist zwar richtig, dass die einzelne Staatshandlung der prozesshaften Erklärung durch die Vermittlung der funktionalen Legitimation bedarf, diese kann aber nur abhängig vom Staatszweck erarbeitet werden. In den drei exemplarisch geschilderten Fällen, der der Rechtswissenschaft, der Analyse Webers und Habermas', ist die inhaltliche Ausgestaltung der funktionalen Legitimation abhängig von der Grundlage des Staats und somit seines Zwecks, wie herausgearbeitet wurde. Nur in einem aufeinander bezogenen System aus grundlegender und funktionaler Legitimation kann also der Staat letztendlich legitimiert werden[40]. Die grundlegende Legitimation muss aber näher erläutert werden. Bisher wurde sie zwar definiert, aber die Frage, warum es überhaupt einen Staat geben sollte, wurde nur in Kürze und ohne wirkliche Argumentation beantwortet. Es wurde zwar geklärt,

---

40 Verfolgt man die zweite bei Mill aufgeführte Gruppe von Theoretikern, die den Staat aus der Natur des Menschen begründen, könnte hierzu eine Alternative gefunden werden. So könnte es möglich sein, eine andere Art der Legitimation zu finden, die, ausgehend entweder von nicht zweckgebundenen Staatsdefinitionen, oder durch die Verlagerung der grundlegenden Legitimation in die Natur des Menschen, eine Alternative zum bisher Geschilderten bietet. Es muss an dieser Stelle vorgemerkt werden, dass beide Alternativen von einer anderen Prämisse als der funktionalen Sicht auf den Staat als Gruppierung mit einem speziellen Zweck ausgehen. Aus diesem Grund wird diese mögliche Alternative der zweiten Gruppe in dieser Arbeit nicht weiter ausgeführt.

welchen Zweck Staaten haben. Es wurde aber nicht geklärt, welche Argumente es gibt, Gruppierungen zu schaffen, die diesen Zweck zu ihrer Grundlage machen. Der Zweck selber sagt noch nichts darüber aus, warum er zu verfolgen ist. Erst aus einer Argumentation, die aufzeigt, wieso ein solcher Zweck zu verfolgen ist, wird ersichtlich, wie die grundlegende Legitimation auszugestalten ist. Dies wird im folgenden Kapitel ausgeführt. Aus dieser Argumentation lässt sich dann ableiten, inwieweit Legitimation überhaupt von NVP betroffen ist. Kann gezeigt werden, dass die Legitimation auch von NVP abhängt, muss dann die Frage nach der Repräsentation von NVP geklärt werden.

4 Die Staatsbildung

Wie im dritten Kapitel gezeigt, definiert sich ein Staat über sein legitimes Machtmonopol auf Grundlage des Zwecks ‚Schutz vor willkürlicher Gewalt'. Dennoch muss gezeigt werden, warum es besser ist, einen Staat zu haben, als ohne staatliche Institutionen zu existieren. Die bisherige Legitimationsargumentation geht davon aus, dass der Staat bereits existiert. So verläuft die Argumentation in Kapitel 3 ausgehend von der Frage, welchen Zweck Staaten haben. Es ist nun zu klären, warum dieser Zweck für den Menschen relevant ist, warum er also verfolgt werden sollte. Gerade in Argumentation, die sich auf die funktionale Legitimation beziehen, wird die Existenz des Staates als Prämisse akzeptiert.

Die Prämisse, dass ein Staat bereits existiert, kann und muss aber hinterfragt werden. Dies wird dann notwendig, wenn man die Argumentation der Legitimationskette, wie sie zum Beispiel das BVerfG vertritt, untersucht[41]. Wie in Kapitel 3 gezeigt, stützt sich die Argumentation auf das Grundgesetz. Akzeptiert man die Legitimationskette als Prozess staatlicher Legitimationsvermittlung, muss man aber den Ursprung dieser Kette hinterfragen. Die Argumentationsgrundlage einer funktionalen Legitimation basiert auf einer solchen Argumentationskette: Es wird von einem fairen (oder in diesem Fall legitimen) Prozess auf den nächsten geschlossen, die Legitimation überträgt sich an dieser Stelle. Grundlegend führt Robert Nozick eine solche Argumentation aus: Ein legitimierter Prozess kann nur dann legitim sein, wenn der Prozess, aus dem er hervorgegangen ist, selber legitimiert war (vgl. Nozick 2011, S. 252-254). Um also den Ursprung der funktionalen Legitimationskette zu überprüfen, ist es notwendig, die Prämisse ‚Der Staat existiert bereits' zu überprüfen. Die Staatsbildung selber ist ein Prozess und dieser begründet die bereits erörterte funktionale Legitimationskette. Nun kann man ausführen, in Verbindung mit Nozicks Argumentation, dass auch dieser Prozess ‚legitimiert' sein muss und somit näher zu betrachten ist. Man sollte dennoch zunächst herausstellen, warum die angeführte Prämisse im Regelfall angewandt wird. Der Grund dafür, die angeführte Prämisse zu akzeptieren und von ihr ausgehend die Legitimationskette zu bilden, ist, dass heutige Staaten

---

41 Diese Argumentation ist bereits in Kapitel 3 ausgeführt. Sie zeigt auf, dass Legitimation übertragen werden kann bzw. auch wird. Interessanterweise wird die Grundlage dieser Kette nicht direkt hinterfragt.

nicht aus dem Nichts, sondern durch einen historischen Prozess entstanden sind. Wenn man der Argumentation prozeduraler Legitimation, wie gerade beschrieben, folgt, muss man den historischen Prozess der Staatenbildung betrachten. Dies wirft aber die Frage auf, ob zum Beispiel die Eroberung eines Gebiets als ein legitimer Prozess der Staatenbildung anzusehen ist. Ist dies nicht der Fall, gibt es eine Reihe von Staaten, die durch einen illegitimen Prozess entstanden sind. Die Staatshandlungen dieser Staaten wären, folgt man der Argumentation prozeduraler Legitimation, selber nicht legitimiert. Trotzdem handeln Staaten, auch solche, die durch einen zumindest fragwürdigen Prozess entstanden sind. Rein pragmatisch gesehen, ist es also notwendig, auf die ein oder andere Art und Weise mit diesem Prozess ‚nicht legitimierter' Staatsbildung umzugehen. Dazu gibt es zwei Alternativen, die sich auch auf Staaten anwenden lassen, die scheinbar oder tatsächlich durch einen ‚legitimierten' Prozess entstanden sind. Zum einen ist es möglich zu akzeptieren, dass eine prozedurale Legitimation erst ab der aufgeführten Prämisse ‚Der Staat existiert' eingeführt wird. Dies scheint aber eine rein willkürliche Bestimmung zu sein und ist damit abzulehnen. Die andere Möglichkeit ist es, sich die Grundlage der Legitimationskette genauer anzuschauen. Die Staatsbildung geht, zumindest in der hier vorliegenden Argumentation, vom Individuum aus. Argumentiert man aber vom Individuum als der kleinsten Einheit des Staates aus, stellt sich die Frage, welche Begründung es für die Legitimationskette aus funktionaler Sicht gibt, den historischen Verlauf der Staatsbildung als Argumentationsgrundlage zu nutzen.

Das Individuum, im Fall der bisherigen Argumentation ‚der Bürger', bildet die Grundlage der Legitimation. Er muss also als Grundlage des Staates bzw. als Grundlage der Staatsbildung betrachtet werden. Denn der aktuell lebende Bürger selber hat wenig mit dem gesamten historischen Verlauf der Staatsbildung zu tun. Ihn betrifft maximal die nahe Vergangenheit. Er ist aber Subjekt der Staatshandlung. Um die notwendige Legitimationsmacht der aufgeführten Kette zu gewährleisten, ist also die Frage zu beantworten, aus welcher Begründung heraus das Legitimationssubjekt den Staat begründet. Lässt sich eine abstrakte Begründung für die Staatsbildung erarbeiten, ist auch der erste Schritt der prozeduralen Staatslegitimation geklärt. Die abstrakte Begründung für einen Staat kann sich aber nur vom Individuum her ableiten lassen. Man könnte nun entgegenhalten, dass das Individuum durch partikulare Interessen geleitet, im einen Moment den Staat, so wie er ist, bejaht, im nächsten aber, gerade dann wenn der Staat seinen Interessen zuwiderhandelt, den Staat ablehnt. Grundlage dieser Argumentation kann aber nicht das Partikularinteresse des Einzelnen gegenüber speziellen Staatshandlungen sein. Partikularinteressen ergeben sich, da es sich um konkrete Gegenstände bzw. Bezugsobjekte im weitesten Sinn des Interesses handelt, immer auf der Ebene des konkreten Staates bzw. der konkreten Staatshandlung.

Eine Ablehnung einer speziellen Staatshandlung ist also keine Ablehnung des Staates per se, sondern der konkreten Ausführung der Staatshandlung, die dem Partikularinteresse entgegensteht.[42]

Es ist also zu klären, welche Gründe es für ein Individuum gibt, einen Staat zu bilden. In Kapitel 3 wurde festgehalten, dass ein Staat vor willkürlicher Gewalt schützt. Diese Argumentation findet sich in den meisten Vertragstheorien, insbesondere bei Hobbes, Locke und Rousseau. Egal ob diese willkürliche Gewalt gegenüber der eigenen Person oder dem eigenen Besitz angewendet wird, kann durch die Institutionalisierung eines Gewaltmonopols Schutz gewährleistet werden – und dies liegt im Interesse eines jeden Menschen. Das erste Argument das notwendigerweise nachvollzogen werden muss, kann also als Argument aus dem Eigeninteresse bezeichnet werden.

Man kann aber eine Reihe von Gegenargumenten gegen das Argument aus dem Eigeninteresse konstruieren. Gerade die Volatilität der menschlichen Interessen kann als Gegenargument konstruiert werden. Interessen sind nicht fixiert sie können sich verändern, sie sind insofern abhängig als das sie auf einen bestimmten Punkt bezogen sind und aus einem bestimmten Kontext heraus entstehen. Zudem kann angeführt werden, dass der Mensch oft nicht rational handelt und Dinge tut, die seinem Eigeninteresse zuwiderlaufen. Die Legitimation vom Eigeninteresse des Menschen abhängig zu machen, würde bedeuten, dass, wenn dieses Interesse nicht mehr vorhanden ist, dem Staat die Legitimation aberkannt werden kann. Um einer Gegenargumentation auf dieser Ebene zu entgehen, muss man aufzeigen, dass das gleiche Resultat wie aus der Argumentation zum Eigeninteresse auch aus einem Argument aus der Natur des Menschen zu erreichen ist.

Es ist also notwendig zu zeigen, dass ein Argument für die grundlegende Legitimation des Staates auf der Daseinsgrundlage des Menschen basieren kann. Gerade durch die Debatte der letzten 60 Jahre über die Menschenrechte ist eine notwendige Bedingung des Menschseins in den Fokus der Forschung gerückt. Kann ein Argument auf Grundlage der Menschenwürde abgeleitet werden, würde dies in Verbindung mit dem Argument aus dem Eigeninteresse eine Grundlage schaffen, durch die eine Staatsbildung zu begründen wäre. Dies ist das zweite Argument, das ‚Argument aus der Menschenwürde'. Zum Abschluss dieses Kapitels wird die Beziehung dieser Argumentation mit der Forschungsfrage hergestellt und damit auf den Volksbegriff eingegangen. Die Übertragung der hier vorliegenden Argumente auf das in Kapitel 2 erarbeitete Argumentationsschema wird

---

42 Es kann durchaus den Fall geben, dass ein Individuum Staaten qua Staaten ablehnt. Der Anarchist ist so ein Fall. Die Anarchismusdebatte wird hier allerdings nicht näher ausgeführt. Es wird als Prämisse vorausgesetzt, dass der Bürger den Staat nicht qua Staatsein ablehnt.

dann aufzeigen, welche Argumentationsschritte noch notwendig sind, um eine
Antwort auf die in dieser Arbeit behandelte Forschungsfrage zu finden.

4.1 Das Argument aus dem Eigeninteresse

Ausgehend von dem gerade in Kürze zusammengefassten Argumentationsschema wird nun die Argumentation aus dem Eigeninteresse hergeleitet. Dazu wird
zunächst das Argument dargestellt und diskutiert. Im Bezug zu den NVP soll
dann beispielhaft an den Überlegungen Rousseaus gezeigt werden, wie das Argument ausgehend vom Selbstinteresse aufgebaut ist und welchen Nutzen es für
die Argumentation dieser Arbeit bringt. Ausgangspunkt für das Argument aus
dem Selbstinteresse und damit für den Zweck des Staats sind hier die Überlegungen der Vertragstheorie[43]. Dazu ist aber zunächst die Unterscheidung Kerstings zwischen „staatsphilosophischem Kontraktualismus" und „rechtfertigungstheoretischem Kontraktualismus" aufzugreifen (vgl. Kersting 1994, S. 51). Diese
zwei Arten werden über das Ziel für das die Argumentation der Vertragstheorie
definiert. Der „rechtfertigungstheoretischem Kontraktualismus" nutzt die Argumentation des Kontraktualismus als Rechtfertigung für Verfassung, Gerechtigkeitsprinzipien und Moralnormen (vgl. Kersting 1994, S. 51). Diese Fragen sind
aber Fragen der funktionalen Legitimation und werden deswegen nicht weiter
betrachtet[44]. Ziel dieser Argumentation ist es die grundlegende Legitimation
näher zu betrachten und Argumente für einen bestimmten Staatszweck zu finden.

> „Der staatsphilosophische Kontraktualismus liefert eine vertragstheoretische Legitimation staatlicher Herrschaft in Gestalt einer rationalen Rekonstruktion der Entstehung des Staates aus dem vereinten Willen der Bürger; das kontraktualistische Argument betraut den Vertrag mit der Rolle der sichtbaren staatsgründenden Hand" (Kersting 1994, S. 51).

Der Kern der Handlung des Staatsgründungsakts ist also der Zweck des Staates,
ausgedrückt in der von Kersting angesprochen „staatsgründenden Hand" (ebd.,

---

43 Kersting definiert diesen Begriff: „Als Vertragstheorien bezeichnet man moral-, sozial- und
politikphilosophische Konzeptionen, die die moralischen Prinzipien menschlichen Handelns, die
rationale Grundlage der institutionellen gesellschaftlichen Ordnung und die Legitimationsbedingungen politischer Herrschaft in einem hypothetischen, zwischen freien und gleichen Individuen
in einem wohldefinierten Ausgangszustand geschlossenen Vertrag erblicken und damit die allgemeine Zustimmungsfähigkeit zum fundamentalen normativen Gültigkeitskriterium erklären"
(Kersting 2002, S. 36).
44 Kersting ordnen Rawls in die Gruppe der Autoren ein die die Vertragstheorie als „rechtfertigungstheoretischem Kontraktualismus" nutzen (vgl. ebd.). Aus diesem Grund wird hier auch
nicht weiter auf Rawls eingegangen.

auch Kersting 2002, S. 17). Soll also eine „rationalen Rekonstruktion der Entstehung des Staates aus dem vereinten Willen der Bürger" aufgezeigt werden, muss dieser Zweck gefunden werden. Das Legitimationskonzept der Vertragstheorien geht von der Selbstverpflichtung aus (vgl. Kersting 1994, S. 32f.). An dieser Stelle ist anzumerken, dass durch die in Kapitel 3 gefasste Unterteilung zwischen funktionaler und grundlegender Legitimation hier nicht für die Bindung der Handlungen von Staatssubjekten argumentiert wird. Im Gegensatz zu kontraktualistischen Konzeptionen wird in der grundlegenden Legitimation nur nach den Gründen für Staatsbildung gesucht, die Bindung der Staatssubjekte an Pflichten ist Aufgabe der funktionalen Legitimation (vgl. Kersting 2002, S. 37). Deswegen ist die vorliegende Argumentation auch nicht von der Analyse Kerstings betroffen, wenn er zusammenfasst: „Die politische Philosophie muß offenkundig die Idee verabschieden, die vertragliche Selbstverpflichtung argumentativ gewinnbringend für legitimationstheoretische Zwecke auswerten zu können" (Kersting 1994, S. 38). Wie bereits gezeigt, geht es in der Argumentation dieser Arbeit nicht um die Selbstverpflichtung, sondern um die Begründung des Staats aus dem Eigeninteresse.

> „Finde eine Form des Zusammenschlusses, die mit ihrer ganzen gemeinsamen Kraft die Person und das Vermögen jedes einzelnen Mitglieds verteidigt und schützt und durch die doch jeder, indem er sich mit allen vereinigt, nur sich selbst gehorcht und genauso frei bleibt wie zuvor" (Rousseau 2011, S.17).

Dieser Imperativ, den Rousseau formuliert, zeigt den Anspruch, der an eine Staatskonstitution gestellt werden kann. Er verlangt sowohl den Schutz als auch die Wahrung möglichst großer Freiheit. Rousseau argumentiert für eine grundlegende Staatslegitimation durch den Gesellschaftsvertrag. In diesem Vertrag wird der hier gesetzte Imperativ am besten verwirklicht. „Verträge sind soziale Instrumente, deren sich die Vertragsbeteiligten zum Zwecke der Verbesserung ihrer Nutzenposition bedienen" (Kersting 1994, S. 46). Diese „Verbesserung der Nutzenposition" ist die erste Möglichkeit das Argument aus dem Eigeninteresse näher zu betrachten. Es ist, nach dieser Ausführung, für den Menschen besser einen Gesellschaftsvertrag zu schließen als keinen zu haben. Mit anderen Worten: Es ist rational einen Vertrag zu schließen (vgl. Kersting 1994, S. 46f.). Die Frage, die in diesem Argument geklärt werden soll, ist, wie es zu dieser Form des rousseau'schen Imperativs kommt.

Im Gegensatz zu Rousseau ist es in Webers Staatsverständnis bisher unklar geblieben, in wie weit er überhaupt auf die grundlegende Konstruktion des Staates eingeht. Er scheint ein vertragstheoretisches Konzept im Blick zu haben, wenn er schreibt:

„Dagegen soll es den Begriff eines Herrschaftsverhältnisses natürlich nicht aus-
schließen, daß es durch formal freien Kontrakt entstanden ist: so die in den Arbeits-
ordnungen und -anweisungen sich kundgebende Herrschaft des Arbeitgebers über
den Arbeiter, des Lehensherrn über den frei in die Lehensbeziehung tretenden Va-
sallen" (Weber 2008, S. 158).

Die Vergleiche, die Weber zum Arbeiter oder zum Lehnsherrn zieht, sind beispielhaft für ein Staatsverständnis, das aus dem Argument des Selbstinteresses
abgeleitet werden kann. Der freie Eintritt in das Verhältnis ist hier genauso ausschlaggebend wie die Akzeptanz einer gewissen „Herrschaft" (im Sinne Webers,
siehe Kapitel 3). Den auf Volkssouveränität aufbauenden Staatskonstruktionen,
wie den meisten derzeitigen Demokratien, liegt dieser Gedanke der Legitimation
zugrunde (vgl. Chwaszcza 2011, S. 918). Das Volk muss, um seine Macht an den
Staat zu übertragen, nicht notwendigerweise ‚gefragt‘ werden, ob es dem Staat
selber zustimmt. Diese Akzeptanz, wie bereits in Kapitel 3 angesprochen, wird
scheinbar unhinterfragt vorweggenommen. So folgert auch Rousseau in seiner
Überlegung zur Entstehung des Staates, dass die Vereinigung der Menschen zum
Staat eine Notwendigkeit gegen ‚Widerstände‘ ist.

„Da die Menschen nun keine neuen Kräfte hervorbringen, sondern nur die vorhandenen vereinen und lenken können, haben sie kein anderes Mittel, sich zu erhalten,
als durch Zusammenschluss eine Summe von Kräften zu bilden, stärker als jener
Widerstand, und diese aus einem einzigen Antrieb einzusetzen und gemeinsam wirken zu lassen" (Rousseau 2011, S.17).

Das von Weber angesprochene Herrschaftsverhältnis wird, wie bei Rousseau,
frei aus einem Vertrag etabliert. Der Zweck dieses Vertrags ist eine Grundlage
für den Widerstand (vgl. ebd.). Rousseau argumentiert hier, dass der Mensch aus
seiner Natur heraus keine neuen Kräfte gegen den Widerstand für den Übergang
aus dem Naturzustand aufbringen könnte (vgl. Rousseau 2011, S.16f.). Seine
einzige Möglichkeit ist es, sich mit anderen zusammenzuschließen. Dies geschieht durch den Gesellschaftsvertrag.

Dieser muss zunächst geschlossen werden. Es scheint also eine Diskrepanz zwischen der Annahme, dass das ‚Volk‘ dem Staat zustimmt und der tatsächlichen
Zustimmung, zu geben. Aus dieser Diskrepanz ergeben sich nun zwei Möglichkeiten: Entweder, wie aktuell ausgeführt, der Staat nimmt grundsätzlich an, dass
sein Volk ihm auch bei einem formalen Vertragsschluss zustimmen würde, oder
die Bürger müssten jedes Mal erneut gefragt werden, ob sie dem Staat zustimmen können. Letzteres ist rein pragmatisch aber schwierig. Selbst wenn man eine
Altersgrenze einführte, bei der ein Mensch seinen Bürgerstatus und somit seine
Legitimationsmacht erhielte, würden täglich neue Bürger zu fragen sein. Und
selbst wenn man eine solche Anfrage prozedural bewältigen könnte, verändert

sich der Staat permanent. So müsste den Bürgern zumindest die Möglichkeit gegeben sein, dem Vertrag ihre Zustimmung zu entziehen. Würden sie dies aber tun, entstünde entweder eine paradoxe oder eine nicht legitimierte Situation. Sollte der entsprechende Bürger, der dem Staat seine Legitimation entzogen hat, nun gegen ein innerhalb des Staates gültiges Gesetz verstoßen, müsste der Staat den nun ‚staatenlosen' Bürger bestrafen. Damit wäre seine Gewalt aber nicht legitimiert eingesetzt. Auf der anderen Seite könnte der nun staatenlose Bürger Angebote des Staates nutzen. Dies würde, da er ja keinem anderen Staat zugehörig ist, aber als Diebstahl zu bezeichnen sein. Es gäbe für diesen Menschen ja keine bilateralen Verträge oder stillschweigende Übereinkünfte zwischen Staaten, die es Ausländer (Bürgern von Staat A die sich in Staat B aufhalten) erlauben die Dienstleistungen des Staats B zu nutzen, meist unter der Voraussetzung, dass die Bürger des Staats A die anderen Dienstleistungen von B bei Bedarf in Anspruch nehmen können. Die ist aber keine praktikable Situation, da auch der Umgang mit solchen staatenlosen Menschen höchst problematisch wäre.

So muss der Staat der zweiten Alternative folgen und eine möglichst gut begründete aber hypothetische Annahme treffen. Er muss zunächst belegen können, dass der Bürger ein grundlegendes Interesse daran hat, in einem Staat zu leben. Danach muss er zumindest aufzeigen, dass der konkrete Staat diesen grundlegenden Überlegungen nicht widerspricht.

> „Das Problem der Staatserrichtung ist, so hart wie es auch klingt, selbst für ein Volk von Teufeln (wenn sie nur Verstand haben), auflösbar und lautet so: „Eine Menge von vernünftigen Wesen, die insgesamt allgemeine Gesetze für ihre Erhaltung verlangen, deren jedes aber in Geheim sich davon auszunehmen geneigt ist, so zu ordnen und ihre Verfassung einzurichten, dass obgleich sie in ihren Privatgesinnungen einander entgegen streben, diese einander doch so aufhalten, dass in ihrem öffentlichen Verhalten der Erfolg eben derselbe ist, als ob sie keine solche böse Gesinnungen hätten" (Kant 2005, S. 31).

Kant argumentiert hier aus dem Eigeninteresse heraus. Nach Kant entwickeln sich Staaten natürlicherweise aus dem Eigeninteresse, solange unter den konstituierenden Individuen Vernunft angenommen wird. Selbst wenn jeder einzelne Mensch rein auf seinen eigenen Vorteil bedacht ist, müssen alle einem Regelsystem zustimmen, das es ermöglicht, ein großes Maß an Eigeninteresse auszuleben, ohne die anderen zu sehr einzuschränken. Ähnlich formuliert es Rousseau, wenn er die Aufgabe der natürlichen Freiheit hin zur bürgerlichen Freiheit erläutert:

> „Was der Mensch durch den Gesellschaftsvertrag verliert, ist seine natürliche Freiheit und ein unbegrenztes Recht auf alles, wonach Ihm gelüstet und was er erreichen kann; was er erhält, ist die bürgerliche Freiheit und das Eigentum an allem, was er besitzt" (Rousseau 2011, S. 23).

Rousseau führt hier die Übertragung von einer Art der Freiheit zu einer anderen Art der Freiheit aus. Der Mensch hat aber nach Rousseau ein Interesse daran, die bürgerliche Freiheit und damit die Selbstgesetzgebung zu erhalten (vgl. Rousseau 2011, S. 23f.) Was Kant in seiner Metapher als Argument verbildlicht und Rousseau als Aufgabe der einen zu Gunsten der anderen Freiheit ausführt, ist die Grundlage auf der das Argument aus dem Eigeninteresse aufgebaut wird. Beide zeigen auf, dass es für die Erfüllung des Eigeninteresses des Individuums am vorteilhaftesten ist, einen Staat durch den Gesellschaftsvertrag zu gründen. Nach Kant und Rousseau könnte man somit auf die Frage ‚Warum überhaupt einen Staats bilden?' antworten: Weil dieses System auf der Grundlage von Vernunft am nützlichsten ist für den Schutz der eigenen Interessen. Wie bereits erläutert, gibt es zwei Argumente, die hier ausgeführt werden, um die Frage der Legitimation von Staaten zu klären. Das erste Argument ausgehend vom Selbstinteresse ist Kant und Rousseau zufolge zunächst einfach zu skizzieren. Es wird hier noch mal in Kürze zusammengefasst. Wie bereits herausgestellt, hat jeder Mensch ein fundamentales Interesse qua Menschsein am Schutz der eigenen Person und des Eigentums[45]. Es ist offensichtlich, dass ohne einen Staat, der Rechte garantiert, dieser Schutz (durch das Gewaltmonopol) nicht gewährleistet werden kann. Man kann aber dazu die Frage stellen, warum jemand durch den Gesellschaftsvertrag motiviert wird, sich an das geltende Recht zu halten. Man könnte nun dafür argumentieren, wenn der Mensch einen Vertrag eingegangen ist, hat er auch die Pflicht, diesem zu folgen. Man könnte dem gegen den Staat handelnden Menschen darüber hinaus vorwerfen, inkonsistent zu handeln. Akzeptiert er grundlegend, dass jeder vor willkürlicher Gewalt geschützt sein will (er selber auch), dann führt eine Handlung, die willkürliche Gewalt anwendet, zur Inkonsistents. Denn, derjenige handelt anders als es seine Meinung ist. Robert Nozick führt dieses Dilemma am Beispiel des „immoral man" aus.

> „Consider now the immoral man who steals and kills, to his own benefit or for some cause he favors. Suppose we show that some X he holds or accepts or does commits him to behaving morally. He now must give up at least one of the following: (a) behaving immorally, (b) maintaining X, (c) being consistent about this matter in this respect. The immoral man tells us, „To tell you the truth, if I had to make the choice, I would give up being consistent" (Nozick 1981, S. 408).

Konsistentes Handeln ist also kein motivierender Faktor für den „immoral man" in Nozicks Beispiel. Aus diesem Grund müssen Staaten die folgende Prämisse als grundlegend für die Staatskonstituierung annehmen: Menschen werden durch

---

45 Man kann hier durchaus herausstellen, dass der Schutz des Eigentums aus dem Schutz der Person folgt. So führt zum Beispiel Nozick in Anarchie Staat Utopia aus, dass das ‚erste' Eigentum das Eigentum am eigenen Körper ist. Dieses Eigentum ist weder bestreitbar, noch aufhebbar muss aber geschützt werden. (vgl. Nozick 1974, S. 150 ff.)

Sanktionen motiviert, etwas zu tun oder zu lassen. Ohne diese Annahme wäre jegliche Art von Politik effektlos, da staatliche Handlungen immer zunächst nur reaktiv erfolgen können. Die Polizei kann einen Verbrecher fangen, sie kann aber auf keinen Fall jedes Verbrechen verhindern. Der Staat muss also annehmen, dass gewisse Handlungen auf Grund von Gesetzen und einer gewissen Gesetzeshörigkeit unterlassen bzw. ausgeführt werden[46]. Strafen unterstützen als negative Sanktionen diese ‚Hörigkeit'. Aufgrund dieser Sicherheit, die der Staat qua Gewaltmonopol herstellt, wird klar, dass es im Interesse jedes Individuums liegen muss, Teil eines Staates zu sein, bzw. dass es zumindest Staaten geben muss, um den Schutz vor willkürlicher Gewalt zu gewährleisten.

> „Der Friedenszustand unter Menschen die nebeneinander leben, ist kein Naturzustand (status naturalis), der vielmehr ein Zustand des Krieges ist, d.i. wenngleich nicht immer ein Ausbruch der Feindseligkeiten, doch immerwährende Bedrohung mit denselben" (Kant 2005, S. 10).

Die einfache Skizze des Arguments, die hier geliefert wird, ist zu anfällig für Kritik. So kann man zum Beispiel an dieser Stelle anführen, dass Individuen dem Staat ihre Zustimmung entziehen würden, wenn ihre eigene Macht groß genug wäre, sich selber zu schützen, oder wenn der Staat Dinge täte, die ihren anderen Interessen zuwiderlaufen.

Wie bereits beschrieben, gibt es ein spezielles Verhältnis von Herrschendem und Beherrschtem in demokratischen Systemen. An dieser Stelle wird zunächst auf die Motive für die Akzeptanz der Herrschaft eingegangen. Aus diesen erfolgen eine Abgrenzung des Selbstinteresses vom Egoismus und der Verweis darauf, wie sich das Argument aus dem Selbstinteresse in Überlegungen zur Vertragstheorie einbetten lässt. Dies führt zu einer Argumentation die darlegt, wie, am Beispiel Rousseaus, NVP in eine solche Vertragstheorie einzubinden sind. Weber beschreibt die Motive für die Akzeptanz der Herrschaft, indem er den Spielraum zwischen „dumpfer Gewöhnung" und „zweckrationaler Erwägung" aufmacht (vgl. Weber 2008, S. 157). Zu beachten ist aber an dieser Stelle, dass Weber hier nur über Staatshandlungen und aktuell ausgeführte Herrschaft spricht (siehe auch Kapitel 3). Zweckrationale Gewöhnung bedeutete hier das planvolle Vorgehen, das auf einen speziellen Zweck ausgerichtet ist (vgl. ebd.). Wie in der Analyse Webers beschrieben, ist rationales Handeln Teil der Herrschaft (vgl. Kapitel 3). Was dies genau bedeutet, wird im weiteren Verlauf noch ausgeführt werden. Es ist aber zunächst zu klären, ob und wenn ja in welchem Verhältnis Gewöhnung überhaupt Bezug auf die Legitimation nehmen kann.

---

46 Dies wurde bereits in der Analyse des habermasschen Modells unter der Auseinandersetzung mit der Legitimitätserwartung ausgeführt.

Gewöhnen kann man sich rein definitorisch nur an Umstände. Das bedeutet, um die Zustimmung zu einem Staat auf abstrakter Ebene geben zu können, müsste bekannt sein, wie exakt Gewöhnung funktioniert und woran sich jeder Mensch unter allen Umständen gewöhnen kann und woran nicht. Ohne die Funktionsweise der Gewöhnung genau zu bestimmen, kann man aber feststellen, dass man sich auch an nicht legitimierte, selbst an menschenverachtende Umstände gewöhnen kann. Dies kann keine Grundlage für eine Staatsbildung sein.

Zweckrationale Überlegungen sind hingegen von anderer Natur. Wie bereits aufgezeigt, ist eine legitime Herrschaft in demokratischen Systemen nur dann möglich, wenn der Beherrschte dieser Herrschaft auch zustimmt. Es ist aber unmöglich, etwas Abstraktem durch Gewöhnung zuzustimmen. Es ist also notwendig, die zweckrationalen Überlegungen genauer zu analysieren. Zunächst bedeutet dies nur, dass Abwägungsprozesse stattfinden. Wie Nozicks „immoral man"-Beispiel zeigt, ist Konsistenz nicht notwendigerweise handlungsleitend (vgl. Nozick 1981, S. 408). Es wird aber klar, dass sie zumindest abstrakt vorhanden ist. Die Zustimmung zum Staat bleibt, wie bereits ausgeführt, zunächst auch abstrakt, sie ist aber rational (vgl. Kersting 1994, S. 46f.). Die Inkonsistenz liegt in Nozicks Beispiel zwischen der Handlung und der abstrakten Überzeugung. Es geht bei der Legitimation aus dem Eigeninteresse aber nicht um die konkrete Handlung, sondern um die abstrakte Zustimmung zum Staat. Wenn man auf diesem Level annimmt, dass alle anderen Menschen über ein Mindestmaß an Rationalität verfügen, wird klar, dass sie konsequenterweise einem Staat zustimmen müssen. Der Gesellschaftsvertrag muss also immer gelten.

> „Die Verträge des Kontraktualismus sind Verträge eines jeden mit einem jedem; sie sind nie, nicht zu irgendeinem Zeitpunkt abgeschlossen worden; sie gelten als immer schon abgeschlossen oder als immer erneut abzuschließende –" (Kersting 1994, S. 31.)

Kersting verbindet die Gleichheit der Vertragspartner mit der Auflösung der zeitlichen Dimension der Geltung des Vertrags. Hier ist schon ein erster Bezug zu den NVP zu erkennen. Da die Vertragspartner in Hinblick auf ihre Interessen und zeitliche Dimension als gleich anzusehen sind, ist anzunehmen, dass sie nicht durch nationalstaatliche Grenzen als aktuell lebende Bürger definiert werden können. Um diese Argumentation aber ihre benötigte Wirkmacht für die hier vorgestellte Arbeit zu verleihen, ist sie weiter auszuführen.

Durch die Auflösung der zeitlichen Dimension wie Kersting sie hier ausführt ist der Begriff des Vertrages genauer zu betrachten.

> „Verträge haben eine rechtsschöpferische Bedeutung; sie verändern die rechtliche Position der Vertragsbeteiligten und die zwischen Ihnen bestehenden rechtlichen Be-

ziehungen; sie sind ein Instrument zur privaten, gesetzgebungsunabhängigen Gestaltung der rechtlichen Verhältnisse in der Gesellschaft" (Kersting 1994, S. 19).

Allerdings ist der Gesellschaftsvertrag selber eine andere Form von Vertrag. Kersting führt hier aus, dass Verträge die „rechtliche Position der Vertragsbeteiligten verändern" (ebd.). Die rechtliche Position setzt bereits voraus, dass es bereits ein System von Rechten gibt. Der Gesellschaftsvertrag wird aber geschlossen um die Situation der Vertragspartner zu verbessern eben, weil es in dieser Situation noch kein Recht gibt. Dieser Vertragsschluss entsteht aber da es ohne ihn keine Möglichkeit gibt diese Situation zu verbessern (vgl. Kersting 1994, S. 47). Der Gesellschaftsvertrag entsteht also in einem Zustand ohne Rechte, aber aufgrund der Übereinkunft der Vertragspartner sich an ihn zu halten schafft er eben dieses Recht. Er ist also aufgrund seiner freiwilligen Verpflichtung nicht „normbegründet", sondern „normbegründend" (vgl. Kersting 1994, S. 22). Diese Normativität des Vertrags ist aber nur für die Vertragspartner bindend. „Einen fremdverpflichtenden Vertrag, einen Vertrag zulasten Dritter, kann es aus begrifflichen Gründen nicht geben" (Kersting 1994, S. 20, vgl. auch Kersting 2002, S. 19). Dies ist aber für die legitimationstheoretische Grundlage, die der Gesellschaftsvertrag bietet, dann problematisch, wenn der Vertrag als ‚nur zwischen Bürgern' geschlossen angesehen werden soll, da so nur Vertragspartner betroffen werden dürften (vgl. Kersting 1994, S.20). Kersting führt aus, dass es dazu drei Bewältigungsstrategien der politischen Philosophie gibt. Er unterscheidet zwischen der „Strategie der Entempirisierung"[47], der „Lehre vom stillschweigenden, verhaltenskonkludenten Vertrag" und, der „Forderung eines förmlichen Beitrittspakts, durch den sich der vertragliche Ursprung der politischen Gemeinschaft in den nachfolgenden Generationen erneuert" (Kersting 1994, S. 20).

Die hier vorgestellte Arbeit fügt noch einen vierten Punkt hinzu, die Interessenvertretung der betroffenen Menschen. Dies ist keine Lösung des Problems wie Kersting sie vorschlägt. Folgt man dieser Argumentation akzeptiert man, dass Vertragspartner alle sind die von Staatshandlungen betroffen werden. Bei betroffenen Menschen, die im realen Staat Bürger sind, ist dies kein Problem. Diejenigen die Betroffen, aber kein Bürger sind, also NVP, wären nach Kerstings Definition eigentlich „Dritte" (Kersting 1994, S. 20). Es kann aber gezeigt werden, dass diese ‚Dritten', werden ihre Interessen in den Entscheidungsprozess eingebunden, nicht als unbeteiligte Dritte anzusehen sind. Sie werden, durch die

---

47 Die Entempirisierung bedeutet, dass „das rechtsgeschäftliche Ereignis in ein Gedankenexperiment, in ein philosophisches Argument mit allgemeinem Gültigkeitsanspruch, transformiert" (Kersting 1994, S. 20) wird.

Einbindung, zu vertretenen Vertragspartnern und sind somit dem Vertrag nicht mehr extern.

Trotzdem wird für die Arbeit auch Kerstings erste Strategie genutzt (vgl. Kersting 1994, S. 20)[48]. Die Entemperisierung des Vertrags ist insofern relevant, als das im Argument aus dem Eigeninteresse keine empirische Handlung des Vertragsschlusses angenommen werden kann. Das hier vorgestellte Argument ist bezogen auf den Zweck des Staats, nicht auf die Handlung der Staatsgründung und hat daher auch nicht die Aufgabe die Staatsgründung als empirischen Akt zu erklären.

> „Durch diese Dekontingentisierung vermag der Vertrag mit dem Allgemeinheits-und Notwendigkeitsprofil ausgestattet zu werden, das er dringend braucht wenn er im Rahmen philosophischer Problemstellung eine begründungslogische Hauptrolle spielen soll" (Kersting 1994, S. 31).

Die Zustimmung des Vertrags hängt also von den allgemeinen Interessen der Menschen ab. Hobbes macht diese Zustimmung am Naturzustand als Kriegszustand fest (Hobbes 2008, 97). Nagel verweist in diesem Zusammenhang aber auf eine spezielle Art der Motivation bei Hobbes.

> „I shall attempt to show that genuine moral obligation plays no part in Leviathan at all, but that what Hobbes calls moral obligation is based exclusively on considerations of rational self-interest" (Nagel 1959, S. 69).

Dieses rationale Selbstinteresse, das Nagel ausarbeitet, ist genau die Form der Zustimmung zum Staat, die zur Legitimation notwendig ist. Nagel führt aus, dass es sich, zumindest bei Hobbes, um „moral obligations" handelt. Um dies einzugrenzen, muss das, was bis jetzt eher undefiniert als Interesse dargestellt wurde, näher erläutert werden.

> „One thing that would be still relevant would be how the possible courses of action will affect my interests. Indeed, if we define 'interests' as broadly enough, so that we count anything people desire as in their interests (unless it is incompatible with another desire or desires) then it would seem that at this pre-ethical stage, only one's own interest can be relevant to the decision" (Singer 1993, S. 13).

Diese weite Definition von Interesse ist hier gemeint. Um Entscheidungen zu treffen, müssen die Interessen einbezogen werden und, nach Singer, sind zu-

---

48 Kersting selber scheint eine solche Argumentation als unproblematisch anzusehen, zumindest wenn es um die Frage der aktuell lebenden Menschen geht. Er führt aus, dass die klassischen Vertragstheorien sich aufgrund ihres historischen Kontextes nur auf Bürger eines Nationalstaats beziehen, denn „[d]er Naturzustand muß, konsequent bedacht, globales Ausmaß besitzen; entsprechend muß der Gesellschaftsvertrag als Weltgesellschaftsvertrag verstanden werden" (Kersting 1994, S. 161).

nächst nur diese relevant. Er bezieht sich hier auf Interessen in einer „pre-ethical stage" (ebd.). Um diese Definition von Eigeninteresse auch für die Staatslegitimation nutzbar zu machen, muss sie aus der rein ethischen Sphäre bewegt werden[49]. Dies ist durch die Möglichkeit widerstrebender Interessen gegeben. In dem Moment, in dem mein Interesse dem eines Anderen entgegensteht, muss eine Lösung für das daraus folgende Problem gefunden werden. Diese Lösung kann rein ethisch erfolgen, indem unterschiedliche Regelwerke gefunden werden, die uns dazu motivieren, nach ihnen zu handeln. Dies bietet aber keine Sicherheit, dass mein Gegenüber diese Regeln auch akzeptiert. Aus diesem Grund braucht es, eine institutionalisierte Lösung. Diese kann man als Staat bezeichnen, „denn wenn der Widerstreit der Einzelinteressen die Gründung von Gesellschaft nötig gemacht hat, so hat der Einklang derselben Interessen sie möglich gemacht" (Rousseau 2011, S.28). Diese „Gesellschaft" wird für Rousseau im Gesellschaftsvertrag gegründet. Der Vertrag muss aber so aufgebaut sein, dass „ein universales, für alle Beteiligten gleichermaßen zutreffendes Rationalitätsurteil gesichert ist" (Kersting 1994, S. 49). Wenn also gezeigt werden kann, dass auch ethische Interessen auf eine gewisse Schutzfunktion hinweisen die universal akzeptierbar ist, ist damit gezeigt, dass das Argument aus dem Selbstinteresse zur Legitimation von Staaten genutzt werden kann[50].

> „In accepting that ethical judgments must be made from a universal point of view, I am accepting that my own interests cannot, simply because they are my interests, count more than the interests of anyone else. Thus my very natural concern that my own interests be looked after must, when I think ethically, be extended to the interest of others" (Singer 1993, S. 12f.).

Diese „Gleichheit" der Interessen, die Singer hier ausführt, zeigt auf, dass der Schutz meiner Interessen auf die Interessen anderer ausgedehnt werden muss. Dies geschieht auch in dem Argument, das Kant in seiner „Gesellschaft aus Teu-

---

49 Scott greift ein solches Argument auf: "Most people will agree that (1) A person who does something only because it serves his self-interest is not acting from moral considerations. All my introductory ethics students will, if I look like I expect agreement of them. We might qualify (1) in one of two directions when we reflect longer on it-by strengthening it or by weakening it. The latter stops somewhere around (2) It is usually true that (1). The end of the line for the former is (3) It is conceptually true that (1). (3) says that part of the concept of morality is that moral considerations are not self-interested. This is a belief current among philosophers, while common sense is faint-hearted and retreats toward (2)" (Scott 1987, S. 407). Im Verlauf seiner Argumentation greift er den unterscheid zwischen Egoismus und Selbstinteresse auf und zeigt, dass moralische Argumente im Selbstinteresse begründet werden können (vgl. Scott 1987).

50 Dies ist gerade auf der Grundlage einer moralischen Argumentation der Fall. Im hiervorgestellten Kontext geht es ja explizit um ein Vor-Staatliche und damit vor-rechtliche Grundlegung der Notwendigkeit des Staates. In diesem Fall ist es aber notwendig auf eine moralische Argumentation zurückzugreifen.

feln" anspricht. Dadurch, dass die vernünftigen Teufel sich ultimativ auf Regeln einigen, die alle Interessen gleich behandeln, ist jedem Einzelinteresse am besten gedient (vgl. Kant 2005, S. 31). Diese Gleichheit muss auch die Grundlage jeder Vertragstheoretischen Begründung von Legitimation darstellen, da der hier geschlossene Vertrag durch seine abstrakte Struktur nur von gleichen Interessen ausgehen kann (vgl. Kersting 1994, S. 47). Kann das Individuum die Interessen eines anderen nicht ohne großen Verlust oder gar nicht bedienen, kann, durch Singers „Übertragung der Interessen" (Übersetzung durch den Autor, Singer 1993, S. 12f.), gezeigt werden, dass eine Institution wie der Staat diese Aufgabe übernehmen muss. „Thus at least at some level in my moral reasoning I must choose the course of action that has the best consequences, on balance, for all affected" (Singer 1993, S. 13). Moralisch wäre dies also geboten. Nozicks „immoral man" kann also auf Singers Frage welche Begründung zur ethischen Handlung möglich ist (vgl. Singer 1993, S. xix) zumindest geantwortet werden: Er muss aus Eigeninteresse an einem Staat, der ihn vor willkürlicher Gewaltanwendung schützt, interessiert sein muss.

> „Der staatsphilosophische Kontraktualismus ist die Antwort auf das motivationstheoretische Scheitern des moralischen Kontraktualismus. Ohne den übermächtigen staatlichen Garanten des Gesellschaftsvertrags wird sich niemand dauerhaft seiner Vorzüge erfreuen können" (Kersting 1994, S. 53).

Genau diese Dauerhaftigkeit die Kersting hier anspricht ist das was die grundlegende Legitimation als Begründung für den Staat liefern muss. Nur so kann die Rechtssicherheit geschaffen werden die, wie in Kapitel 3 gezeigt, zentraler Bestandteil der funktionalen Legitimation ist. Diese grundlegende Argumentation wird in den meisten Vertragstheorien angewandt oder vorausgesetzt. Der „Garant" (ebd.) entsteht aus dem Gesellschaftsvertrag. Bei diesem handelt es sich immer um den Vertragsschluss zunächst mit sich selber und in seiner Person dann auch, qua Menschsein, mit allen anderen Personen.

> „Hier kann man jedoch nicht die Vorschrift des Bürgerlichen Rechts anwenden, wonach niemand an Verträge mit sich selbst gebunden ist; denn es ist ein großer Unterschied, sich gegenüber sich selbst zu verpflichten oder gegenüber einem Ganzen, dessen Teil man ist" (Rousseau 2011, S. 20).

Dieser Schluss des Vertrags mit sich selber erklärt die eigene Motivation, um ‚vertragsgemäß' zu handeln. Es wäre einfach nicht notwendig, den Vertrag mit sich selbst zu schließen, um ihn dann wieder zu brechen; und in diesem Sinn ist auch das Argument aus dem Selbstinteresse grundlegend zur Staatsbildung. Dieser Vertrag bleibt aber notwendigerweise hypothetisch (vgl. Kersting 1994, S. 32-39).

Der Vertrag bietet hier also eine Lösung zum motivationstheoretischen Problem ethischer Entscheidungen.

> „Wenn der normative Objektivismus kollabiert, das traditionelle Naturrecht den Begründungsbedürfnissen der Philosophie nicht mehr genügen kann, muß die Philosophie ihren Begründungsbedarf mit Hilfe des normativen Voluntarismus stillen und das sich selbstbindende Individuum zum Protagonisten des Rechtfertigungsargument machen" (Kersting 1994, S. 23).

Die Argumentation aus dem Eigeninteresse legt den Zweck des Staates als Grundlage der Staatsbildung dar. Vertragstheoretisch aufgefasst führt dies zu einer Bildung des Staats aus der Selbstverpflichtung (vgl. ebd.). Resultat dieses Akts ist die grundlegende Legitimation des Staats, staatlicher Handlungen und staatlicher Herrschaft. Kersting fasst dieses Resultat zusammen indem er ausführt, dass „das politische Herrschaftsrecht als Derivat der freiwilligen Gehorsamsverpflichtung der Herrschaftsunterworfenen begriffen" (Kersting 1994, S. 31) werden muss. Es ist mit dieser Argumentation gezeigt worden, dass der Schutz vor willkürlicher Gewalt als Zweck des Staats durch das Eigeninteresse begründet werden kann. Für die Forschungsfrage ist aber die Ableitung, die sich daraus für NVP ergeben kann, relevant. Im Folgenden wird am Beispiel Rousseaus ausgeführt, ob der Bezug zu NVP im Gesellschaftsvertrag notwendig ist. Wenn dieser Bezug aufgezeigt wurde, ist es aus bereits genannten Gründen notwendig, das Argument aus der Würde zu entwickeln.

4.2 Das Argument aus dem Eigeninteresse – Der Bezug zu NVP

Der Bezug, den die Argumentation aus dem Eigeninteresse zu NVP herstellt, muss herausgearbeitet werden. Um dies zu leisten, wird nun am Beispiel von Rousseaus Einbeziehung unterschiedlicher Generationen herausgearbeitet, wie sich das Verhältnis von Willkür und der Repräsentation von Betroffenen verhält. Zunächst wird anhand der Arbeit Rousseaus herausgestellt, wie sich die grundlegende Legitimation des Staats aus dem Gesellschaftsvertrag ableiten lässt. Dazu wird Rousseaus Theorie zur Gründung des Staats analysiert. Kann gezeigt werden, dass der Zweck des Staates auch hier der Schutz vor willkürlicher Gewalt ist, ist die Verbindung zur bisherigen Argumentation hergestellt.

> „Politics ought to be the part-time profession of every citizen who would protect the rights and privileges of free people and who would preserve what is good and fruitful in our national heritage" (Eisenhower 1954, S. 219).

Nach Eisenhower haben Bürger also Pflichten gerade gegenüber dem Volk und ihrem nationalen Erbe. Wie aber ist das Verhältnis von Staat, Bürger und Volk? Die politische Theorie und die politische Philosophie verweisen in diesem Zusammenhang oftmals auf den Vertrag, der zwischen den Bürgern geschlossen wird, und dessen Legitimationskraft für den Staat. Was man sich uns unter einem Vertrag vorstellen können zeigt eine allgemein gebräuchliche Definition. Ein Vertrag wird von zwei oder mehr Parteien frei und willentlich geschlossen, um einen bestimmten Zweck zu erfüllen. (vgl. Weidenburg, Zimmermann 2010, Artikel 1.)[51]

Nach Kersting „läßt sich der Vertrag allgemein als ein mehrseitiges Rechtsgeschäft beschreiben, durch das einvernehmlich Rechtsfolgen hervorgebracht werden" (Kersting 1994, S. 19). Ein Gesellschaftsvertrag, wie z.B. Jean-Jaques Rousseau ihn sich vorstellt, bildet hier keine Ausnahme. Setzt man diese Definition nun mit einem Gesellschaftsvertrag in Zusammenhang, ergeben sich unmittelbar drei Kernfragen.

1) Wer sind die Parteien, die diesen Vertrag schließen?

2) Wird er freiwillig und willentlich geschlossen?

3) Welcher Zweck ist Gegenstand des Gesellschaftsvertrages?

Die hier vorgestellten Überlegungen widmen sich der theoretischen Grundlage in der Arbeit Rousseaus zu diesen drei Fragen. Es wird gezeigt, dass Rousseaus Theorie notwendig eine spezielle Konzeption des Bürgers braucht und dass der Vertrag in jeder Generation neu geschlossen werden muss. Grundlage der Arbeit ist der theoretische Kern Rousseaus, der speziell in seinen Schriften ‚Der Gesellschaftsvertrag' und ‚Zweiter Diskurs über die Ungleichheit' dargestellt ist. Hier nimmt der Vertrag als theoretische Begründung des Staates für Rousseau einen zentralen Stellenwert ein (vgl. Brandt, Herb 2012, S. 12, vgl. auch Kersting 2002, S. 18f.). Um die drei Fragen zu beantworten, wird zunächst das Theoriemodell, auf dem Rousseaus Version des Gesellschaftsvertrags basiert, analysiert. Daraus ergibt sich die jeweilige Antwort auf die gestellten Fragen.

Um das Theoriekonstrukt zu verstehen, auf dem Rousseau sein Staatsmodell aufbaut, ist es zuerst notwendig, seine Genealogie der Gesellschaft zu erörtern. Das Werk ‚Zweiter Diskurs über die Ungleichheit'[52] ist hierfür wegweisend. Als

---

51 Insbesondere sind hier Artikel 1.1, 1.2, 1.3, 1.9 und 1.11 zu nennen. Die vorliegende Regeldefinition gibt einen Hinweis, wie Verträge allgemein Verstanden werden.

52 In der Fachliteratur wird wiederholt diskutiert, ob der *Zweite Diskurs* und der *Gesellschaftsvertrag* gemeinsam analysiert werden können (vgl. Herb 2012, S. 31-32). Zwar ist es richtig, dass Rousseau unterschiedliche Interessen verfolgt, aber die theoretischen Grundlagen, auf denen

Grundlage nutzt Rousseau, so wie Hobbes, einen hypothetischen Zustand, in dem er den natürlichen Menschen beschreibt (vgl. Fetscher 1975, 27). Im Gegensatz zum hobbesschen Naturzustand ist Grundlage von Rousseaus Überlegung allerdings der von gesellschaftlicher ‚Überformung' ‚befreite' Mensch.

> „Er [Rousseau] denkt sich vom zeitgenössischen Menschen alles das weg, was aus dem Leben in der Gesellschaft und durch die Gesellschaft allererst entstanden sein kann; so gelangt er zum isoliert lebenden »homme naturel«" (Fetscher 1975, S. 27).

Über diesen ‚Urzustand' des Menschen trifft Rousseau nun einige zentrale Aussagen. Bevor diese allerdings Sinn ergeben, muss er seine Grundannahmen über den Menschen darlegen. „Kontraktualistische Argumente haben vor Rousseau immer eine genealogische Gestalt" (Kersting 2002, S. 18). Da für Rousseau die Ungleichheit als zentraler Aspekt seiner Überlegung zur Ordnung der Gesellschaft zum Tragen kommt, differenziert er zwischen zwei Arten der Ungleichheit: Zum einen gibt es die natürlich/physische (von der Natur eingerichtete) und zum anderen die moralisch/politische Ungleichheit (diese hängt von einer Art Übereinkunft der Menschen ab) (vgl. Rousseau 2010, S. 31).

Im ‚Gesellschaftsvertrag' äußert sich Rousseau zum Verhältnis von natürlicher und bürgerlicher (bzw. moralisch/politischer) Freiheit.

> „Was der Mensch durch den Gesellschaftsvertrag verliert, ist seine natürliche Freiheit und ein unbegrenztes Recht auf alles, wonach Ihm gelüstet und was er erreichen kann; was er erhält, ist die bürgerliche Freiheit und das Eigentum an allem, was er besitzt" (Rousseau 2011, S. 23).

Sein Begriff der natürlichen Freiheit sticht besonders hervor. Der Mensch kann tun und lassen, wonach ihm der Sinn steht, da es kein direktes (oder nur sehr kurzes) Zusammentreffen mit anderen Menschen gibt. Diese Art der Freiheit kann man als anarchistisch beschreiben, da dem Menschen keine Regeln gegeben sind. Möglich wird dies nur dadurch, dass der natürliche Mensch durch seine Taten keinen Einfluss auf andere ausübt (vgl. Kersting 2002, S. 17). Dementsprechend beschreibt Rousseau den Menschen im Naturzustand als isoliert lebendes Wesen. Der Mensch hat noch keine Sprache, trifft nur in seltensten Fällen auf andere und dann meist zur Paarung, es gibt keinen Besitz, keinen Fortschritt, keine Eitelkeit und keine Vernunft (vgl. Rousseau 2010, S. 69).

Dies ändert sich mit dem Eintritt des Menschen in den Gesellschaftszustand. Aus Familien bilden sich erste, lose zusammenhängende Gemeinschaften: „Die erste

---

beide Werke aufbauen, sind die gleichen. Die Annahme, dass die Problematik, die zur Notwendigkeit des Gesellschaftsvertrages führt, aus einer frühen Form der Gesellschaft und nicht aus dem Naturzustand entsteht, ist für beide Teile Grundlage und wird deswegen in dieser Arbeit zusammenhängend diskutiert.

Regung des Herzens waren die Auswirkung einer neuen Situation, welche Ehemänner und ihre Frauen, die Eltern und ihre Kinder in einer gemeinsamen Wohnung vereinte" (Rousseau 2010, 79). Aus gemeinsamen Wohnungen entsteht nun Besitz, der zu Eigentum führt. Durch das Eigentum kommen die ersten gesellschaftlichen Grundlagen für die Ungleichheit zum Menschen. Die moralischpolitische Ungleichheit entsteht (vgl. Rousseau 2010, S. 74-77). Entscheidend wird dieser Umstand, als der Mensch die Arbeitsteilung durch Ackerbau und Eisenverhütung entdeckt. „Sobald Menschen benötigt wurden, um das Eisen zu gießen und zu schmieden, wurden andere Menschen nötig, um jene zu ernähren" (Rousseau, 2010, S. 86). Und weiter erklärt er hier den Begriff des Eigentums. Aus diesem entstehen die ersten Regeln der Gerechtigkeit. „Aus der Bebauung des Bodens folgte notwendigerweise seien Aufteilung, und aus dem einmal anerkannten Eigentum folgten die ersten Regeln der Gerechtigkeit" (Rousseau, 2010, S. 86). Durch die natürliche Ungleichheit der Menschen entstehen nun Ungleichheiten im Besitz. Dies geschieht zum einen durch mehr oder weniger Geschick, zum anderen aber auch durch Divergenz zwischen Angebot und Nachfrage (vgl. Rousseau, 2010, S. 87). Das Eigentum an Boden dehnt sich jetzt so weit aus, dass es irgendwann nur noch möglich ist, sein eigenes Eigentum auf Grundlage anderer bereits in Besitz genommener Güter zu vergrößern.[53] Daraus entstehen Kategorien wie arm und reich und als Folge daraus wiederum Verbrechen sowie Diebstahl. Das entstandene Eigentum ist aber nur durch Funktionalität abgesichert (vgl. Kersting 2012, S. 47). D. h., der Besitzer hat keinerlei rechtliche Ansprüche auf seinen Besitz und ist in ständiger Gefahr bestohlen oder ermordet zu werden, ohne dass diese Akte durch eine höhere Macht sanktioniert werden könnten. Dieser Zustand ähnelt dem Krieg eines jeden gegen jeden bei Hobbes.[54]

Auch das Naturrecht hilft dem Reichen nicht weiter, da es genauso den Armen legitimiert, die Rechtsansprüche der anderen in Frage zu stellen[55]. Als Ausweg ersinnt nun der Reiche eine Vereinbarung aller, mit anderen Worten einen ersten

---

53 Hier entwickelt der Mensch Neigungen wie Eitelkeit und Geltungssucht, die ihn dazu bringen, sein Eigentum mehren zu wollen. Nur so kann er diese neuen Eigenschaften befriedigen.

54 „[The state of nature] is a condition of war of every one against every one;" (Hobbes 2008, 97) Klar ist hier, dass Hobbes ein anderes Verständnis des Naturzustandes hat. Dieser ist in wenigen Punkten vergleichbar mit den ersten Formen der Gesellschaft bei Rousseau, bevor ein Vertrag entsteht. Rousseau spricht sich konkret gegen Hobbes Idee des „Kriegs eines jeden gegen jeden" aus. Ernst Cassierer beschreibt dies sehr treffend in seiner Analyse, wenn er sagt, dass durch Rousseau dieser Zustand als „[…] paradoxe Übertreibung, als Karikatur erkannt ist[.]" (Cassierer 2012, 117) Dennoch ist die Idee der Rechtlosigkeit der Zustände bei Hobbes und Rousseau vergleichbar. Unsicherheit kommt bei beiden durch eine nicht vorhandene Sanktionsmacht, wobei diese von beiden Autoren anders ausgestaltet wird. (Vgl. auch Fetscher 1975, 103)

55 Zum Bezug von Reichen und Armen siehe auch die Ausführungen Kerstings (vgl. Kersting 1994, S. 141-144 und Kersting 2002, S. 22-26).

Gesellschaftsvertrag (vgl. Kersting 2002, S. 27f.). Er hält eine Rede an die Armen, in der er die gegenwärtige Lage des Besitzes rechtlich unter der höheren Gewalt des Staates festzurrt und herausstellt, dass gewisse Rechte aufgegeben werden müssen, um Leben und Sicherheit zu schützen. Dies garantiert den Frieden aller. Diesem auf den ersten Blick sinnvollen Gedankengang stimmt jeder, auch der Arme, zu. Die Besitzverhältnisse sind nach diesem Vertrag so gefestigt, wie sie zu diesem Zeitpunkt historisch gewachsen sind. Mit dieser Regelung hat der Arme aber keine Möglichkeit mehr, aus seiner Armut zu entkommen, was er durch sein Verlangen nach Sicherheit allerdings nicht erkennt (vgl. Rousseau 2010, 92.).

> „Gerecht kann eine vertragsbegründete Ordnung nur dann sein, wenn sie samt ihrer Verteilung gesellschaftlicher Lebenschancen einmütig von allen Beteiligten gewählt werden kann, wenn also die unterschiedlichen Interessenlagen von Reichen und Armen keine urteilsprägende Rolle spielen können" (Kersting 2002, S. 29).

In diesem Zustand ist der Gesellschaftsvertrag also nicht mehr gerecht. Die Möglichkeit der der benötigten freien Übereinkunft ist nichtmehr gegeben. Von diesem Punkt an verkommt der Staat immer mehr, die Ungleichheit wird immer größer bis hin zum Zustand der Sklaverei, „welcher der letzte Grad der Ungleichheit ist, und der Endpunkt auf den alle anderen hinauslaufen, bis neue Umwälzungen die Regierung völlig auflösen oder sie den rechtmäßigen Verhältnissen wieder annähern" (Rousseau 2010, S. 105). In dieser Sklaverei schließt sich der Kreis und die Regierung löst sich auf. Wenn alle Untertanen Sklaven sind und es nur noch einen Herrscher über Sklaven gibt, greift das Recht des Stärkeren und der Herrscher regiert nur noch durch Stärke und nicht mehr durch Legitimation.

> „Das echte »soziale Band « besteht daher nach Rousseau darin, daß nicht einzelne Individuen oder einzelnen Gruppen zu Herrschern über andere berufen werden; denn dies führt uns, in welch verfeinerten und »zivilisierte« Formen diese Herrschaft auch ausgeübt werden mag, immer nur auf die ärgste Sklaverei zurück" (Cassierer 2012, S. 118).

Die Struktur dieses ersten Gesellschaftsvertrages bedeutet Ungerechtigkeit, die, wie gezeigt, der Einzelne nicht zu tragen bereit ist. Sklaverei bedeutet aber auch die letzte Form der willkürlichen Herrschaft und damit der willkürlichen Gewalt. In ihr gibt es kein Rechtssystem und keine Rechtssicherheit, damit kann aber Gewalt auch nicht mehr ohne Willkür angewandt werden. Somit wird eine neue Struktur und Form gesucht, welche die Grundlage der weiteren Überlegungen bildet (vgl. Kersting 1994, S. 152 und Kersting 2002, S. 35). Damit ist aber die grundlegende Legitimation, die aus dem Gesellschaftsvertrag bei Rousseau hervorgeht, belegt. Diese grundlegende Legitimation beinhaltet den Zweck des

Staats in dem Schutz vor willkürlicher Gewalt. Dies ist das Argument, das hier aufgezeigt werden soll. Nun muss aber der Bezug dieser Argumentation zu den NVP hergestellt werden. Dies wird im Folgenden am Beispiel der zukünftigen Generationen durchgeführt. Die Notwendigkeit eines Gesellschaftsvertrags ist nach Rousseau nun bewiesen. Wie dieser ausgestaltet ist, um nicht in die gleichen Probleme wie in diesem Kapitel dargelegt zu geraten, wird nun zu analysieren sein.

4.2.1 Die legitimierende Funktion des Gesellschaftsvertrages

Die Struktur des Gesellschaftsvertrages steht in direktem Zusammenhang mit seinem Zweck. Die Herrschaftsform wird durch den Vertrag ins Leben gerufen. Erst durch ihn entsteht eine legitime Regierung. „Wenn zerstreut lebende Menschen nach und nach in die Knechtschaft eines Einzelnen geraten, sehe ich dabei, gleichgültig wie groß ihre Zahl sein mag, nur Sklaven und einen Herren und nicht ein Volk und sein Oberhaupt" (Rousseau 2011, S. 15). Um eine funktionierende und legitime Regierung zu schaffen, kann es für Rousseau nur einen Zusammenschluss der Menschen unter einem legitimierten Vertrag geben. Andernfalls entsteht ein Verhältnis von Herr und Knecht, in dem, wie bereits gezeigt, allein das Recht des Stärkeren herrscht und es somit keinerlei Sicherheit, weder für den Herrscher noch für den Sklaven bzw. Untertan, gibt. Interessant ist hier, wie Rousseau den Unterschied von Souverän und Regierung festlegt. Für die folgende Debatte ist wichtig, im Auge zu behalten, dass der Souverän die gesetzgebende Gewalt darstellt. Gesetze sind aber immer allgemein und können nichts über den Einzelfall aussagen, hierzu bedarf es der Regierung. Die Legitimation dieser geschieht in ihrer Entstehung durch den Souverän und in ihrer Handlung durch ihr Übereinstimmen mit dem Gemeinwillen. Dieser erzeugt sich wiederum aus den Einzelinteressen wie bereits beschrieben[56].

Ziel des Gesellschaftsvertrages ist es also in erster Linie, die Verhältnisse unter den Menschen in der Gesellschaft zu regeln. Dies geschieht durch die Aufgabe, die der Vertrag erfüllen soll:

> „»Finde eine Form des Zusammenschlusses, die mit ihrer ganzen gemeinsamen Kraft die Person und das Vermögen jedes einzelnen Mitglieds verteidigt und schützt und durch die doch jeder, indem er sich mit allen vereinigt, nur sich selbst gehorcht und genauso frei bleibt wie zuvor«" (Rousseau 2011, S. 17).

---

56 Vergleiche zum Verhältnis von Regierung und Souverän Fetscher und Kersting (Fetscher 1975, S. 112 und Kersting 1994, S. 172f)

Der Gesellschaftsvertrag wird also dementsprechend von allen „unterschrieben", die diesen Übergang von „Naturmensch" zu „Gesellschaftsmensch" vollziehen (vgl. Rousseau 2011, S. 20, vgl. auch vgl. Kersting 2002, S. 17). Der Einzelne unterschreibt den Vertrag in diesem Zusammenhang mit sich selber sowie jedem anderen. Dies stellt allerdings kein Problem dar, da der Gesellschaftsvertrag in diesem Zusammenhang eine besondere Form von Vertrag darstellt[57]. So wird auch die Herrschaft durch das Herrschaftssubjekt aufgrund der Autonomie legitimiert. (vgl. Kersting 1994, S. 163f. und 172f.).

An dieser Stelle ist der Inhalt des Vertrages, der in der Übertragung der Rechte besteht (vgl. Kersting 1994, S. 161f.), bestimmt. Somit ist ein Teil der Antwort auf Frage 3 gegeben (vgl. Kersting 2012, S. 51). Aus den Individuen entsteht der Gemeinwillen, also der Wille aller Individuen, die Teil des Staates sind. Dieser ist zugleich auch Grundlage für den Souverän. Seine Form und Struktur sind komplex und viel debattiert; für diese Arbeit wichtig ist, dass durch den Gemeinwillen der Souverän seine Legitimation erhält und somit auch die der Gesetze entsteht.[58] „Eine legitime Gesellschaftsordnung kann nicht auf Macht, sondern nur auf Vereinbarung gegründet werden" (Kersting 2012, S. 47). Die somit entstandene Einigung durch Form, Inhalt und Gemeinwillen ist die Grundlage des „legitimierten" Gesellschaftsvertrages. Wer aber schließt diesen Vertrag?

Wie bereits in der erwähnt, besteht ein Vertrag aus mehreren Parteien.[59] Für Rousseau sind dies auf den ersten Blick die vergesellschafteten Naturmenschen. Gerade wenn man den *Zweiten Diskurs* zugrunde legt, geht hieraus hervor, dass der Mensch den Vertrag nötig hat, um die Gesellschaft zu ordnen[60]. Wie bereits gezeigt wurde, besteht also ein Interesse daran, diesen Vertrag zu schließen (vgl.

57　Vergleiche Rousseau, 2011, S. 20 und Fetscher 1975, S. 103.

58　Eine ausführliche Debatte hierzu findet sich in Rileys *A possible explanation of Rousseau's general will* (Riley 1970, 86 – 97) sowie in Sreenivasans *What is the general will?* (Sreenivasan 2000, 545-581).

59　Mehrere Parteien bedeutet in diesem Fall nicht, dass ein Vertragsschluss mit sich selbst nicht möglich wäre, solange man einen Vertrag mit ,sich als Mensch und somit Teil der Gesamtheit' schließt, reicht diese Aufteilung aus. „Hier kann man jedoch nicht die Vorschrift des Bürgerlichen Rechts anwenden, wonach niemand an Verträge mit sich selbst gebunden ist; denn es ist ein großer Unterschied, sich gegenüber sich selbst zu verpflichten oder gegenüber einem Ganzen, dessen Teil man ist" (Rousseau 2011, S. 20).

60　Zudem entsteht im Gesellschaftsvertrag eine neue Art von Freiheit, die für Rousseau sehr viel wichtiger ist als die natürliche. „Was der Mensch durch den Gesellschaftsvertrag verliert, ist seine natürliche Freiheit und ein unbegrenztes Recht auf alles, wonach Ihm gelüstet und was er erreichen kann; was er erhält, ist die bürgerliche Freiheit und das Eigentum an allem, was er besitzt" (Rousseau 2011, S. 23). Diese Freiheit ist viel diskutiert, aber allerhöchstens von sekundärer Relevanz für diese Arbeit. Was allerdings wichtig ist, ist, dass sie die ,bürgerliche' Freiheit, also die Freiheit, die aus der Teilhabe am Vertrag entsteht, genannt wird.

Rousseau 2011, S. 28). Nachdem die Gesellschaft gegründet ist, besteht sie aus Vertragspartnern. Da sich aus den Einzelinteressen der Individuen der Gemeinwille formt, der die Grundlage des Staates bildet, sind die Individuen, die ihn konstituieren, Teil des Vertrages.

> „Dieser Akt des Zusammenschlusses schafft augenblicklich anstelle der Einzelperson jedes Vertragspartners eine sittliche Gesamtkörperschaft, die aus ebenso vielen Gliedern besteht, wie die Versammlung Stimmen hat, und die durch ebendiesen Akt ihre Einheit, ihr gemeinschaftliches Ich, ihr Leben und ihren Willen erhält" (Rousseau 2011, S. 18).

Die Vertragspartner, die den Zusammenschluss unter dem Vertrag eingehen, bilden also, nachdem der Vertrag geschlossen ist, die „Gesamtkörperschaft" (ebd.). Der Souverän kann entsprechend niemals ein den Einzelnen in ihrer Gesamtheit wiedersprechendes Interesse haben. Der Souverän kann also den Vertragspartnern die zur „Gesamtkörperschaft" zusammengeschlossen sind kein den „Ihren wiedersprechendes Interesse haben" (Rousseau 2011, S. 21). Dies ist Teil des Resultats, das durch die grundlegende Legitimation umgesetzt ist. Die Vertragspartner schließen den Vertrag zu einem bestimmten Zweck, dieser würde aber dann negiert, wenn der Souverän ein „widersprechendes Interesse" (ebd.) hätte. Das Interesse des Souveräns kann aber dem Einzelinteresse des Individuums wiedersprechen, nur nicht dem der Gesamtkörperschaft, also nicht seinem eigenen Zweck.

Im Gegensatz zu Hobbes schließen die Vertragspartner bei Rousseau keinen Vertrag mit dem Souverän, sie als Gesamtkörperschaft sind der Souverän. Durch diesen Zusammenschluss besteht nun die Möglichkeit für einen legitimierten Staat durch die Unterordnung unter das Gesetz, wie Cassirer es ausdrückt.

> „Diese Sklaverei schwindet erst wenn das Gesetz als solches die Führung und Leitung übernimmt und wenn, im gegenseitigen Verkehr, nicht einer dem anderen gehorcht, sondern an Stelle dieses Dienens und Gehorchens die gemeinsame Unterordnung unter das Gesetz tritt" (Cassirer 2012, S. 118).

Somit ist die Antwort auf Frage 3, die zu Anfang der Analyse Rousseaus gestellt wurde, nun vollständig. Neben dem Inhalt, wie oben beschrieben, ist der Zweck des Vertrages die Legitimation der Regierung und somit die Sicherung der Rechte und die Gewährleistung des Schutzes der Mitglieder (vgl. auch Fetscher 1975, S. 103). Der Staat ist in dieser Form nur von den Individuen abhängig.

> „Der durch den Vertrag begründete Staat ist bei Rousseau eine frei-tragende normative Konstruktion, eine absolute Norm, ein aus-schließlich aus der normativen Freiheitsprämisse herausgesponnenes absolutes politisches Ideal ohne jeden empirischen Außenhalt" (Kersting 2002, S. 19).

Durch diesen Status als „absolutes politisches Ideal" ist der Vertrag nicht von äußeren Umständen abhängig. Er erfüllt somit die nötige Bedingung der theoretischen Eigenständigkeit. Da die Legitimationsmacht von keinen anderen Bedingungen abhängt als von den Individuen, die diese begründen, ist sie auch nicht durch andere Umstände in Zweifel zu ziehen. Wer aber sind die „Einzelnen", die dies gewährleisten?

In welchem Verhältnis die einzelnen Glieder des Staates stehen, spezifiziert Rousseau in folgendem Zitat:

> „Was die Mitglieder [der staatlichen Körperschaft] betrifft, so tragen sie als Gesamtheit den Namen Volk, als einzelne nennen sie sich Bürger, sofern sie Teilhaber an der Souveränität, und Untertanen, sofern sie den Gesetzen des Staates unterworfen sind" (Rousseau 2011, S. 19).

Er trennt hier zwischen Bürgern und Untertanen. Bürger sind immer auch Untertanen, Untertanen müssen zumindest logischerweise aber nicht zugleich Bürger sein. Dies ist zumindest eine Lesart des hier vorgebrachten Zitats. Es scheint aber nicht die einzige zu sein. Zuerst ist es notwendig, mehr auf den Bürger einzugehen. Wie auch immer obenstehendes Zitat gelesen wird, klar ist, dass der Bürger in jedem Fall Vertragsangehöriger ist. Somit muss er auf irgendeine Weise in den Vertrag aufgenommen worden sein. Die folgende Analyse kann auch in Bezug zur in Kapitel 5 ausgeführten Diskussion der Definition des Volks gesetzt werden. Allerdings beschränkt sich die Analyse, die an dieser Stelle durchgeführt wird, ‚nur' auf die Theorie Rousseaus. Um eine umfassende Analyse der Forschungsfrage zu erstellen, müssen die Bedingungen zur Akzeptanz der vorgelegten Argumentation so gering wie möglich gehalten werden. Aus diesem Grund ist es nötig, die gesamte Argumentation nicht von einer Theorie wie der Rousseaus abhängig zu machen. Die Analyse Rousseaus wird hier exemplarisch, am Fall zukünftiger Generationen als Vertreter der NVP, dazu genutzt aufzuzeigen, wie die Argumentation, die auf der grundlegenden Legitimation aufbaut, fortgeführt werden kann.

4.2.2 Zukünftige Generationen im Gesellschaftsvertrag

Bisher lässt sich folgern, dass der Gemeinwille sich aus Einzelinteressen ergibt und die Einführung eines Vertrages für die Gesellschaft notwendig ist. Aus diesen Aussagen lässt sich eine klare Argumentation ableiten:

Argument

P1   Jeder Mensch möchte in Sicherheit leben können.
P2   Nur die Teilhabe an einem Gesellschaftsvertrag gewährleistet Sicherheit.
K (P1 + P2)
K   Jeder Mensch will an einem Gesellschaftsvertrag teilhaben.

Das Argument ist nach Rousseau sowohl in seinen Prämissen als auch in seiner Konklusion unstrittig und durch die vorangegangenen Ausführungen belegt.[61] Es gibt aber eine Schwierigkeit in der Ausformulierung der aufgestellten Konklusion K.

In diesem Kontext ist die Bedeutung von Teilhabe zu analysieren[62]. Es scheint hier einen Unterschied zu geben zwischen den ‚Vertragschließenden' und den ‚Vertragsangehörigen'. Als die ‚ersten' Vertragspartnern, die sich auf einen solchen Vertrag einigen, haben die Vertragsschließenden zumindest ein hypothetisches Mitgestaltungsrecht über die Form des Vertrages. Diejenigen aber, die in den bereits vorgefassten Vertrag hineingeboren werden beziehungsweise auf andere Art in diesen Vertrag eintreten, haben dieses Mitgestaltungsrecht über den Vertrag nicht. Die Vertragsangehörigen sind also durch eine Eigenschaft und somit kategorial von den Vertragsschließenden unterschieden.[63]

---

61 Die Notwendigkeit dieser Handlung stellt Rousseau auch über die Verwendung der Befähigung des Menschen heraus, die er wie folgt beschreibt:
„Da die Menschen nun keine neuen Kräfte hervorbringen, sondern nur die vorhandenen vereinen und lenken können, haben sie kein anderes Mittel, sich zu erhalten, als durch Zusammenschluss eine Summe von Kräften zu bilden, stärker als jener Wiederand, und diese aus einem einzigen Antrieb einzusetzen und gemeinsam wirken zu lassen" (Rousseau 2011, S. 17)
62 „Die Bestimmungen dieses Vertrages sind durch die Natur des Aktes so vorgegeben, [...] wiewohl sie vielleicht niemals förmlich ausgesprochen wurden, [...]" (Rousseau 2011, S. 17). Man könnte annehmen, dass das folgende Argument durch den möglichen hypothetische Charakter des Vertrages, wie in gegebenem Zitat angedeutet, widerlegt wird. Ob der Vertrag hypothetisch oder real geschlossen wird ist m.E. irrelevant für das Argument. Seine bloße Existenz verlangt durch seinen Charakter als legitimierende Instanz die Notwendigkeit der Zustimmung, egal ob in einem hypothetischen oder realen Vertrag.
63 In diesem Zusammenhang ist die Frage zu stellen, ob Rousseau den Vertrag mit einzelnen Staaten gleichsetzt. Er beantwortet dies in folgendem Zitat: „Diese öffentliche Person die so aus dem Zusammenschluss aller zustande kommt, trug früher den Namen Polis, heute trägt sie den der Republik oder der staatlichen Körperschaft, die von ihren Glieder Staat genannt wird, wenn sie passiv, Souverän, wenn sie aktiv ist und Macht im Vergleich mit ihresgleichen" (Rousseau 2011, S. 18–19). Da der Staat aus dem Zusammenschluss aller ist also der Nationalstaat. Damit kann dieser durch Zuzug betreten bzw. durch Wegzug verlassen werden.

Ein interessanter und aktueller Spezialfall hierfür sind kommende beziehungsweise zukünftige Generationen. Es scheint zumindest so, dass sie ohne die Möglichkeit der Mitbestimmung am Vertrag trotzdem dazu verpflichtet sind, in diesen einzutreten. Ist dies der Fall, ist keine Möglichkeit für nachfolgende Generationen gegeben, den Vertrag zu verlassen ohne entweder, bei Einzelfällen, schwere Sanktionen bis hin zum Tod ertragen zu müssen oder, bei dem Austritt aller, den Vertrag ganz aufzulösen. Dann muss dieser insgesamt neu geschlossen werden, da die bereits ausgeführt Argumentation wieder greift.

Rousseau selbst äußert sich auf zweierlei Weisen zu dieser Problematik, bleibt aber insgesamt eher ungenau, da hierauf nicht sein Fokus liegt. Zunächst stellt sich die Frage, inwieweit Kinder beziehungsweise Ungeborene Anteil am Bürgertum haben. Da in Gesellschaft nur bürgerliche Freiheit (vgl. Rousseau 2011, S. 23) existiert, ist es diese, die Rousseau in folgender Aussage meinen muss: „Wenn auch jeder sich selbst veräußern könnte, kann er doch nicht seine Kinder veräußern; sie werden als Menschen und frei geboren; ihre Freiheit gehört ihnen, niemand außer ihnen hat das Recht darüber zu verfügen" (Rousseau 2011, S. 11). Das bedeutet aber auch, dass Kinder Teil des Gesellschaftsvertrages und dementsprechend Bürger sein müssen, da sie durch ihr Menschsein an diesem partizipieren. Insgesamt gibt es hier nur drei Varianten die logisch möglich sind.

(a) Ein Kind ist Teil des Gesellschaftsvertrages
(b) Ein Kind ist kein Teil des Gesellschaftsvertrages
(c) Ein Kind ist sowohl Teil als auch nicht Teil des Gesellschaftsvertrages

Varianten (a) und (b) sind relativ klar verständlich, auf c) wird im weiteren Verlauf eingegangen werden. Wenn ein Kind Teil des Gesellschaftsvertrags ist (a), entsteht die oben genannte Unterscheidung in Vertragschließende und Vertragsangehörige. Rousseau betont aber durch sein ganzes Werk hindurch, dass alle Bürger gleichgestellt sind. „Von welcher Seite aus man sich dem Ursprung nähert, man gelangt immer zu der gleichen Folgerung; dass nämlich der Gesellschaftsvertrag unter den Bürgern eine Gleichheit von der Art schafft, dass sie sich alle unter den gleichen Bedingungen verpflichten und sich der gleichen Rechte erfreuen dürfen" (Rousseau 2011, S. 36). Dies scheint aber nicht gegeben, wenn wir die gerade vorgenommene Unterteilung der Vertragsangehörigen und -schließenden betrachten. Das bedeutet, Kinder können kein Teil des Gesellschaftsvertrages sein.

Alternative (b) besagt genau dieses, nämlich, dass Kinder kein Teil des Gesellschaftsvertrages sind. Eine Person außerhalb des Gesellschaftsvertrages befindet sich im Naturzustand, da sie zu nichts verpflichtet ist. Diese Person stellt aber eine Bedrohung für alle im Gesellschaftsvertrag gebundenen dar. Rousseau ist im Umgang mit einer solchen Person aus modernen Augen relativ hart (vgl. Rousseau 2011, S. 38-40) Da es absurd wäre, Kinder als eine solche Bedrohung anzusehen, ist auch Alternative (b) abzulehnen.

Damit kann man nun (c) betrachten ‚ein Kind ist sowohl Teil als auch nicht Teil des Gesellschaftsvertrages'. Dies klingt zunächst paradox. Hier ist allerdings die Perspektive von entscheidender Bedeutung. Ein Kind ist Teil des Gesellschaftsvertrages in der Hinsicht, dass Eltern die natürlichen Schutzbefohlenen darstellen. Sie haben die Möglichkeit, die Interessen des Kindes zu repräsentieren, solange das Kind noch nicht selbst entscheiden kann. Da nun der Gemeinwille durch alle Einzelinteressen der Vertragspartner des Gesellschaftsvertrages aufgegriffen wird, ist das Kind durch seine Eltern in diesem vertreten[64]. Dies löst allerdings nicht die Ungleichheit, die vorher festgestellt wurde. In dieser Hinsicht ist das Kind zunächst kein Teil des Gesellschaftsvertrages. Die Generation, in die das Kind hineingeboren wurde, ist aber in der Lage, den Gesellschaftsvertrag durch Zustimmung zu legitimieren. Erst nachdem dies geschehen ist, wird aus dem Kind ein normaler Bürger.[65] Rousseau geht auf dieses Verhältnis ein. „Es wäre deshalb zur Rechtmäßigkeit einer willkürlichen Regierung nötig, dass das Volk in jeder Generation Herr wäre, sie anzuerkennen oder zurückzuweisen: aber dann wäre diese Regierung nicht mehr willkürlich" (Rousseau 2011, S. 11). Rousseau baut hier eine paradoxe Struktur auf, die erst durch die Formalisierung der Aussage klar wird.

Es gilt:

G   =   Generation
a   =   gibt Legitimation
a(G)   =   Generation gibt Legitimation
R   =   Regierung
w   =   ist willkürlich
w(R)   =   Regierung ist willkürlich

Formalisiert sieht dieser Satz dann wie folgt aus:

$$\forall G: [(w(R) \rightarrow a(G)) \wedge (a(G) \rightarrow \neg w(R))]$$

$$(A) = (w(R) \rightarrow a(G))$$

$$(B) = (a(G) \rightarrow \neg w(R))$$

---

64   Zumindest kann man eine solche Argumentation anführen. Auf die Repräsentation von Kindern wird in Kapitel 6 noch näher eingegangen.

65   Rousseau äußert sich nur kurz darüber, ob dieser Prozess der Zustimmung real ablaufen muss oder hypothetisch bleibt. Selbst wenn er nur hypothetisch bleiben sollte, muss trotzdem jede Generation dem Vertrag hypothetisch zustimmen. Siehe hierzu auch Fußnote 9.

Der Wahrheitswert ist hier negativ da (A) und (B) nicht zugleich gelten können. Das heißt, dass nur einer der beiden Satzteile wahr sein kann. Zur Klärung, welcher das ist, ist der Begriff der willkürlichen Regierung in Rousseaus Werk entscheidend.

Im Original nutzt Rousseau ‚arbitraire'[66], was aus dem Altfranzösischen „auf Willkür beruhend" bedeutet. Dies bezeichnet meistens eine Regierung, die auf illegitime Art zustande gekommen ist. In dieser Bedeutung verwendet Rousseau in seinem Buch das Wort an drei weiteren Stellen (vgl. Rousseau 2011, S. 66 f., S. 104, S. 127). Dies geschieht immer in negativer Konnotation. Der Staat darf also nicht von einer willkürlichen Regierung geleitet werden. Um dies zu verhindern, ist die Legitimation jeder Generation notwendig. Das angesprochene Paradox entsteht hier nur scheinbar. Durch die wirklich geschehende Legitimation einer Regierung durch jede Generation ist sie nicht mehr willkürlich.

Das bedeutet, dass sich der Status der willkürlichen Regierung durch den Legitimationsprozess auflöst. Damit tritt aber eine neue Regierung (eine nicht willkürliche Regierung) in die Existenz. Die oben vollzogene Formalisierung wird somit gelöst. Es gilt:

$$\forall G:[(w(R) \to a(G)) \lor (a(G) \to \neg w(R))]$$

Da hier entweder (A) oder (B) gilt, kann man schließen, dass nicht zur gleichen Zeit (A) und (B) gelten können. Die Aussage ist also ohne Paradox. Daraus abgeleitet sieht man nun, dass Alternative (c) ‚ein Kind ist sowohl Teil als auch nicht Teil des Gesellschaftsvertrags' korrekt ist, da das Kind, bevor es zum Teil des Gesellschaftsvertrags wird, diesen und damit einhergehend die Regierung durch Zustimmung legitimieren muss.

Somit wurde die Notwendigkeit, Kinder in den Gesellschaftsvertrag mit einzubeziehen, aufgezeigt. Was für Kinder gilt, gilt auch für zukünftige Generationen; denn die Auswirkungen der Regierung betreffen nicht nur die Vertragspartner aktuell lebender Menschen, sondern auch die zukünftig lebender Menschen (dazu mehr in Kapitel 6). Kinder müssen spätestens, wenn sie entscheidungsfähig sind (vorher könnten die Erziehungsberechtigten in ihrem Interesse handeln), die Regierung legitimieren. Sollten die Erziehungsberechtigten aber nicht in der Lage sein, die Interessen der Kinder zu vertreten, muss eine andere Form der Interessenvertretung gefunden werden (dies wird in Kapitel 5 ausgeführt). Wie der genaue Prozess dazu abläuft, ist je nach Land, Volk und Regierungsform

---

66 „Il faudrait donc, pour qu'un gouvernement arbitraire fût légitime, qu'à chaque génération le peuple fût le maître de l'admettre ou de le rejeter: mais alors ce gouvernement ne serait plus arbitraire" (Rousseau 1962, S. 642).

unterschiedlich. Am Beispiel der Kinder bzw. der zukünftigen Generationen sieht man, dass alle Bürger, gleich wie sie Teil des Staates geworden sind, die Regierung legitimieren müssen.

Nachdem nun geklärt ist, was es bedeutet, Bürger zu sein, und welche Schritte hier notwendig sind, stellt sich die Frage: Wie sieht es aber mit der oben zitierten Unterscheidung zwischen Bürger und Untertanen aus?

Man kann Untertanen auch als Betroffene bezeichnen, da es sich nach Rousseau um die Personen handelt, die von Staatshandlungen betroffen sind. In welchem Verhältnis diese zu den Bürgern stehen, ist zu klären, um ein abschließendes Bild über die Vertragsparteien zu bekommen.

Wie oben bereits erwähnt, sind Bürger immer eine Teilmenge der Untertanen. Es ist zu klären, ob diese gleichgesetzt werden müssen. Auf den ersten Blick scheint es klar zu sein, dass es Menschen gibt, die zwar betroffen sind, aber nicht notwendigerweise Bürger sein müssen. Dazu zählen zum Beispiel Ausländer, aber auch ungeborene Generationen. Die Bedingungen, die erfüllt sein müssen, um das Kriterium der Betroffenheit zu gewährleisten, sind hier entscheidend. Rousseau definiert Untertanen als „sofern sie den Gesetzen des Staates unterworfen sind" (Rousseau 2011, S. 19). Die Ausführung der Gesetze schafft Fakten. Diese Fakten betreffen auch Ausländer und Ungeborene, das bedeutet, dass alle, die von den geschaffenen Fakten betroffen sind, als Untertanen zu zählen sind.[67] Die Unterscheidung, die Rousseau zwischen Bürger und Untertan trifft, scheint klar. Das vorgebrachte Zitat, betrachtet man es ganz, wirft aber ein neues Licht auf diese Klarheit.

> „Was die Mitglieder [der staatlichen Körperschaft] betrifft, so tragen sie als Gesamtheit den Namen Volk, als einzelne nennen sie sich Bürger, sofern sie Teilhaber an der Souveränität, und Untertanen, sofern sie den Gesetzen des Staates unterworfen sind" (Rousseau 2011, S. 19).[68]

---

67 Iring Fetscher kommt in seiner Analyse zu einem abweichenden Schluss. „Andere in diesem Gebiet lebende Menschen (Frauen, Fremde und bloße Einwohner) stehen außerhalb der eigentlichen Republik. Um ihr Los war Rousseau nie besonders besorgt" (Fetscher 1975, S. 151). Selbst wenn Rousseau diesen Gruppen wenig direkte Aufmerksamkeit schenkt, ist deren Einbeziehung als Bürger zumindest auf Grundlage der hier vorgestellten Arbeit notwendig. Der Kern des hier Betrachteten ist allerdings die theoretische Grundlage und die daraus folgenden logischen Notwendigkeiten, d.h. Fetscher hat aus seinem historischen Betrachtungsansatz auf Rousseaus Werk vermutlich durchaus recht.

68 Eine nähere Untersuchung des Beziehungsgeflechtes von Bürger und Untertan findet sich auch bei Kersting (Kersting 2012, S. 54). Seine Analyse geht jedoch nicht auf den Kern der Beziehung dieser beiden Gruppen ein, sondern setzt sich mit ihrer Beziehung zur Legitimation des Souveräns und deren jeweiliger Rolle auseinander.

Betroffene sind also Teil der staatlichen Körperschaft. Sie sind dementsprechend Individuen und zugleich auch jene Einzelwesen, die den Gemeinwillen des Souveräns mitbestimmen, wie folgendes Zitat belegt (vgl. Rousseau 2011, S. 65). Untertanen sind also Teil des Staates und nur unter dem Aspekt, unter dem sie betrachtet werden, sind sie vom Bürger zu unterscheiden. Das bedeutet, die Menge der Bürger und die der Untertanen ist nicht, wie oben angenommen wurde, zu trennen. Bürger sind immer auch Betroffene und Betroffene immer zugleich Bürger. Diese sind zur Legitimation des Souveräns notwendig, da sie den Gesellschaftsvertrag schließen.[69] Somit ist also hier die Antwort auf die Frage 1 ‚Wer sind die Vertragspartner?' gefunden.

4.2.3 Die Zusammenfassung des Arguments aus dem Eigeninteresse

Die drei in der Einleitung gestellten Fragen nach den Parteien des Vertrags, deren freiwilligem Beitritt und dem Zweck, dem dieser Vertag dient, sind also geklärt. Die Parteien, die alle diejenigen umfassen, welche von Staatshandlungen betroffen sind, müssen durch ihre Zustimmung die Regierung legitimieren. Dies geschieht darüber, dass sie den Vertrag schließen. Sie müssen dies freiwillig tun, sonst wären sie Sklaven und der Vertrag hätte weder Gültigkeit noch Wertigkeit. Der Zweck dieses Unterfangens ist zuvorderst die Notwendigkeit, mit der Situation der Menschen umzugehen, die in den Gesellschaftszustand eintreten. Um Sicherheit zu erlangen, muss natürliche Freiheit aufgegeben werden. Es wird aber eine andere Art gewonnen, nämlich die bürgerliche Freiheit. Der Mensch verschafft sich also mit dem Gesellschaftsvertrag nicht nur Sicherheit gegenüber Willkür und rechtlosen Verhältnissen. Er erhält die Möglichkeit, sich selbst zu verwirklichen und das Leben anderer zu bereichern.

Man könnte nun annehmen, dass eine solche Analyse von geringer bis keiner Relevanz ist. Ein Punkt tritt dem allerdings entgegen. Nach Rousseau sind alle Betroffenen zur Legitimation des Staates notwendig. Gründet man die Konzeption der Legitimation eines aktuellen Staates auf der Basis einer Vertragstheorie nach Rousseau, muss man diesen Punkt bedenken. Was diese Arbeit zeigt, ist das notwendige Abhängigkeitsverhältnis der Legitimation des Souveräns durch die Beteiligung aller Betroffenen an dem Vertragsschluss.

---

69 Vergleiche hierzu auch Fetscher (1975, S. 112 – 115). Er beschreibt in diesem Zusammenhang die notwendige Übereinstimmung von Bürgern und Untertanen, um die Legitimation zu gewährleisten. Wie allerdings bereits gezeigt, definiert Fetscher die von Rousseau definierte Gruppe der Bürger anders, als es durch die hier aufgeführte Argumentation notwendig ist.

4.3 Das Argument aus der Würde

Bisher wurde festgehalten, dass der Staat den Schutz der Person und des Eigentums und darüber den Schutz vor willkürlicher Gewalt gewährleisten und umsetzen muss. Folgt man dem bereits ausgeführten Argumentationsmuster des Gesellschaftsvertrags, wäre dieses Argument ausreichend, um die grundlegende Legitimation von Staaten zu begründen. Das zuvor vorgestellte Argument aus dem Selbstinteresse zielt auf ein vernunftbasiertes Verständnis menschlichen Wollens, das eine zunächst hypothetische Übereinkunft voraussetzt. So eingängig diese Argumentation ist, lässt sich auf dieser Grundlage unschwer erkennen, dass Konzeptionen, die solche zunächst hypothetischen Vernunftargumentationen ablehnen, das gesamte Argument in Abrede stellen könnten.

> „Da erst die Einwilligung Legitimität, moralische Autorität und verbindliches Recht schafft, die Einwilligungshandlung aber ihrerseits auch plausibel gemacht werden muss und darum von dem Kontraktualisten in einer rationalen – und das heißt: interessengeleiteten und vorteilsuchenden – Überlegung verankert wird, muss das vertragstheoretische Argument die legitimierende Einwilligung immer von empirischen Randbedingungen abhängig machen" (Kersting 2002, S. 19).

Gerade diese „empirischen Randbedingungen" können das Argument aber in Zweifel ziehen, wenn die Interessen als volatil angesehen werden. Die Staatsbegründung des „kontraktualistische Legitimationsbeweis für staatliche Herrschaft [. ist] eng mit den Motiven verknüpft, den Naturzustand zu verlassen" (Kersting 2002, S. 18f.). Auch Argumentationen, die Interessen anders oder umdefinieren, stellen den Argumentationsfluss in Abrede (vgl. Kersting 2002, S. 18f.).

Um eine starke Argumentation für die Notwendigkeit einer Staatsgründung auf Grundlage des Schutzes vor willkürlicher Gewalt aufzubauen, benötigt es neben dem Argument aus dem Selbstinteresse entsprechend noch einen weiteren Ansatz. Es muss also ein weiteres Argument gefunden werden, das den Staatszweck als Schutz vor willkürlicher Gewalt als notwendig definiert. Ein solches Argument kann aber nur aus einer dem Menschen zu Grunde liegenden Eigenschaft oder einem in jedem Menschen auffindbaren Charakteristikum bestehen. Nur so kann argumentativ sichergestellt werden, dass Argumente, die gegen die Volatilität menschlicher Interessen oder Handlungen vorgehen, nicht greifen. Es werden zunächst zwei Ansätze vorgestellt, wie für die Würde als Legitimationsgrund argumentiert werden kann. Ziel der hier vorgestellten Arbeit ist es aber, eine Argumentation zu erarbeiten, die so wenige Bedingungen wie möglich enthält. Die Argumentation über die Würde als Legitimationsgrund ist nur ein Schritt in der Gesamtargumentation zur grundlegenden Legitimation des Staats. Sie soll eine Alternative darstellen, die parallel zur Argumentation aus dem Selbstinteresse heraus den Zweck des Staates erörtert. Um sie in dieser Hinsicht akzeptierbar zu machen, darf sie inhaltlich nach Möglichkeit so wenig wie möglich gefüllt werden, da die meisten Gegenargumentationen sich auf die Ausgestaltung, nicht aber die Würde selber beziehen.

4.3.1   Die Würde als Staatlegitimation – Zwei Ansätze

Im Folgenden werden zwei Ansätze in Kürze dargestellt, wie die Würde als Legitimationsgrund aufgefasst werden kann. Für Howard und Jack ist die menschliche Würde ein Charakteristikum der menschlichen Natur, das in jedem politischen Regime angelegt ist[70]: „Furthermore, every form of political regime implicitly reflects a particular social conception of human dignity" (Howard, Jack 1986, S. 801). Es gibt zwei Standardauffassungen, die aus der Würde den Staat ableiten. Diese sollen kurz beschrieben werden. Letztlich wird aber keiner der Auffassungen gefolgt, da sie einen gefüllten Würdebegriff voraussetzen. Um aber ein für alle gültiges Argument zu finden, müssen die Bedingungen, die Prämissen zu akzeptieren, so gering wie möglich sein.

„Alle Menschen sind frei und gleich an Würde und Rechten geboren" (Generalversammlung 1948, 2). Artikel 1 der allgemeinen Erklärung der Menschenrechte erkennt den inhärenten Status der Würde des Menschen an. Aus der Schreckenserfahrung des zweiten Weltkriegs heraus hat die Menschenwürde, als eine grundlegende Eigenschaft menschlicher Existenz, eine intellektuelle Renaissance erlebt (vgl. Schaber 2012, S. 19-26). Auf ihrer Grundlage wurden die Menschenrechte etabliert, und sie wird hier analog als Prämisse dieses Arguments herangezogen. Bestreitet man, dass dem Mensch Würde zukommt, ist dieses Argument allerdings hinfällig. Viele Konzeptionen beziehen sich auf die religiöse Herleitung der Würde.

> „[U]nter Menschenwürde kann zunächst einmal eine sich aus der gottgewollten Sonderstellung des Menschen (Gottesebenbildlichkeit im Juden- und Christentum, Stellvertretung Gottes auf Erden im Islam) abgeleitete Würde verstanden werden" (Frick 2013, S. 165).

Zu einer guten Übersicht über die unterschiedlichen historischen, religiösen und aktuellen Sichtweisen hat Schaber eine umfassende Analyse vorgelegt (vgl. Schaber 2012 und Sensen 2011). Wie bereits erwähnt, geht es hier nicht um eine

---

70 Eine Einordnung von Menschenwürde in politisch gestalteten Regimen findet sich bei Howard und Jack (vgl. Howard, Jack 1986, insbesondere die Tabellen auf S. 814 und 815, sowie die Analyse auf den gleichen Seiten).

klassifizierte Würde[71]. Der Begriff wird offen gehalten, um die Argumentation so breit wie möglich aufzustellen. In dieser Sicht bleibt auch Böhr, der es allerdings etwas drastischer ausdrückt. „Es ist das am Ende Unfassbare, das den Menschen zum Menschen macht" (Böhr 2013, S. 188). Dieses Unfassbare nennt er Würde (vgl. Böhr 2013, S. 189). Diese Art der Definition von Würde ist zwar in erster Instanz „unfassbar" (vgl. ebd.), hat aber eine Struktur, über die ihr wenigstens einige Eigenschaften zugeschrieben werden können. Aus der Unfassbarkeit leitet sich, wie bereits beschrieben, ebenfalls ab, dass es sich bei der Würde um eine Prämisse handeln muss, die als gegeben und inhärent angenommen wird. Wird in diesem Sinn über Würde gesprochen, so ist nicht eine zu schreibbare sondern eine inhärente Würde gemeint[72].

„The premise of human dignity is not up for grabs. It is non- negotiable. It is no bargaining chip. It is the place from which one begins. From this beginning point, certain things follow" (Elshtain 2004, S. 18). Das, was Elshtain mit 'was aus der Würde folgt' meint, sind in den meisten Konzeptionen die Menschenrechte. Diese Abfolge der Menschenrechte aus der Würde ist der erste Ansatz, der es ermöglicht, aus der Würde eine Staatslegitimation abzuleiten. Die Argumentation über die Menschenrechte bezieht sich darauf, dass diese am besten im Staat geschützt werden könne. Die Umsetzung der Menschenrechte wird so zum Staatsziel, weswegen dieser notwendig wird.

Der zweite Ansatz leitet sich grundlegend aus der Würde, die als Autonomie beschrieben wird, ab. Sie bezieht sich auf die Selbstbestimmung des Menschen und argumentiert, dass der Staat diese zu gewährleisten hat. Diese Argumentation findet sich auch in Kapitel 2 unter der Debatte um den Staatszweck wieder.

> „Entscheidend ist zu sehen, dass es nicht die empirisch messbare graduelle Selbstbestimmungskompetenz ist, die Menschenwürde und – durch diese vermittelt – Menschenrechte begründet, sondern, die in der unhintergehbaren moralischen Praxis vorausgesetzte transzendentale Idee der Autonomie moralischer Autorschaft für Handlungen" (Baranzke 2013, S. 179).

---

71 "In the traditional conception (1) dignity is not conceived of as a non-relational value property, (2) dignity is not the basis of rights and (3) dignity is primarily about holding oneself to a certain standard" (Sensen 2011, S. 83). Diese konzise Zusammenfassung soll hier genügen. Die aktuelle Sichtweise dreht Punkte (1) und (2) um und ignoriert Punkt (3).

72 Im weiteren Verlauf wird dieser Punkt weiter aufgegriffen unter anderem unter dem Begriff der nicht-relationalen Würde. So grenzt Sensen das traditionelle vom aktuellen Schema ab. "What this [the traditional] paradigm therefore brings out – and this will be crucial for understanding the contrast between the contemporary and the traditional patterns of thought – is that one does not have to understand dignity as a non-relational value property human beings possess" (Sensen 2011, S. 76).

Diese Koppelung von Autonomie und Würde steht in einer stark kantisch ge-
prägten Tradition der Würde-Auslegung (vgl. Schaber 2012, S. 44f). Wie bereits
ausgeführt, wird hier die Würde an ein anderes Charakteristikum oder eine andere Eigenschaft, die der Autonomie, gebunden. Es ist ein viel genutztes und weit-
verbreitetes Argument. Betrachtet man das Argument näher, stellt sich heraus,
dass es einen interessanten Ansatz gibt, der auf der Kopplung von Würde an
Autonomie beruht. Böhr argumentiert mit Schweidler, dass die Menschenwürde
die Grundlage menschlicher Entwicklung bzw. des Strebens nach menschlicher
Verwirklichung ist.

> „Das ist der Grund dafür, warum der Staat jene Würde zu schützen hat, die doch
> eigentlich dieses Schutzes gar nicht bedarf, da er sie doch selbst als eine unantast-
> bare Würde festgestellt hat. Der Grund der Würde bezieht sich auf das Potenzial der
> Person, unverwechselbar das zu werden, was der Mensch sein will und sein soll"
> (Böhr 2013, S. 188).

Die Förderung des Potenzials, das in der Würde begründet ist, wird so zum
Staatszweck. Wie in Kapitel 2 dargelegt wurde, ist dieser Staatszweck die
Grundlage der Legitimation. Akzeptiert man also die Menschenwürde als Eigenschaft des Menschen muss, in dieser Argumentation, jeder Staat das Ziel haben,
das Potenzial des Menschen zu fördern. Auf Grundlage dieser Argumentation
kann man die Autonomie auch als Selbstgesetzgebung in die Heteronomie der
Gesetzgebung einbinden[73]. Somit wird nicht nur die grundlegende Legitimation
gewährleistet, sondern auch die funktionale Legitimation ausgeführt (vgl. Sensen
2011, S. 80 -83). In diesem Fall wird die Selbstgesetzgebung als Teil der Umsetzung des Rechts in der Gesellschaft aufgefasst. Dies kann auch für die in diesem
Kapitel ausgeführte Argumentation als erstes Argument zum Schutz vor Willkür
durch den Staat angesehen werden. Die Idee der Selbstverwirklichung wurde
bereits in Kapitel 3 angesprochen. Der Staat bietet dem Individuum die beste
Möglichkeit, sein eigenes Potenzial auszuschöpfen. Dass der Mensch dieses
Potenzial ausschöpfen können muss, wird begründet durch die Würde des Menschen, als Bedingung des Menschseins vorausgesetzt. Man kann die Übertragung
der Würde auch in der klassisch kantischen Sicht erklären.

Beide Argumente, das Argument der Würde als Grundlage der Menschenrechte
und das Argument aus der Autonomie, würden bereits reichen, um das Ziel der
Argumentation aus der Würde zu erreichen. Die vorgestellten Argumente können
aber, wie bereits ausgeführt, als eine spezielle Sichtweise auf die Ausgestaltung

---

73 Diese Übertragung der Autonomie in die Heteronomie ist auch Teil kontraktualistische Über-
    legungen zur Staatlegitimation. „Die legitimationstheoretische Strategie des Kontraktualismus
    zielt auf die Zurückführung aller politischer Heteronomie auf Autonomie" (Kersting 1994,
    S. 31).

des Konzepts Würde angesehen werden, da sie den Begriff der Würde mit inhalt-
lichen Konzepten füllen müssen. Ziel dieser Argumentation ist es aber, die Prämisse der Würde möglichst allgemein akzeptierbar zu halten. Dazu soll im Folgenden versucht werden, für die Legitimation des Staates zu argumentieren, ohne
den Begriff der Würde füllen zu müssen.

4.3.2   Die Würde als Grundlage der Staatslegitimation

Es wurde bereits herausgearbeitet, dass die Würde ein Charakteristikum menschlicher Existenz ist. Sie ist aber mehr als das. Sie ist ein inhärenter Wert menschlicher Existenz. Es wird im Allgemeinen angenommen, dass die Würde von
anderen Anerkennung abverlangt.

> „In contemporary usage, dignity – when it is thought to be more than a mere con-
> vention – is often referred to as an inherent value of human beings. Human dignity is
> seen as a term with strong moral implications; in particular, it is often said that one
> should respect other people because of their dignity" (Sensen 2011, S. 72).

Die „moralischen Implikationen", die Sensen hier anspricht, sollen nicht weiter
untersucht werden. Es ist aber eine Begründung dafür zu finden, warum andere
Menschen aufgrund ihrer Würde respektiert werden sollen. Was Sensen hier als
„inhärenten Wert menschlicher Existenz" (vgl. ebd.) ansieht, ist der Ausgangspunkt der folgenden Argumentation. Geht man von ihm aus kann eine möglichst
große Offenheit für die Ausgestaltung eines Konzepts der Würde erarbeitet werden. Es muss also eine Argumentation gefunden werden, die nur von der Würde
als 'inhärentem Wert menschlicher Existenz' ausgeht.

Wäre die Würde absprechbar, also kein solch inhärenter Wert, und somit nicht
für jeden Menschen gültig, so wäre sie nicht das hier gesuchte, grundlegende
Charakteristikum menschlicher Existenz, das dem Argument seine Wirkmacht
verleihen könnte. Um ein solches Argument herzuleiten, wird zunächst herausgestellt, was aus dieser inhärenten Würde abzuleiten ist. Aus dieser Ableitung
ergibt sich im nächsten Schritt der Teil der Argumentation, der den Anspruch aus
dieser Würde heraus an den Staat stellt. Daraus kann dann die Staatsgründung
auf Grundlage des Schutzes vor willkürlicher Gewalt begründet werden.

„Alle Menschen sind frei und gleich an Würde und Rechten geboren" (Allg.
Erklärung der Menschenrechte, Generalversammlung 1948, 2). Artikel 1 der Allgemeinen Erklärung der Menschenrechte erkennt den inhärenten Status der
Würde des Menschen an. Akzeptiert man die Prämisse, dass Menschenwürde ein
inhärentes Kriterium menschlicher Existenz ist, so ist der erste Teil dieses Artikels unkritisch. Es stellt sich aber die Frage, ob alle Menschen mit den gleichen

Rechten geboren werden. Analysiert man die Gesetzeslage in der Welt, scheinen die Rechte der Menschen in unterschiedlichen Staaten sehr unterschiedlich zu sein. Es müssen also Rechte sein, die sich aus der Menschenwürde ableiten lassen, um diesen universalen Anspruch zu erfüllen. So lassen sich aus diesem ersten Satz der Allgemeinen Erklärung der Menschenrechte eben diese Menschenrechte ableiten. Ist aber in der Würde auch das ‚Recht auf Würde' angelegt?

Um das hier gesuchte Argument zu finden, ist es zunächst notwendig, eine Unterscheidung zwischen Würde und dem Recht auf Würde zu treffen.

> „Uncertainty of reasoning on dignity is also caused by the fact that human dignity is often confused with the right to dignity. Moreover, the right to dignity itself is treated notionally, disregarding two levels of its possible existence: capacity and subjective right" (Vaišvila 2009, S. 116).

In diesem Kontext ist das 'Recht auf Würde' näher zu betrachten. Vaišvila unterscheidet das ‚Recht auf Würde' in zwei Ebenen. Die „capacity" (ebd.), die aus ihm hervorgeht, wurde bereits in der vorhergehenden Argumentation und in Kapitel 3 erörtert. Das „subjective right"(ebd.) bringt allerdings den Rechtsträger in die Argumentation ein.

Würde wird erst dann relevant, wenn es einen Träger dieser Würde gibt. Der Würdeträger stellt einen Anspruch an alle anderen Würdeträger. Er fordert, die Bedingungen und die damit verbundenen Konsequenzen seines Würdeträgerseins anzuerkennen. Dies bedeutet zunächst, einen Anspruch darauf zu haben, dass die Würde nicht verletzt wird. Nun stellt sich die Frage, wie etwas Inhärentes, Unabsprechbares und Unteilbares verletzt werden kann (vgl. Sensen 2011, S. 72). Aus den genannten Kriterien folgt, dass Würde nicht verringert werden kann. Man kann nicht etwa nur einen Teil Würde tragen. Entweder man ist Würdeträger oder nicht. Die Würde kann also weder verletzt noch geteilt werden. Sie ist eine inhärente Eigenschaft und aus diesem Grund nicht absprechbar. Was man aber verletzen kann, sind Rechte, was also verletzt wird, ist nicht die Würde selber, sondern das Recht auf Würde. Der nächste Schritt der Argumentation liegt in der Unterscheidung zwischen Würde und dem ‚Recht auf Würde'. Dazu muss aber klassifiziert werden, in welchem Verhältnis beide zueinander stehen.

> „In justifying why one should respect others, the good (the inherent value of the individual) is seen as prior to the right (the principle that demands respect for others), and the rights of those affected are seen as being prior to the duty of the agent" (Sensen 2011, S. 72).

Sensen erläutert hier eine Kette der aufeinander aufbauenden Schritte in der Würdeverletzung. Zunächst gibt es einen Anspruch auf Respekt vor der Würde des anderen. Aus diesem ergibt sich die Pflicht diese Würde als Recht auf die Respektierung dieser Würde. Aus Rechten lassen sich Pflichten ableiten und aus diesem Recht auf Würde leitet sich die Pflicht ab, diese nicht zu verletzen. Man sieht also, dass der Verletzende nicht auf der Ebene der Würde agiert, sondern aus dem von ihr abgeleiteten ‚Recht auf Würde'[74]. Das ‚Recht auf Würde' besagt, dass, qua Definition der Würde als Grundlage menschlicher Existenz, diese nicht verletzt werden darf. Durch dieses ‚In-Abrede-Stellen' würde der Andere die Würde eines jeden Menschen in Abrede stellen und somit auch seine eigene. Dies muss aber gerade nach der vorhergehenden „immoral man"-Debatte von Nozick, kein Grund sein, das Recht auch zu respektieren. Es muss also ein anderer Weg gefunden werden, der dieses Recht garantiert. Der Mensch stellt den Anspruch auf das Recht aber nicht nur gegenüber dem Würde-Verletzenden (dieser hat nur die Pflicht das Recht nicht zu verletzen). Dieser Anspruch besteht gegenüber jedem anderen Würdeträger genauso, wie jeder andere Mensch diesen Anspruch auch an den Würdeträger stellt. Wie in der Diskussion um Habermas und Weber erarbeitet, bedarf es eines Gewaltmonopols um Rechte durchsetzen zu können. Dieses Gewaltmonopol findet sich im Staat. Da aber, wie in der Argumentation um willkürliche Gewalt gezeigt, der Staat Gewalt anwenden darf, handelt es sich auch im Schutz des Rechts auf Menschenwürde um den Schutz vor willkürlicher Gewalt.

Wie zu Beginn dieser Argumentation ausgeführt, musste ein weiteres Argument gefunden werden, das auf Grundlagen einer inhärenten Eigenschaft des Menschen zeigt, dass der Schutz vor willkürlicher Gewalt Zweck des Staates ist. Das ist mit dieser Argumentation aus der Menschenwürde gelungen. Es ist jetzt noch notwendig, die bisher vorgetragenen Argumente auf die NVP zu beziehen, um so deren Verbindung zum Argument der grundlegenden Legitimation herzustellen.

4.4   Der Zusammenhang zwischen Staaten und Non-Voice-Parties

Die beiden in diesem Kapitel dargestellten Argumente zeigen, dass der Staatszweck im Schutz vor willkürlicher Gewalt begründet ist. Dies ist die Form des Staatszwecks von dem alle weitergehenden aus argumentiert werden müssen:

---

74 Dieses Recht kann aber kein Menschenrecht im klassischen Sinn der Allgemeine Erklärung der Menschenrechte sein, da dieses ‚Recht auf Würde' als die Grundlage der Menschenrechte erachtet werden muss. Es ist insofern zugleich das erste Menschenrecht, als aus ihm alle anderen Menschenrechte abgeleitet werden können, sofern Würde als ‚inhärente Bedingung menschlicher Existenz' angesehen wird.

zum einen weil dies die allgemeinste Formulierung des Staatszwecks ist; zum anderen, weil Argumente aus dem Eigeninteresse und aus der Würde die Frage-stellung der grundlegenden Legitimation ‚Warum überhaupt einen Staat grün-den?‘ mit der Notwendigkeit des Schutzes vor willkürlicher Gewalt beantworten. Der Punkt, der aber nun zu klären ist, ist der Bezug dieser Argumentation zur Forschungsfrage. Diese fragt nicht nach dem Zweck des Staats, sondern ob Non-Voice-Parties notwendigerweise in einer Demokratie repräsentiert sein müssen, damit diese legitimiert ist.

Es ist also nun aufzuzeigen, wie sich der Bezug der bisherigen Argumentation zu den NVP ergibt. Einen ersten Anhaltspunkt dazu liefert die amerikanische „Declaration of Independence".

„We hold these truths to be self-evident, that all men are created equal, that they are endowed by their Creator with certain unalienable Rights, that among these are Life, Liberty and the pursuit of Happiness. – That to secure these rights, Governments are instituted among Men, deriving their just powers from the consent of the governed, – That whenever any Form of Government becomes destructive of these ends, it is the Right of the People to alter or to abolish it, and to institute new Government, laying its foundation on such principles and organizing its powers in such form, as to them shall seem most likely to effect their Safety and Happiness" (Declaration of Inde-pendence).

In diesem kurzen Absatz der amerikanischen Unabhängigkeitserklärung sind bereits eine ganze Reihe, der in dieser Arbeit angesprochenen Aspekte angelegt. Die ‚unabsprechbaren Rechte‘, die durch einen ‚Schöpfer‘ verliehen werden, sind eine Form der zuvor angesprochenen Ableitung aus der Menschenwürde. Für den Zweck des Staates, wie er hier besprochen wird, scheint aber der zweite Satz relevanter zu sein. Regierungen haben laut des Zitats die Pflicht, diese Rechte sicherzustellen (vgl. ebd.). Sie erhalten daraufhin ihre Macht durch die Zustimmung der Regierten. Interessanterweise wird hier nicht von den Bürgern, sondern von den Regierten gesprochen. Laut diesem Zitat ist die Legitimation nur durch die Zustimmung der Regierten zu erreichen. Die Präsenz dieser Legi-timationsmacht wird hier sogar noch verstärkt. Die Regierten legitimieren durch ihre Zustimmung. Man könnte also annehmen, dass dies ein einmaliger Akt ist und sie nach diesem der Macht des Staates nicht mehr ausweichen können.[75] Die Unabhängigkeitserklärung geht aber noch einen Schritt weiter. Wenn eine Regie-rung ihren Zweck nicht länger erfüllt, dann haben die Regierten das Recht dazu,

---

[75] Diese Konzeption wird von einigen Autoren aufgestellt. So hat Rousseau ein sehr konkretes Bild davon, wie der Mensch an den Gesellschaftsvertrag gebunden ist. Einmal in den Gesellschafts-vertrag eingetreten, kann der Mensch nicht mehr ‚austreten‘. „[…]; dadurch, dass er dessen [des Staates] Gesetze verletzt, hört auf, sein Glied zu sein, ja, er liegt sogar mit ihm im Krieg" (Rousseau 2011, 39).

diese Regierung abzusetzen und eine neue zu bestimmen. Die Notwendigkeit des
Staatszweckes kann man hier nicht deutlicher machen. Nach der hier aufgezeigten Definition ist der Staatszweck die Sicherung der „Rights of the People"
(ebd.), welche Form diese auch immer haben, und, wie im letzten Satz angesprochen, die Sicherung von Sicherheit und Glück der Menschen. Das bedeutet aber
im Umkehrschluss, dass ein Staat nur dann seinen Zweck erfüllt, wenn er durch
die Zustimmung der Regierten legitimiert ist. Im Begriff der Regierten liegt aber
schon die Übertragung der Argumentation auf NVP. Regierte sind Menschen, die
durch den Staat ‚geführt' werden. Mit anderen Worten sind Regierte also Menschen, die von Staatshandlungen betroffen werden. In diese Gruppe von Menschen fallen aber auch, nach der bisherigen Analyse, die NVP. Um also den
Zweck des Staates erfüllen zu können, muss dieser legitimiert sein. Ansonsten
handelt er nach der gerade getätigten Analyse ungerecht.[76]

Bisher wurde gezeigt, dass der Zweck des Staates zunächst im Schutz vor willkürlicher Gewalt besteht. Im dritten Kapitel wurde die Frage nach dem kleinsten
gemeinsamen Nenner der grundlegenden Legitimation damit verbunden, dass
eine Antwort auf die Frage, was der Staatszweck ist, gefunden werden muss. In
diesem Kapitel wurde argumentiert, dass eine solche Argumentation in den zwei
dargestellten Argumenten aufgebaut werden kann. Hierbei wurde nicht vom
Staat, sondern vom Individuum her argumentiert. Da die Frage nach dem Zweck
sich auf die Staatsgründung bezieht, kann der Staat zu diesem Zeitpunkt noch
nicht existieren. Erst wenn die Frage beantwortet ist, kann ein Staat aufgebaut
werden. Von diesem Punkt aus kann man dann die funktionale Legitimation der
Staatshandlungen ausführen. Es wurde hier aus dem Interesse und aus einer allen
Menschen zugleich zuschreibbaren Eigenschaft, der Menschenwürde, für die
Notwendigkeit eines Staates argumentiert. Da dieser Schutzanspruch durch die
beiden vorhergehenden Argumente erklärt wurde, ist der Staat dann legitimiert,
wenn er diesen Schutzanspruch erfüllt. Das schließt nicht aus, dass ihm durch
seine Konstitution eine funktionale Legitimation zukommen muss. Diese ist aber
davon abhängig wie der Staat aufgebaut wird, um die grundlegende Legitimation
und damit seine Daseinsberechtigung zu erfüllen. Es ist nun notwendig zu klären, was diese Argumentation zur grundlegenden Staatslegitimation für die Forschungsfrage bedeutet. Dazu muss geklärt werden, ob und inwiefern Non-Voice-
Parties Teil der Argumentation sind und wie sie eingebunden werden müssen

In der Definition in Kapitel 2 wurden Non-Voice-Parties als von Staatshandlungen betroffene Gruppen ohne eigene politische Stimme definiert. Diese Defini-

---

76 Allen Buchanan stellt den Zusammenhang von Legitimität und Demokratie in einem Artikel
   heraus (vgl. Buchanan 2002). Der Bezug zwischen Individuum, Wahl und deliberativer Demokratie wird von Jack Knight und James Johnson aufgegriffen (vgl. Johnson, Knight 1994).

tion ist zwar weit, trotzdem kann man aus ihr den Unterschied zwischen Bürgern und Mitgliedern der Non-Voice-Parties festlegen. Bürger sind qua Definition wahlberechtigt und somit als politische Stimme wahrnehmbar. Die Argumentation beschränkt sich hier auf die Erlaubnis, zu wählen bzw. nicht zu wählen. Damit sind die jeweiligen Betroffen im derzeitigen System entweder repräsentiert oder eben nicht. Derzeit sind nur die Bürger repräsentiert. Lässt sich aber anhand der beiden Argumente zeigen, dass auch NVP repräsentiert sein müssen, ist dies notwendiger Teil der Legitimation des Staats. Die Repräsentation wäre somit auch innerhalb der funktionale Legitimation der Staatshandlung umzusetzen. Eine solche Argumentation kann aber nur von den Bedingungen die den oben aufgeführten Argumenten zugrunde liegen, geführt werden. Da es zwei Argumente mit unterschiedlicher Vorgehensweise gibt, gibt es auch zwei Möglichkeiten den Bezug der NVP zu den Argumenten zu finden. So kann dieser auf der einen Seite in den Prämissen der Argumente angelegt werden, wenn diese bei beiden gleich sind. Eine zweite Möglichkeit wäre es, die Argumentation aus dem Schutz vor willkürlicher Gewalt weiterzuführen. Dies ist das gemeinsame Resultat beider Argumente und somit in der Lage das hier geforderte, also die Einheit der Argumente, zu gewährleisten.

Der erste Schritt, diesen Bezug herzustellen, ergibt sich aus der Grundstruktur der hier vorgestellten Argumentation. Da sie vom Menschen vor dem Vorhandensein des Staates ausgeht und rein seine Interessen oder Eigenschaften als Startpunkt der Argumentation betrachtet, gelten diese Argumente für jeden Staat. Diese Grundlage ist bei beiden Argumenten die gleiche. In diesem Sinne müssen sich aber auch die Folgerungen, die sich aus den Argumenten ableiten lassen, auf jeden Menschen beziehen. Eine solche Ableitung lässt sich mit dem bereits Gesagten durchführen. Es lässt sich bei beiden Argumenten zunächst festhalten, dass sie keine Eingrenzung von Menschen vornehmen. Dies ist beim Argument aus der Würde offensichtlich, da diese jedem Menschen zukommt. Im Fall des Arguments aus dem Eigeninteresse ist sie aus der Trias des kontraktualistischen Arguments „Vertragsinhaltsargument", Vertragssituationsargument" und „Vertragsbegründungsargument", das Kersting herausarbeitet, abzuleiten (vgl. Kersting 1994, S. 54-56). Im Vertragsinhaltsargument zeigt Kersting auf, dass diese Argumentation durch ihre Struktur immer von den „transzendentalen Voraussetzung individueller Lebensführungsmuster" (Kersting 1994, S. 54) ausgehen muss (vgl. Kersting 1994, S. 54f.). Diese Voraussetzungen müssen aber bei allen Menschen gleich sein, um die Interessensgleichheit, die für den Vertrag notwendig ist, zu gewährleisten (vgl. Kersting 1994, S. 47). Durch diesen Umstand kann in der Argumentation auch nur von ‚gleichen' Menschen ausgegangen werden. Das bedeutet, sowohl das Argument aus der Menschenwürde als auch das aus dem Eigeninteresse gehen vom Menschen als Person aus, dem noch keine staatlichen

Identitätskriterien wie ‚Bürger sein‘, ‚einem Territorium angehören‘ oder andere staatszugehörigkeitsbestimmende Eigenschaften zukommen. Dies ergibt aber einen Gegensatz zum sonstigen Verständnis von Staaten, die von einer, wie in Kapitel 3 aufgezeigt, fest definierten Gruppe von Bürgern ausgehen. Hier muss auf den Unterschied zwischen Bürgern und Regierten verwiesen werden. Bürger, als durch den Staat definierte Personen, sind eine weitaus kleinere Gruppe von Menschen als Regierte. Regierte können hier als diejenigen definiert werden, die von Staatshandlungen direkt Betroffen sind[77]. Damit ist auf die eine Art aufgezeigt was zu beweisen war. Im Rahmen der grundlegenden Legitimation muss von Betroffenen, nicht von Bürgern ausgegangen werden.

Die beiden oben ausgeführten Argumente gehen von Menschen aus. Diese Menschen beanspruchen generell Schutz vor willkürlicher Gewalt. Geht man jetzt davon aus, dass dieser Schutzanspruch auf Staatshandlungen anzuwenden ist, so setzen alle Menschen, die von einer Staatshandlung betroffen sind, diesen Anspruch gegenüber dem Staat durch. Dies kann man in einer halb formalisierten Argumentation gut nachvollziehen:

P1: Jeder Mensch hat einen Anspruch auf Schutz vor willkürlicher Gewalt.

Diese Prämisse ergibt sich aus den beiden vorhergehenden Argumenten, dem aus dem Eigeninteresse und dem aus der Menschenwürde.

P2: Der Staat schützt am besten vor willkürlicher Gewalt.

Rein funktional gesehen ist dies zunächst eine Annahme. Allerdings ist diese Annahme wohlbegründet, da der (demokratische) Staat alleine in seiner Ausrichtung diese Prämisse als Grundlage ansehen muss (auch das wurde in den vorhergehenden Argumenten belegt).

P3: Der Staat selber wendet Gewalt an. Diese ist dann nicht willkürlich, wenn es ein System gibt, innerhalb dessen sie angewendet wird.

Der Begriff der Willkür, genauer gesagt der der willkürlichen Gewalt, wurde bereits in Kapitel 2 ausgeführt. Zentral für diese Diskussion ist, dass Willkür dann entsteht, wenn es kein klar definiertes System gibt, innerhalb dessen die Hand-

---

77 Man könnte hier die Frage stellen, ob der Teil der Regierten, der nicht als Bürger anzusehen ist, mit NVP gleichzusetzten ist. An dieser Stelle soll diese Übertragung allerdings noch nicht stattfinden, da hier noch von direkt durch Staatshandlungen Betroffenen gesprochen wird. Es ist im weiteren Verlauf der Arbeit noch zu klären, ob NVP nur aus direkt oder auch aus indirekt Betroffenen ohne Bürgerstatus bestehen.

lung nachvollziehbar ausgeführt wird. So bildet zum Beispiel das Rechtssystem ein solches System, in dem Handlungen nachvollziehbar geregelt sind. Der Staat darf also in dieser Definition von ‚willkürlich' keine Gewalt anwenden, die gegen die Rechte (oder Interessen wie in Kapitel 3 ausgeführt) derer, auf die diese Handlung Anwendung findet, verstoßen. In einem Rechtsstaat ist das erste Kriterium leicht zu verstehen. Ein Staat muss sich auch immer selber an seine eigenen Gesetze, die dem Recht zugrunde liegen, halten (dies findet in der Ausführung zur Rechtssicherheit sowohl bei Weber als auch bei Habermas).

Die Interessen der Handlungssubjekte stellen aber ein Problem dar. Staaten handeln oft entgegen der Interessen einzelner Individuen. So kann es in niemandes Interesse sein, eingesperrt zu werden. Da die Rechtsdurchsetzung aber, neben Rechtsprechung und Rechtssetzung, genuine Aufgabe des Staates ist, wie die Analyse von Jürgen Habermas' Staatskonzeption (Kapitel 3) gezeigt hat, würde sich ein Paradox ergeben, dürfte der Staat sein Gewaltmonopol nicht durchsetzen, weil er gegen Interessen verstieße. Um diese Situation zu lösen, hilft der zweite Teil der Definition von ‚willkürlich'. Handelt der Staat nicht nach einem System, so kann man von willkürlicher Gewalt sprechen. Rechtsstaaten handeln aber qua Rechtssicherheit nach ihrem eigenen Rechtssystem. Dies bedeutet, dass der Staat dann nicht willkürlich handelt, wenn er sich seinem Rechtssystem gemäß verhält. Das bedeutet, jeder Betroffene muss zum einen die Möglichkeit haben, zu wissen wie der Saat auf die Handlungen des Individuums reagieren wird. Zum anderen muss auch jeder die Möglichkeit haben auf diese Entscheidungen Einfluss zu nehmen. Das Rechtssystem eines Staats baut in einer demokratischen Ordnung auf der Teilnahme der Bürger am Entscheidungsprozess auf. Da alle Macht vom Volke ausgeht, ist es auch das Volk, das die Gesetze letztlich legitimiert. Es ist grundlegendes Staatsprinzip der Demokratie, dass diejenigen, die regiert werden, direkt oder indirekt am Entscheidungsprozess teilhaben (vgl. Saunders 2012, S. 286-288).

Dies ist es, was Habermas mit dem Bürger als Urheber der Gesetze beschreibt (vgl. Habermas 1998, S. 51f). Diese funktionale Ausgestaltung der beiden vorhergehenden Argumente aus dem Selbstinteresse und der Würde kann aber nur begrenzt bestimmen, wer seine Rechtssubjekte sind. In demokratischen Systemen, in denen der Bürger als Souverän Autor der Gesetze ist (vgl. ebd.), findet hier eine Unterscheidung innerhalb derer statt, die von Staatshandlungen betroffen sind. Hier wird qua Definition zwischen Bürgern und Nicht-Bürgern unterschieden. Dies ist gemeint, wenn Voßkuhle und Kaiser vom geschlossenen Volksbegriff sprechen (vgl. Voßkuhle, Kaiser 2009, S. 803).

Dieser geschlossene Volksbegriff wird aber dann problematisch, wenn man ihn mit dem Anspruch aus den beiden in diesem Kapitel ausgeführten Argumenten

verbindet. Beide Argumente gehen von Menschen ohne staatszugehörigkeitsbestimmende Eigenschaften aus. Dieser Startpunkt der Argumentation zeigt, dass
zur grundlegenden Legitimation des Staates alle Menschen einbezogen werden
müssen. Hieraus ergibt sich aber, dass alle Menschen diesen Schutzanspruch vor
willkürlicher Gewalt stellen (wie in P1 festgehalten).

Gewalt wird dann willkürlich, wenn sie nicht innerhalb eines Systems mit klar
erkennbaren Regeln ausgeführt wird. Das System demokratischer Staaten bezieht
aber seine Legitimation vom Volk. Grundprinzip ist hier, dass das Volk seine
Macht an den Staat aufgrund seiner Partizipation am demokratischen Prozess
überträgt. Entsprechend müssen aber alle Betroffenen in die Partizipation am
demokratischen Prozess eingebunden werden. Diese Argumentation findet sich
auch bei Habermas, wenn er davon spricht, dass „nur das Recht als legitim [gilt],
dass in einer diskursiven Meinungs- und Willensbildung von allen Rechtsgenossen rational akzeptiert werden könnte" (Habermas 1998, S. 169). Durch die hier
ausgeführten zwei Argumente ist klargeworden, dass alle Betroffenen als
Rechtsgenossen aufgefasst werden müssen (siehe dazu die Analyse der habermasschen Theorie der Staatslegitimation in Kapitel 3). So müssen also alle Menschen notwendigerweise einbezogen werden, die von Staatshandlungen betroffen
sind. Zieht man von dieser Gruppe die Staatsbürger ab, bei denen dies bereits der
Fall ist, ergibt sich die Gruppe der NVP, die einbezogen werden muss, um die
Staatslegitimation aufrechtzuerhalten. Es ergibt sich daraus P4:

P4: Wenn ein Mensch von einer Staatshandlung betroffen wird, muss er auf
diese Einfluss nehmen können. Ist dies nicht der Fall, kann man diese
Handlung willkürliche Gewalt nennen.

Mit P4 kann nun die vorher ausgeführte Halbformalisierung zu Ende gebracht
werden:

P1: Jeder Mensch hat einen Anspruch auf Schutz vor willkürlicher Gewalt.

P2: Die grundlegende Aufgabe des Staates, durch die er seine Legitimation
erfährt, ist der Schutz vor willkürlicher Gewalt. (Dementsprechend könnte
man den Absatz oben überarbeiten...)

P3: Der Staat selber wendet Gewalt an. Diese ist dann nicht willkürlich, wenn
es ein System gibt, innerhalb dessen sie angewendet wird.

P4: Wenn ein Mensch von einer Staatshandlung betroffen wird, muss er auf
diese Einfluss nehmen können. Ist dies nicht der Fall, kann man diese
Handlung willkürliche Gewalt nennen.

Hieraus lässt sich folgende Konklusion ziehen:

K1: Jeder Mensch, der von einer Staatshandlung betroffen ist, muss auf diese Einfluss nehmen können.

Was es bedeutet ‚Einfluss nehmen zu können', wird im nächsten Kapitel zu zeigen sein. In einer repräsentativen Demokratie ist der Weg des Einflusses die Repräsentation. Aus diesem Grund wird im folgenden Kapitel der Begriff der Repräsentation, wie er in dieser Argumentation verwendet wird, geklärt. Zudem folgt aus der bisherigen Analyse, dass man über den „geschlossenen Volksbegriff" (vgl. Kapitel 3) neu nachgedacht werden muss. Auch das wird im folgenden Kapitel geschehen.

5 Die Repräsentation von NVP

Bis zu dieser Stelle wurde aufgezeigt, dass zumindest die Interessen und die Würde von Non-Voice-Parties, die von Staatshandlungen betroffen sind, in irgendeiner Weise in den Prozess, der zu dieser Handlung führt, abgebildet sein müssen. Die Forschungsfrage dieser Arbeit bezieht sich, neben der Legitimation demokratischer Systeme, auch auf die Repräsentation von NVP. Im Folgenden soll nun geklärt werden, was Repräsentation bedeutet bzw. wie diese hier aufgefasst wird. Daraus muss abgeleitet werden kann und welche Rolle sie für die NVP spielt. In Kapitel 5 wurde gezeigt, dass NVP am politischen Prozess partizipieren müssen. Am Schluss dieses Kapitel wird gezeigt, welche Art von Partizipation für NVP durch welche Art von Repräsentation möglich ist. Dazu wird der Volksbegriff noch einmal aufgegriffen werden. Ist dies geklärt, wird in einem letzten Kapitel auf mögliche Ausformungen dieser Repräsentation an beispielhaften NVP eingegangen.

> „He [the present King of Great Britain] has refused to pass other Laws for the accommodation of large districts of people, unless those people would relinquish the right of Representation in the Legislature, a right inestimable to them and formidable to tyrants only" (Declaration of Independence).

In diesem Teil der Declaration of Independence wird das Recht auf Repräsentation als eines der grundlegenden Rechte des Volkes erklärt. Diese Arbeit bezieht sich auf repräsentative Demokratien als Ausgangsform der Analyse. Gerade in dieser Form der Demokratie ist qua Definition das Recht auf Repräsentation des Volkes angelegt. Um ein Verständnis davon zu bekommen, ob und wenn ja, wie NVP repräsentiert werden können und müssen, ist es notwendig, Repräsentation selbst zu erörtern. Wie in der Analyse der aktuellen juristischen Sicht auf die Legitimation deutscher Staatshandlungen gezeigt, legitimiert sich der deutsche Staat durch sein Volk (Art 20 GG Abs. 1). Das Volk legitimiert die Staatshandelnden durch die Übertragung seines ‚Willens' in Form von Wahlen (vgl. rechtswissenschaftliche Sicht in Kapitel 2). Dieser Akt ist auf den ersten Blick rational nur erklärbar, wenn das Individuum davon ausgehen kann, dass seine Interessen bestmöglich vertreten werden. Der Begriff ‚Volk' ist noch zu klären, hier wird aber zunächst die Auffassung von Voßkuhle und Kaiser übernommen.

„Darunter [als Staatsvolk] ist nach h. M. die Personengesamtheit der deutschen Staatsangehörigen und der ihnen [...] gleichgestellten Personen, also das deutsche Volk zu verstehen. Die mit dieser Auslegung verbundene Ablehnung des sog. offenen Volksbegriffs hat zur Konsequenz, dass für die Legitimationsfrage nicht auf die Gesamtheit der Betroffenen abgestellt werden kann" (Voßkuhle, Kaiser 2009, S. 803-804).

„Die Personengesamtheit der deutschen Staatsangehörigen" wird als das Volk und damit das Legitimationssubjekt beschrieben. Voßkuhle und Kaiser begründen dieses Vorgehen durch zwei Punkte. Zum einen würde es gegen den Gleichheitsgrundsatz verstoßen und zum anderen sind Ausländer kein Teil des Volkes (vgl. Voßkuhle, Kaiser 2009, S. 803-804).

Im weiteren Verlauf dieses Kapitels wird geklärt werden, ob der sogenannte ‚offene Volksbegriff' zu Unrecht abgelehnt wird. Denn die vorgebrachten Argumente sind rein funktional abhängig von der Art und Weise, wie die Betroffenen in Staatshandlungen einzubinden sind. Könnte also eine Unterscheidung in Bürger und Betroffene durch ein Verfahren innerhalb des Rechtssystems vorgenommen werden, würden diese beiden Gegenargumente hinfällig. Dazu ist aber eine genauere Analyse des Begriffs Repräsentation notwendig. An dieser Stelle ist noch einmal darauf hinzuweisen, dass die Analyse von Voßkuhle und Kaiser nur auf die Legitimation von Staatshandlungen abzielt. Es geht ihnen, wie in Kapitel 3 herausgestellt, nur um die funktionale Legitimation. Wie in der Analyse der grundlegenden Legitimation festgestellt, verändern sich aber durch den Staatszweck auch die Bedingungen der funktionalen Legitimation. Erst mit dieser Fragestellung kann gezeigt werden, wie ein demokratischer Staat legitimiert ist. Um sich aber dem Repräsentationsbegriff zu nähern, wird hier zunächst die Definition des ‚geschlossenen Volksbegriffs' gewählt, welcher mit der herausgearbeiteten Argumentation dann nochmals überprüft wird.

#Eine Begriffsanalyse kann auf mehreren Wegen geschehen. Hier wird zunächst eine Zusammenfassung des Begriffs selbst erstellt, anhand dieser werden die Problemfelder aufgezeigt. Auf diese wird dann anhand der historischen Aufarbeitung durch Hanna Pitkin eingegangen. Im Anschluss daran werden die Resultate anhand der aktuellen Debatte zum Begriff der Repräsentation auf den Fall der Non-Voice-Parties angewandt.

Zunächst ist festzuhalten, dass Repräsentation einen neuen Faktor zwischen Staat und Bürger, der für Legitimation zentral ist, einführt.

„Representative government complicates this central normative problem because It introduces third parties (political representatives) who mediate between the law and the preferences of citizens" (Rehfeld 2009, S. 214).

Im dritten Kapitel wurde bereits nach dem Prozess der Legitimation gefragt. Die Mediation zwischen dem Recht und den Bürgern spielt auch in der Analyse der rechtswissenschaftlichen Sicht auf die Legitimation eine entscheidende Rolle. Hier wurde festgestellt, dass der Akt der Übertragung der Macht des Volkes auf das Parlament den ersten Schritt in der Legitimationskette bildet (vgl. Kapitel 2). Unter diesen Gesichtspunkten kann die Repräsentation nun weiter ausgeführt werden. Auf die in Kapitel 3 beschrieben Art und Weise wird also die Legitimation der in einem demokratischen Staat Handelnden durch Repräsentation gewährleistet. Es ist festzuhalten, dass die prozesshafte Legitimation des Staates durch einen Übertragungsakt zu einer Repräsentation der Präferenzen der Individuen führt. Diesen Akt wird im Normalfall Wahl genannt. Zu Beginn der Arbeit haben wurde sich bereits in Kürze dem Repräsentationsbegriff genähert. Fraenkel definiert diese wie folgt:

> „Repräsentation ist die rechtlich autorisierte Ausübung von Herrschaftsfunktionen durch verfassungsmäßig bestellte, im Namen des Volkes, jedoch ohne dessen bindenden Auftrag, handelnde Organe eines Staates oder sonstigen Trägers öffentlicher Gewalt, die ihre Autorität mittelbar oder unmittelbar vom Volk ableiten und mit dem Anspruch legitimieren, dem Gesamtinteresse des Volkes zu dienen und dergestalt dessen wahren Willen zu vollziehen" (Fraenkel 1991, S. 157)

Wurde sich am Anfang damit beschäftigt, welche Begriffe in dieser Definition auftauchen, ist es nun relevant, sich mit der Definition selber zu beschäftigen. Das Fehlen des „bindenden Auftrags" (ebd.) deutet bereits darauf hin, dass es unterschiedliche Arten von Repräsentation gibt. Zunächst kann man zwischen Repräsentation mit ‚bindendem Auftrag' und Repräsentation ‚ohne bindenden Auftrag' unterscheiden. Variante eins ist etwa bei Anwälten der Fall, die im Namen des zu Vertretenden sprechen. (vgl. Pitkin 1972, S. 118). Variante zwei erklärt sich am besten am gewählten Abgeordneten. Dieser ist nur seinem Gewissen verpflichtet. Max Weber bezeichnet Variante eins als „gebundene Repräsentation", und Repräsentanten als Beamte der von ihnen Repräsentierten" (Weber 2008, S. 218). Diese Form der Repräsentation entspricht nicht den Parlamentariern, die, wie bereits festgestellt, die Grundlage des derzeitigen Legitimitätsanspruches des deutschen Staates bilden. Im Gegensatz zu Variante eins definiert Weber Variante zwei als „freie Repräsentation":

> „Der Repräsentant, in aller Regel gewählt [...] ist an keine Instruktion gebunden, sondern Eigenherr über sein Verhalten. Er ist pflichtmäßig nur an *sachliche* eigene Überzeugungen, nicht an die Wahrnehmung von Interessen seiner Delegaten gewiesen" (Weber 2008, S. 218).

Es ergibt sich also nach dieser Definition eine Divergenz innerhalb des bisher Erörterten zwischen freien Repräsentant wie den Parlamentarier und gebundenen

Repräsentanten wie z. B. Anwälten. Zwar kann das Individuum hoffen, dass sein gewählter Repräsentant die Interessen des Wählenden vertritt, es hat aber keinerlei Sicherheit, dass dies auch geschieht.[78] Erst im Nachhinein gibt es für das Individuum die Möglichkeit, durch erneute Wahlen eine Sanktion des Verhaltens vorzunehmen. Diese wirkt aber als ‚Sanktion' schwach, da sich hier nicht auf direkte Handlungen bezogen werden kann. Zudem kann der Bürger seine Zustimmung oder Ablehnung zum Gewählten oft nur durch Wahl oder Nichtwahl der entsprechenden Partei ausdrücken, da der direkte Kandidat immer nur für ein lokales Gebiet (in Deutschland: einen Wahlkreis) gewählt wird.

Problematisch ist ebenfalls, dass der Repräsentant rein praktisch nur schwierig erkennen kann, ob und wie seine Handlungen beim Individuum ankommen und ob er wirklich dessen Interessen widerspiegelt. Dies ist der erste Problemkomplex der Repräsentation, der aus zwei Fragestellungen besteht. Zum einen ist zu klären, wie der Repräsentant Wissen über den Willen der Repräsentierten erlangen kann. Zum anderen ist unklar, wie die Repräsentierten den Repräsentanten zur Haftung für sein Verhalten ziehen können. Festzuhalten ist, dass in dieser ‚freien' Form der Repräsentation nicht die Vertretung von Einzelinteressen eine Rolle spielen kann, da Wähler zwar als Einzelperson wählen, aber eine größere Gruppe den Gewählten bestimmen muss, um ihm sein Amt zu verleihen. Repräsentation beinhaltet aber eine Doppelstruktur in ihrer Funktion.

> „Unter Repräsentation wird *primär* der (in Kap. I, § 11) erörterte Tatbestand verstanden: daß das Handeln bestimmter Verbandszugehöriger (Vertreter) den übrigen zugerechnet wird oder von ihnen gegen sich als »legitim« geschehen und für sie verbindlich gelten gelassen werden soll und tatsächlich wird" (Weber 2008, S. 217).

Der Repräsentant muss also nach Weber drei Kriterien erfüllen. Er muss seinen Wähler zugerechnet werden, er muss als legitim angesehen werden und er muss für sie verbindlich handeln können. Dies ist er zweite Problemkomplex, der nach dem Handeln des Repräsentanten fragt. Gerade darauf wird in der folgenden Analyse näher einzugehen sein. Die Handlungen von Repräsentanten gelten verbindlich auch und gerade für die, die sie repräsentieren (vgl. ebd.). Einzelinteressen müssen also weder repräsentiert werden, noch ist die Legitimation davon abhängig. Die Positionierung und Eingliederung von Parteien zeigt aber, dass Repräsentation doch auf irgendeine Art eine Interessenvertretung sein muss. Durch eine ‚Agenda', zum Beispiel in Form eines Grundsatzprogrammes, legen Parteien dem Wähler im Vorfeld dar, welche Überzeugung oder Werte sie vertre-

---

78 Von der Idee findet sich dies zumindest im Ansatz auch bei Rousseau. Hier übergibt der Mensch seine nat. Freiheit an den Staat um die bürgerliche Freiheit zu erhalten. Nach diesem Akt hat der Staat und die Regierung Verfügungsgewalt über den Menschen, solange beide im Einklang mit dem Gemeinwillen handeln. (Vgl. die Analyse Rousseaus in Kapitel 4)

ten und nach welchen ‚Normvorstellung'[79] sie handeln. Diese Darlegung der Grundüberzeugung und des Wertegefüges zeigt dem Wähler, welche Interessen vertreten werden, wenn er seine Stimme einer Partei gibt (vgl. Pitkin 1972, S. 147f.). Es erfolgt also eine Art von Interessenvertretung auf übergeordneter Ebene. So definiert Weber:

> „In andern Fällen aber ist sie [die gebundene Repräsentation] der sinngemäße Inhalt der Wahl eines Repräsentanten, der dann insoweit: der von den Wählern gekorene *Herr* derselben, nicht: ihr »Diener«, ist. Diesen Charakter haben insbesondere die modernen parlamentarischen Repräsentationen angenommen, welche die allgemeine Versachlichung: Bindung an abstrakte (politische, ethische) *Normen*: das Charakteristikum der legalen Herrschaft, in dieser Form teilen" (Weber 2008, S. 218).

Aber gerade die Bindung an Normen ist für die folgende Analyse von äußerster Relevanz, da sie den Auftrag und Rahmen beschreibt, in dem der Repräsentant zu handeln hat (vgl. ebd.). Diese Normen kommen in Hinblick auf das Parlament aus den Überzeugungen der Parteien, es ist aber zu fragen, inwiefern sie von dem Zweck des Staats abhängen und welchen Bezug sie auf die Repräsentation der NVP haben können. Auf den Begriff der „legalen Herrschaft" bei Weber wurde bereits eingegangen, gerade in Bezug auf die Repräsentation spielt sie aber eine wichtige Rolle. Wie haben festgestellt, dass diese Herrschaft aus dem Akt der Legitimation des Staats hervorgehen muss. Führen Repräsentanten ihre Funktion im Rahmen der Herrschaft aus, so sind auch sie an diesen Rahmen der Legitimation gebunden. Die Frage nach der Verbindung dieses Rahmens mit der Repräsentation soll nun weiter ausgeführt werden. Es wurde bisher nur sehr vage von Repräsentation gesprochen. Es ist notwendig, diese näher im Kontext der wissenschaftlichen Debatte zu erläutern, um die Antworten auf die hier erarbeiten Fragestellungen liefern zu können. Festzustellen ist, dass nun zwei Arten der Repräsentation herausgearbeitet wurden, die freie und die gebundene Repräsentation. Beide dienen der Interessensvertretung. Zunächst wurde die Funktion des Begriffs angesehen. Diese Funktion macht allerdings den Bedeutungskern dessen, was gemeint ist, wenn man allgemein von Repräsentation spricht, nicht deutlich. Aus diesem Grund wird dieser nun näher analysiert werden.

5.1 Der Begriff Repräsentation in der Analyse Pitkins

Hanna F. Pitkin gibt eine umfassende Analyse des Begriffs Repräsentation, vor allem in seiner ideengeschichtlichen Entwicklung bis 1967 wieder. In „The Concept of Representation" stellt sie vier Formen von Repräsentation vor. Sie legt

---

79 Hier im weitesten Sinn des Wortes verstanden.

zudem eine ausführliche etymologische Studie des Konzepts Repräsentation auf den Seiten 241 bis 252 (vgl. Pitkin 1972) vor. Hier sollen vor allem der ideenge-schichtliche Hintergrund und die daraus folgenden Definitionen erörtert werden. Pitkin geht in ihrem Werk auf die unterschiedlichen Bedeutungen ein, die Reprä-sentation auch in einem nicht politischen Kontext haben kann. Sie analysiert, inwieweit der Begriff zum Beispiel in der Kunst oder bei Gericht genutzt wird (vgl. Pitkin 1972, 60-112). „We may ask what a representative does, what consti-tutes the activity of representing. Or we may ask what a representative is, what he must be like to represent" (Pitkin 1972, S. 59). Die hier vorgestellte Arbeit konzentriert sich aber auf die politische Repräsentation und stellt damit die erste der beiden Fragen, die Pitkin hier eröffnet (vgl. ebd.).

Zunächst geht Hanna Pitkin auf Thomas Hobbes ein, dieser hat einige der zentra-len Bausteine, die für die heutige Debatte zur Repräsentation als Grundlegend erachtete werden können, geprägt.

> „Hobbes Definition is essentially formalistic, conceiving of representation in terms of formal arrangements which precede and initiate it: *authorization*, the giving of au-thority to act. [...]: *accountability*, the holding to account of the representative for his action" (Pitkin 1972, S. 11).

Autorisation und Haftung sind zentrale Konzepte für diese spezielle Form der Repräsentation, da sie eine besondere Form der Beziehung zwischen dem Reprä-sentierten und dem Repräsentierenden aufbauen. Die Konzepte, die jeweils hin-ter den Begriffen stehen, konzentrieren sich auf die Relation die zwischen dem Repräsentanten und dem Repräsentierten besteht. Diese Relation ist auch für die Frage der Repräsentation von NVP von entscheidender Bedeutung. Es ist einfa-cher, sich beide Konzepte in Bezug auf Bürger vorzustellen, da sie zum einen in direkten Kontakt mit ihren Repräsentanten treten können. Zum anderen, und das ist wahrscheinlich wichtiger, übertragen sie den Auftrag an den Repräsentanten qua Wahl. Dies ist in Hinblick auf die NVP, wie bereits ausgeführt wurde, nicht möglich. Es wird also im Verlauf der Arbeit eine andere Art gefunden werden müssen, mit der Repräsentanten an die Interessen der Gruppen der NVP gebun-den werden können. Zunächst muss aber das spezielle Verhältnis, das aufgrund von Autorisation und Haftung in der Repräsentation entsteht, näher betrachtete werden. Die Weitergabe des Auftrags zur Repräsentation ist auch die Über-tragung von Befugnissen und Rechten.

> „His [the representative] rights have been enlarged and his responsibilities have been (if anything) decreased. The represented, in contrast, has acquired new responsibili-ties and (if anything) given up some rights" (Pitkin 1972, S. 39).

Die Abgabe und Übernahme von Rechten ist bereits in dieser Arbeit angesprochen worden (vgl. Kapitel 2). Im Bereich der Repräsentation spielt sich hier eine spezielle Form dieser Übertragung insofern ab, als die übertragenen Rechte auf einer Erwartungshaltung aufbauen, die Repräsentation bestmöglich auszuführen (vgl. Pitkin 1972, S. 54). Allerdings stellt diese Art der Übertragung von Rechten einen rein formalistischen Akt dar (vgl. Pitkin 1972, S. 37). Sie stellt also nur sicher, dass ein Repräsentant den Auftrag zur Repräsentation erhält. Dagegen sagt sie aber nichts darüber aus, wie diese Repräsentation aussehen soll oder wie die Erwartungen, die an den Repräsentanten gestellt werden, einbezogen werden. Obwohl also unvollständig, sind Autorisation und Haftung dennoch relevante Konzepte für die weitere Debatte, weswegen auf beide eingegangen werden muss.

5.1.1 Autorisation

„The basic features of the authorization view are these: a representative is someone who has been authorized to act" (Pitkin 1972, S. 38). Das Konzept der Autorisation scheint, wenn es so definiert wird als sehr einfach. Um aber Aussagen über Form, Reichweite und Struktur der Repräsentation treffen zu können muss aber geklärt werden wer wen, auf welcher Weise, wozu autorisiert. Pitkin teilt die Vertreter der Autorisationstheorie in unterschiedliche Lager auf, je nachdem, wie sie diese Fragen beantworten. Interessant ist eine Gruppe von deutschen Vertretern die auf Max Weber aufbauen, von Pitkin ‚Organschaft' genannt (vgl. Pitkin 1972, S. 39). Interessant an dieser Gruppe ist, dass sie vor allem die Institutionalisierung und die Übertragung der Repräsentation durch die Bürger auf diese Institutionen analysiert und dafür argumentiert (Pitkin 1972, S. 39-41). In dieser Sichtweise ist der Akt der Übertragung an die Institution das entscheidende Merkmal, es wird nur danach gefragt, wie dieser Akt vonstattengehen muss, nicht aber, was die Institution, an die die Aufgabe der Repräsentation übertragen wurde, damit zu tun hat. Die Sicht auf die Repräsentation bleibt also für die ‚Organschaft' rein formalistisch.

Pitkin kritisiert diese 'Organschaft' über deren zu breite Definition der Repräsentation. Sie führt aus, dass, im Gegensatz zur Argumentation der ‚Organschaft', nicht alle Staatsdiener notwendigerweise auch Repräsentanten sind (vgl. Pitkin, S. 41). Darüber hinaus kritisiert Pitkin am ‚authorization view', dass mit ihm nicht alle Phänomene, die wir als Repräsentation klassifizieren würden, erklärt werden können (vgl. Pitkin 1972, S. 47-49). Speziell die rein formalistische Sicht stellt ein Problem dar, die weder Autorisation noch Haftung von ihrem Inhalt her erklären können. Es ist zwar richtig, dass es ein Verfahren geben muss, das den

Repräsentanten legitimiert, dies ist allerdings nicht ausreichend, um auch die Handlungen dieses Repräsentanten zu bestimmen. Gerade die bereits besprochene Erwartung der oder des Repräsentierten spielt aber auch für die Autorisation eine zentrale Rolle. Denn, wie im Gesellschaftsvertrag, gibt man seine Rechte nur dann ab, wenn ein entsprechend großer Gegenwert zu erwarten ist. Pitkin kritisiert weiter am ‚authorization view', dass er eine Reihe von Konzepten vermischt.

> „Authorization theorists tend to confuse: (1) having one's actions attributed to another; (2) having the normative consequences of one's action attributed to another; (3) having been given the right to act by another; (4) having authority, particularly authority over another, the right to command him" (Pitkin 1972, S. 51).

In allen diesen vier Sichtweisen lässt sich Repräsentation wiederfinden. Aber (3) ist das ausschlaggebende Konzept um die Autorisation im Bezug zur Repräsentation zu erklären. Die Übertragung des Rechts, für jemanden anderen zu handeln, stellt automatisch die Frage, woher dieses Recht seine Legitimation bezieht. Es wurde bereits erarbeitet, dass das Recht als Teil der funktionalen Legitimation von dem Zweck des Staats und damit von der grundlegenden Legitimation abhängt. Gerade im Bereich der politischen Systeme nehmen Wahlen hier eine zentrale Rolle ein. „The authorization theorist defines representative democracies by equating elections with a grant of authority: a man represents because he has been elected at the outset of his term of office" (Pitkin 1972, S. 56). Aus dieser Sichtweise sind Wahlen der Prozess, der es dem Repräsentierten ermöglicht, den Repräsentanten zu autorisieren. Wie bereits beschrieben, sind Wahlen aber nur für Bürger möglich. Für NVP muss also ein anderer Weg der Autorisation gefunden werden.

5.1.2   Haftung

Im Gegensatz zum ‚authorization view' wird der ‚accountability view' nie ausführlich von einem Autor vertreten oder ausgeführt. Pitkin führt aber aus, dass er in vielen Ideen zur Repräsentation mitschwingt (vgl. Pitkin 1972, S.55). Gerade im Prinzip der Reziprozität ist die Haftung wichtig. Dieses Prinzip besagt, dass Repräsentierter und Repräsentant insofern in gegenseitigem Verhältnis stehen müssen, als der Repräsentierte den Repräsentanten zur Verantwortung ziehen kann. Gleichzeitig muss der Repräsentant über die Interessen und Wünsche des Repräsentierten informiert sein und hat diese bestmöglich zu vertreten (zum Komplex der Interessen vgl. Pitkin 1972, S. 156). Pitkin definiert den ‚accountability view' über die Möglichkeit zur Haftbarmachung. „For the accountability theorist, a representative is someone to be held to account, who will have to answer to another for what he does" (Pitkin 1972, S. 55). Gerade diese Rückkopplung setzt voraus, dass es einen Prozess geben muss, der dem Repräsentierten die Möglichkeit gibt, den Repräsentanten für seine Handlungen haftbar zu machen. Oft wird in diesem Zusammenhang auf Wahl und Wiederwahl eingegangen. Dies scheint aber nur begrenzt möglich, wie bereits angesprochen wurde. Es setzt aber vor allem ein Verhältnis des Repräsentanten zum Repräsentierten voraus, das näher betrachtet werden muss. Um dieses Verhältnis verständlich zu machen, muss aber zunächst mehr über das Konzept der Repräsentation gesagt werden. Sowohl die 'authorization theorists' als auch die 'accountability theorists' können weder die Handlungen des Repräsentanten, noch in welcher Weise sie sich auf die Repräsentation auswirken, erklären. Für sie ist nur die formale Art und Weise, wie der Repräsentant zu seinem Repräsentationsmandat kommt, beziehungsweise wie dieses sanktioniert werden kann, relevant (vgl. Pitkin 1972, S.113f.).

5.1.3   Zwei Formen der Repräsentation

Bevor Pitkin dieses näher betrachtet, geht sie aber noch auf zwei Formen der Repräsentation ein, die oft als Analogien genutzt werden, ‚standing for' als deskriptive und symbolische Repräsentation. An dieser Stelle wird nur auf die politische Dimension dieser beiden Arten der Repräsentation eingegangen. „True representation, these writers argue, requires that the legislature be so selected that its composition corresponds accurately to that of the whole nation; only then is it really a representative body" (Pitkin 1972, S. 60). Die Grundlage der Vertreter der deskriptiven Repräsentationstheorie sehen Repräsentation nur dann als möglich an, wenn die Repräsentanten die Repräsentierten nicht nur in ihrer Meinung, sondern in ihren Eigenschaften widerspiegeln. So werden sie als Vertreter der unterschiedlichen Gruppierungen der Gesellschaft herausgenommen, sie werden mit dem Beispiel eines Spiegels der Gesellschaft verglichen (vgl. Pitkin 1972, S. 75). Mit anderen Worten Männer sollen Männer, Frauen sollen Frauen, Migranten sollen Migranten usw. repräsentieren. Diese Grundlage ist an die Idee gekoppelt, dass nur durch Teilhabe an der einzelnen Gruppe ein wirkliches Verständnis und damit die Möglichkeit zur wirklichen Repräsentation gegeben ist. Diese Debatte wird unter anderem auch von Jane Mansbridge 1999 in ihrem Artikel 'Should Blacks Represent Blacks and Women Represent Women? A Contingent „Yes"' aufgegriffen (vgl. Mansbridge 1999). So interessant die Idee hinter dieser Auswahl der Repräsentanten ist, die Annahme, dass Verständnis nur durch geteilte Erfahrungen erlangt werden kann, ist an sich schon mehr als kritisch zu betrachten. Zudem ist völlig unklar, an welchen Eigenschaften man diese Erfahrung und damit die Auswahl des Repräsentanten festmachen soll. So ist eine schwarze Frau, die in die amerikanische Oberschicht geboren wird, von ihren gesamten Lebensumständen sehr verschieden zu einer weißen Frau der amerikanischen Unterschicht. Selbst die frauenspezifischen Probleme, die beide haben werden, sind nicht vergleichbar. Viel wichtiger an dieser Stelle scheint die empathische Leistung, die ein Repräsentant zu leisten hat. Diese wird im weiteren Verlauf der Argumentation, wenn es um die Repräsentation von NVP geht, noch einmal als Thema aufgegriffen. Die symbolische Repräsentation ist insofern interessant, als sie den Begriff von einer anderen Seite beleuchtet. Das symbolische ‚Für-etwas-Stehen' bekommt, gerade in der politischen Repräsentation, dann seine Relevanz, wenn es um Einzelpersonen geht, die besonders mit einem Sachverhalt identifizierbar sind. So führt Pitkin Hitler als Repräsentanten für das Dritte Reich an (vgl. Pitkin 1972, S. 108). Trotzdem muss das Symbol vom Repräsentanten insofern unterschieden werden, als ein Symbol nicht die Übertragung von Rechten oder das Vertreten von Interessen bedeutet, sondern eben im engeren Wortsinn, das ‚Für-etwas-Stehen' (vgl. Pitkin 1972, S. 92-94). Die Analogien, die Hanna Pitkin weiter anführt, verdeutlichen, wie Repräsentation verstanden werden kann. Was sie allerdings auch aufzeigen, ist, welche Spanne es zwischen den einzelnen Arten von Repräsentation gibt und wie diese verstanden werden kann (vgl. Pitkin 1972, S. 116 – 139). Diese Spanne zeigt auf, dass es um eine begründete Aussage über die Repräsentation von NVP zu machen, nötig ist, den Rahmen, in dem sich die Argumentation bewegt, genau zu bestimmen. Dies wird im weiteren Verlauf der Argumentation ausgeführt werden.

5.1.4   Der Repräsentant

Bevor Pitkin zu einer Definition von Repräsentation kommt, stellt sie eine bereits angesprochene Debatte dar. Was bei Max Weber bereits als Unterscheidung zwischen gebundener und freier Repräsentation dargestellt wurde, bezeichnet Pitkin als 'mandate-indepence controversy'. Die Frage dieser Debatte lässt sich nach Pitkin wie folgt formulieren:

> „Should (must) a representative do what his constituents want, and be bound by mandates or instructions from them; or should (must) he be free to act as seems best to him in pursuit of their welfare?" (Pitkin 1972, S. 144).

Diese Frage, ob der Repräsentant an den Willen der Repräsentierten gebunden ist, wird besonders dann relevant, wenn man die Handlungen des Repräsentanten betrachtet. Beide Gruppen der Vertreter dieser Debatte haben gute Argumente auf ihrer Seite. Dieses unterschiedliche Spektrum der Stärke der vertretenen Antworten analysiert Pitkin weiter (vgl. Pitkin. 1972, S. 146-151). Ein Punkt dieser Debatte soll zum weiteren Verständnis der folgenden Argumentation an dieser

Stelle nochmals aufgegriffen werden. Pitkin unterscheidet Agenten von Repräsentanten.

> „In distinguishing between an agent and a representative, we noted that the agent of a corporation is more like its parts or a limb, while in the representative the corporation is (conceived as) present in its entirety" (Pitkin 1972, S.153).

Der Agent, als ausführendes Organ einer speziellen Interessenslage, steht dem Repräsentanten gegenüber. Dieser, und hier kommt der Aspekt der symbolischen Repräsentation wieder auf, spiegelt in seiner Person das Ganze und in seinen Handlungen die ‚Resultate' des Ganzen wider (vgl. ebd.). Die beiden sind klar unterschiedlichen Aufgaben unterworfen. So kann man nochmal zur Aussage Fraenkel zurückkommen, der Repräsentant müsse „dem Gesamtinteresse des Volkes zu dienen und dergestalt dessen wahren Willen zu vollziehen" (Fraenkel 1991, S. 157) Interpretiert man den Repräsentanten in Abgrenzung zum Agenten bei Fraenkel in dieser Art und Weise, so wird klar, dass das ‚Gesamtinteresse' nicht als klar formulierte Aufgabe zu verstehen ist. Es geht dabei darum, dass der Repräsentant eben das Ganze des Volks abbilden muss. In dieser Sichtweise geht es eben nicht um ein nicht erfahrbares und rein abstraktes Konstrukt im rousseauischen Sinn, sondern um die Widerspiegelung des Konglomerats der Interessen. Dass der Repräsentant, in seiner Funktion als Parteimitglied, entsprechend den Interessen der, in dieser Partei vorgelegten Handlungsnormen ausführt, widerspricht dieser Idee des ‚Gesamtinteresses' nicht. In einer Parteiendemokratie muss die Idee des Wettstreits um Wähler und der Repräsentation ihrer Interessen als beste Ausformung des Prozesses der Repräsentation des Gesamtinteresses angesehen werden.

Um aber die Frage zu beantworten, inwiefern die Repräsentation gebunden oder frei sein muss, ist dieser Punkt zu vernachlässigen. Selbst wenn der Repräsentant für das 'Ganze' steht, muss geklärt werden welche Handlung er auf welcher Grundlage ausführen kann und darf. In der ‚mandate-independence controversy' schlägt Pitkin, als (unvollständige) Lösung vor:

> „The representative must act in such a way that, although he is independent, and his constituents are capable of action and judgment, no conflict arises between them. He must act in their interests, and this means that he must not normally come into conflict with their wishes" (Pitkin 1972, S. 166).

Pitkin erkennt also die Notwendigkeit der Kopplung der Interessen des Repräsentierten an die Handlungen des Repräsentanten an. Sie geht aber insofern einen Mittelweg zwischen gebundener und freier Repräsentation, als sie den Repräsentanten frei handeln lässt, ihm aber die Aufgabe auferlegt, so zu handeln, dass er normalerweise mit seinen Handlungen nicht in Konflikt mit den Interessen der

Repräsentierten gerät (vgl. ebd.). Dieser Mittelweg löst die Frage selber nicht, er bietet aber eine Möglichkeit, sie zunächst praktisch zu umgehen, da von beiden Aspekten ein Teil aufgenommen, wird um einen Kompromiss zu erreichen. In der Frage der Repräsentation von NVP wird so ein Kompromiss allerdings nicht ausreichen. Es muss geklärt werden, welche Art von Repräsentation bei NVP anzuwenden ist, nur so kann eine Antwort auf die Forschungsfrag geben werden. Die Gründe hierzu folgen im weiteren Verlauf der Argumentation.

5.1.5   *Repräsentation nach Pitkin*

Nachdem diese Debatte zunächst, wenn auch unvollständig, gelöst wurde, kann man sich nun Pitkins Definition von Repräsentation nähern. Sie formuliert diese Definition zunächst sehr allgemein. „Representation is a certain characteristic activity, defined by certain behavioral norms or certain things a representative is expected to do" (Pitkin 1972, S. 112). Dieses Agieren für den Repräsentierten muss zentraler Bestandteil der Definition von Repräsentation sein. Die Frage, die hier aber beantwortet werden muss, ist die nach den Handlungen, die der Repräsentant vollzieht. Bisher ist aufgezeigt worden, welcher Weg der Autorisation und Haftung genommen werden kann, auch wenn Wahlen dazu eigentlich ein schwaches Argument sind. Nun muss die Kritik Pitkins an beiden Sichtweisen, dass sie Repräsentation nur formalistisch betrachten, durch die Definition der Handlung der Repräsentanten ergänzt werden. Für Pitkin erklärt sich erst in der Handlung, was Repräsentation wirklich bedeutet.

> „Representation means the making present of something which is nevertheless not literally present. What I should like to say about substantive acting for others is that the represented thing or person is present in the action rather than in the characteristics or the actor, or how he is regarded, or the formal arrangements which precede or follow the action" (Pitkin 1972, S. 144).

Diese starke Fokussierung auf die Handlung erlaubt es Pitkin, unterschiedliche, formale Möglichkeiten, die zu einer legitimen Repräsentation führen einzubinden. Durch die Präsenz der Repräsentierten in der Handlung des Repräsentanten sind auch die deskriptive und symbolische Form der Repräsentation mit eingebunden. Durch diese Definition wird die Handlung zum symbolischen Akt, in der sich die Repräsentierten widerspiegeln. Zudem werden ihre Interessen durch ihre Präsenz direkt eingebunden. Pitkin führt diese Einbindung weiter aus, dass der Repräsentant seine Handlungen immer nach dem Auftraggeber („principal") richten muss (vgl. Pitkin 1972, S. 144). Von diesem Prinzip ausgehend kann Pitkin einen Imperativ formulieren, der bei jedem Akt der Repräsentation zu achten ist. Dazu erweitert sie aber den ‚Auftraggeber' auf die Wählerschaft des

Repräsentanten. Der Slogan, den sie hier ausführt, lautet: „Act as if your constituents where acting themselves" (Pitkin 1972, S. 144). Der Repräsentant wird also aufgefordert, so zu handeln, als ob seine Wählerschaft handeln würde. Dies lässt aber offen, wie der Repräsentant wissen kann, wie seine Wählerschaft handeln würde – zumal er nicht wissen kann, wie informiert dies ist. Von diesen Fragen in Verbindung mit dem Slogan ausgehend kann Pitkin nun beschreiben, inwiefern Handlungen von Repräsentanten an Repräsentierte gebunden sein müssen.

> „[… R]epresenting here means acting in the interest of the represented, in a manner responsive to them. The representative must act independently; his action must involve discretion and judgment; he must be the one who acts. The represented must also be (conceived as) capable of independent action and judgment, not merely being taken care of. And, despite the resulting potential for conflict between representative and represented about what is to be done, that conflict must not normally take place. The representative must act in such a way that there is no conflict, or if it occurs an explanation is called for" (Pitkin 1972, S. 209).

Pitkin stellt hier ihre ausführliche Definition der Repräsentation vor. Sie greift den Gedanken wiederum auf, dass der Repräsentant im Interesse der Repräsentierten handeln muss. Er muss aber auch die Möglichkeit haben, seine Handlungen vom Willen der Repräsentierten auszuführen. Piktin führt aus, dass dies nicht der Normalfall sein sollte, sie stellt aber kein System bereit, das den Repräsentanten an den Wählerwillen bindet. Der Repräsentant ‚sollte' nicht gegen den Willen der Repräsentierten handeln. Diese Formulierung bindet die vorab gegebene unzureichende Erklärung der Debatte um freie oder gebundene Repräsentation wieder ein. Sie löst das Problem aber nicht. Der Repräsentant ist frei; es mag zu wünschen sein, dass er dem Willen seiner Wähler folgt, das ist aber nicht bindend und damit ist die Entscheidung Pitkins für die freie Repräsentation eindeutig. Aus dieser Definition wird klar, dass ein spezielles Verständnis von gebundener und freier Repräsentation vorausgesetzt wird. Diese muss verstanden werden als die Unterscheidung zwischen einer direkt durch den Repräsentierten bestimmten Handlung, die nur durch den Repräsentanten ausgeführt wird, und einer völlig vom Willen und den Interessen des Repräsentierten unabhängigen Repräsentation. Ist dies der Fall, wird Pitkins ‚Mittelweg' zu einer geschickten Lösung des Problems. Es scheint aber auch bei Pitkins Mittelweg die Frage zu entstehen, wie der Wille des Repräsentierten in Form seiner Interessen an den Repräsentanten übermittelt werden kann. Pitkin erkennt dieses Problem des unklaren Willens beziehungsweise unklaren Interesses der 'constituents' und die damit verbundenen Schwierigkeiten, diese umzusetzen (vgl. Pitkin 1972, S. 215). Sie verweist auf ein gemeinsames Muster des ‚Wählerwillens' bzw. des ‚Wählerinteresses' (vgl. Pitkin 1972, S. 224) bei einer Mehrzahl von Repräsentierten.

Doch auch hier wird das Wissen darum nicht klar an den Repräsentanten vermittelt. Sie versucht dieses Problem mit einer Art von Institutionalisierung zu umgehen.

> „Thus the development and improvement of representative institutions, the cultivation of persons capable of looking after the interests of others in a responsive manner, are essential if the fine vision that constitutes the idea of representation is to have any effect on our actual lives" (Pitkin 1972, S. 239).

Pitkin verweist hier darauf, dass der Repräsentant und die Institutionen selber dahin entwickelt werden müssen, dass sie die Interessen der Repräsentierten am besten vertreten. Man kann dies als funktional schlüssig aus Pitkins Argumentation ableiten. An dieser Stelle wird aber zunächst nicht weiter für oder gegen die eine oder andere Form freier Repräsentation argumentiert werden, sie wird als Abgrenzungsbeispiel zur gebunden Repräsentation verwendet. Diese Arbeit ist fokussiert auf Non-Voice-Parties, auf Gruppen also, die einige sehr spezifische Charakteristika erfüllen. Aus diesem Grund geht es im Weiteren nur um die gebundene Repräsentation. Die Gründe warum diese Form gewählt wird, werden nun erläutert. Um dies zu ermöglichen, wird nun ausgehend von Pitkin der Repräsentationsbegriff erarbeitet der für diese Arbeit die zentrale Rolle einnimmt.

5.2   Die Analyse der Repräsentation in Hinblick auf NVP

Aus der Arbeit Pitkins lassen sich fünf Fragestellungen herausarbeiten, die geklärt werden müssen, um aufzuzeigen, wie Repräsentation verstanden und umgesetzt werden kann. Diese Fragestellungen sind:

1. Wer wird Repräsentiert?
2. Wie wird der Repräsentant bestimmt?
3. Wie legitimiert sich der Repräsentant?
4. Ist der Repräsentant frei oder gebunden?
5. Wie soll der Repräsentant handeln?

Diese Fragestellungen sollen nun anhand der aktuellen Debatte bezogen auf die Repräsentation von NVP geklärt werden. Es gibt eine andere Art des Herangehens an die Definition der Repräsentation, wie z. B. Philip Pettit sie zusammenfasst.

> „There are three factors in any relationship or system of representation, whether in my sense of representation or in any other. First there are representatives [...]. Second, there are the represented [...]. And, third, there is the relationship that exists be-

tween those two parties; the representation that is exercised by representers on behalf of the representees" (Pettit 2009, S. 62).

Dieses Standardmodell[80] findet sich auch in den fünf Fragen, die oben gestellt wurden, wieder. Allerdings ist die Frage nach der Beziehung von Repräsentant und Repräsentierten im Standardmodell verkürzt dargestellt. Aus diesem Grund wird sie in den Fragen 3) bis 5) zwar aufgegriffen, aber auch durch diese spezifiziert. Die Beziehung besteht aus dem initialen Akt der Autorisierung bzw. je nach Modell der Legitimation (z. B. durch die Kopplung der Repräsentation an Haftung), daraus folgt und bestimmt sich die Art der Repräsentation als freie oder gebundene Repräsentation. Sind diese Punkte geklärt, stellt sich die Frage nach der Handlung, die der Repräsentant auszuführen hat.

Vergegenwärtigt man sich die Grundlagen und die Forschungsfrage dieser Arbeit, lassen sich die Fragen eingrenzen und beantworten. Zunächst ist festzuhalten, dass sich diese Arbeit mit der repräsentativen Demokratie befasst. Die fünf zuvor aufgestellten Fragen bewegen sich im Rahmen der repräsentativen Demokratie. Wurde im vorhergehenden Kapitel herausgearbeitet, dass der Schutz vor willkürlicher Gewalt durch die Einbindung der Interessen in den Prozess zur Handlungsbildung gewährt ist und dass das in einem Staat am besten geschehen kann, so argumentiert Andrew Dobson dafür, dass die Abbildung von Interessen in einer Demokratie am besten vollzogen werden kann. „So we might conclude that representation should be democratic because this is the most likely way of ensuring that interests are effectively represented" (Dobson 1996, S. 127). In diesem Sinn ist nun die Frage 1) zu beantworten. Neben der Repräsentation der Staatsbürger müssen auch die Interessen der Non-Voice-Parties repräsentiert werden. Diese Gruppen ohne eigene politische Stimme zeichnen sich insbesondere dadurch aus, dass ihnen spezielle Eigenschaften zukommen, die sie als NVP definieren. Die jeweilige NVP muss als Gruppe klar abgegrenzt sein. Nur so kann man diesen Gruppen spezielle, gruppenspezifische Interessen zuschreiben. Die Frage 2) wird an dieser Stelle zurückgestellt da sie, im Falle der Repräsentation von NVP, erst zu beantworten ist, nachdem die Art und Weise wie NVP repräsentiert werden können, geklärt ist.

In der Beschäftigung mit den Fragen 3) bis 5) muss zu nächst auf die Form der Repräsentation als Handlung eingegangen werden, daraus lassen sich dann Rückschlüssen auf die Legitimität und die Unterscheidung zwischen gebundener und freier Repräsentation ziehen. Mansbridge verdeutlicht in einem Artikel noch

---

80 Die kürzeste Zusammenfassung des Modells findet sich bei Rehfeld. "Political representation must arise and be maintained through a set of *procedural standards* of *authorization* and *accountability* usually by way of free and fair elections" (Rehfeld 2006, S. 3; auch ausformuliert in Birch 1971, S. 15).

einmal, wie freie Repräsentation in demokratischen Systemen verstanden wird. „The traditional model of representation focused on the idea that during campaigns representatives made promises to constituents, which they then kept or failed to keep. I call this promissory representation" (Mansbridge 2003, S. 515). Diese Vorstellung wurde bereits kurz angesprochen, sie koppelt die Legitimität der Handlungen an Repräsentanten, die durch Wahlen belohnt oder bestraft werden. Neben dieser „promissory representation" (vgl. ebd.) erläutert Mansbridge aber noch drei andere Formen der Repräsentation.

> „In addition, empirical work in the last 20 years has identified at least three other forms of representation, which I call „anticipatory," „gyroscopic," and „surrogate" representation" (Mansbridge 2003, S. 515).

Für die hier vorgestellte Arbeit ist in erster Linie die ‚antizipierende Repräsentation' von Bedeutung[81]. Sie ermöglicht eine Frage zu klären, die sich bei der Repräsentation von NVP offensichtlicher Weise ergibt.

5.2.1   Die ‚antizipierende Repräsentation'

Es ist klar, dass NVP gruppenspezifische Interessen haben. Eines der Gegenargumente, vor allem bei zukünftigen Generationen, ist aber die Frage danach, wie ein Repräsentant die Interessen kommender Generationen überhaupt kennen kann. Die ‚antizipierende Repräsentation' liefert hierzu eine Antwort.

> „Anticipatory representation flows directly from the idea of retrospective voting: Representatives focus on what they think their constituents will approve at the next election, not on what they promised to do at the last election" (Mansbridge 2003, S. 515).

Bei dieser Art des Interessenverständnisses geht es um die zukünftigen Interessen der Repräsentierten. Der Repräsentant muss diese Interessen vorwegnehmen, um so seine zukünftigen Wähler zufrieden zu stellen. Um also eine Antwort auf Frage 5) zu geben: Der Repräsentant soll nach den zukünftigen Interessen derer handeln, die er repräsentiert. Mansbridge nennt diese Repräsentierten „future voter" (vgl. Mansbridge 2003, S. 516f.). Bezogen auf NVP bedeutet dies, dass auch im Standardmodell der Repräsentation in repräsentativen Demokratien, nicht der Wählerwille zum Zeitpunkt der Wahl repräsentiert wird, sondern die

---

81 Dennoch wird im weiteren Verlauf auch auf die wie folgt definierten anderen beiden Formen der Repräsentation eingegangen. "In gyroscopic representation, the representative looks within, as a basis for action, to conceptions of interest, "common sense," and principles derived in part from the representative's own background. Surrogate representation occurs when legislators represent constituents outside their own districts" (Mansbridge 2003, S. 515).

Interessen der Wähler an einem zukünftigen Zeitpunkt T 3 widergespiegelt werden. Diese können vom Repräsentanten aber auch nur vorausgeahnt werden[82].

Da diese Vorausahnung durch Datenmaterial unterstützt wird, ist dies auch auf NVP, deren zukünftige Interessen vorausgeahnt werden können, anwendbar.

> „In anticipatory representation, what appears to the representative to be a „power relation" thus works not forward, but „backward," through anticipated reactions, from the voter at Time 3 to the representative at Time 2" (Mansbrige 2003, S. 517).

Neben den vorgebrachten Argumenten zu NVP scheint es sogar so, dass viele Repräsentationsformen, vor allem in aktueller Ausführung, zumindest einen Teil dieser Art von Repräsentation beinhalten. In den seltensten Fällen konnten Wähler und Repräsentanten im Vorfeld wissen, welche Probleme und Fragestellungen während der Legislaturperiode auf sie zukommen würden (vgl. ebd.). So muss notgedrungen der Repräsentant den Wählerwillen bzw. das Wählerinteresse antizipieren. Mansbridge argumentiert allerdings im Schema klassischer Repräsentation. Der hier interessante Fall der Non-Voice-Parties bringt einige Spezifika mit sich, die diese ‚klassische Repräsentation' verändern, da man qua Definition nicht von Wählern spricht. Was die hier von Mansbridge vorgestellte Art der Repräsentation zeigt, ist, dass auch in der heutigen Form der Repräsentation nicht notwendigerweise von bekanntem oder aktuellem Wählerwillen ausgegangen werden kann. Gerade im Fall der zukünftigen Generationen, aber auch anderer Non-Voice-Parties, wird dies jedoch immer wieder als Gegenargument genutzt, und kann mit der Argumentation zur ‚antizipierenden Repräsentation' widerlegt werden.

5.2.2   Die indirekte Repräsentation

Die zweite Form die Mansbridge anspricht und ausführt (vgl. Mansbridge 2003, S. 523 – 525), wird auch von anderen Autoren aufgegriffen. So zeigt Dobson den Unterschied zwischen direkter und indirekter Repräsentation auf. „[…] a distinction should be made between direct and indirect representation (which is not, incidentally, the same as a distinction between direct and indirect democracy)" (Dobson 1996, S. 128). Die indirekte Repräsentation scheint auf den ersten Blick sehr vielversprechend für die Repräsentation von NVP. Dobson beschreibt hier den Fall der Verschmutzung skandinavischer Seen durch die britische Industrie (vgl. ebd.). Was er hier indirekte Repräsentation nennt, geschieht dann, wenn

---

82   "Strictly speaking, the beliefs of the representative at Time 2 about the future preferences of the voter at Time 3, not the actual preferences of the voter at Time 3, are the cause of the representative's actions at Time 2" (Mansbridge 2003, S. 517).

sich britische Parlamentarier gegen Umweltverschmutzung einsetzen und damit 'aus Versehen' skandinavische Interessen vertreten.

> „In this sense indirect representation of interests will always work more by accident than by design, and on any account of democracy involving accountability it is hardly democratic anyway" (Dobson 1996, S. 130).

Allerdings sind die beiden Beispiele, die Dobson als Beleg anführt (vgl. ebd.) in Bezug auf Interessen zu unterscheiden. Er hat am Beispiel der Eltern, die die Interessen ihrer Kinder vertreten sollen, festgehalten, dass diese für jene wählen und damit in gewisser Hinsicht eben genau diese Interessen in der Wahl mit ausdrücken sollen. Im Fall der skandinavischen Seen ist dies aber nicht der Fall. Die britischen Parlamentarier sprechen sich für die Umwelt aus, nicht für skandinavische Interessen. Das Resultat mag zwar nach indirekter Repräsentation aussehen, es ist aber nicht vergleichbar mit dem Eltern-Kind Beispiel. Davon abgesehen kann man diese indirekte oder ‚surrogat' Repräsentation nicht auf den Fall der NVP anwenden. Hier sollen eben nicht ‚zufällig' die Interessen von anderen mit-repräsentiert werden. NVP stellen aufgrund der bereits in Kapitel 4 ausgeführten Argumentation den Anspruch darauf, dass ihre Interessen in die sie betreffenden Handlungsprozesse einbezogen werden. Ähnlich verhält es sich bei der bereits in Kürze ausgeführten Form der ‚deskriptiven Repräsentation'. Diese besagt, dass Frauen Frauen und Schwarze Schwarze repräsentieren müssen (vgl. Mansbridge 2003, S. 515). Es wurde bereits herausgestellt, dass es bei Repräsentation um die Interessen und das Sichhineinversetzen in den Anderen geht. Diese Argumentation wird für diese Arbeit nicht weiter ausgeführt, da sich die Debatte um die ‚freie Repräsentation' in parlamentarischen Systemen dreht. Die Forschungsfrage bezieht sich aber in der Hauptsache auf die Repräsentation von NVP.

Es geht, dargelegt durch die Argumentation zur grundlegenden Legitimation, bei der Notwendigkeit der Repräsentation von NVP um die Vertretung ihrer Interessen in Staatshandlungsprozessen, die sie betreffen. Es muss also sichergestellt werden, dass sich der Repräsentant an die Vertretung der Interessen der NVP hält, die er repräsentiert. Es muss dagegen nicht sichergestellt werden, dass er selber Mitglied der Gruppe der NVP ist (was besonders im Falle z. G. mehr als komplex wäre). Die grundlegende Argumentation zu diesem Thema findet sich in Mansbridge Artikel von 1999 (vgl. Mansbridge 1999). Die bereits aufgezeigte Argumentation gegen dieses Konzept der Repräsentation durch Mitglieder der repräsentierten Gruppe zeigt aber auch einen Punkt auf, der für die Frage der Repräsentation von NVP von Bedeutung ist. Pettit erarbeitet in seinem Artikel eine ähnliche Argumentation wie die bereits dargelegte. Er bezeichnet sie aber als ‚indikative Repräsentation' und grenzt sie von der ‚reagierenden Repräsentation' ab.

> „Indicative representers *stand for* the representees in the sense of typifying or epitomizing them; how they act is indicative of how the representees would act. Responsive representers *act for* or *speak for* the representees, playing the part of an agent in relation to a principal; how they act is responsive to how the representees would want them to act. Both sorts of representation, so I shall assume, have to be authorized by the representees" (Pettit 2009, S. 65).

In der Analyse Pitkins wurde bereits in Kürze gezeigt, dass die Repräsentation vom Interesse und nicht der Handlung des Repräsentierten abhängt, wie Pettit es hier ausführt. Bei NVP ist die „indicative Representation" (ebd.) nur begrenzt möglich, da der Repräsentant nicht in jedem Fall die Möglichkeit hat, das Verhalten der Repräsentierten zu erforschen. Außerdem widerspricht diese Art der Repräsentation auch den bereits ausgeführten Blick auf die ‚zukünftigen Wähler'. Es ist unklar, wie sich zukünftige Wähler verhalten, was aber abgeleitet werden kann, ist, welche Interessen sie haben. Die Problematik der Autorisation, die Pettit hier anspricht, wird im weiteren Verlauf nochmal angesprochen.

Bisher zeigt die Argumentation, dass wir uns im Bereich der Repräsentation von NVP eher auf die ‚reagierende Repräsentation beziehen'. Pettit erläutert aber einen wichtigen Punkt, der in der ‚indikativen Repräsentation verankert ist.

> „In the standard form of this first conception [indicative representation, anm. des Autors], the assumption is that there are a number of representers, that the representees are the people as a whole, and the indicative requirement is that the representers should be a reliable or representative sample of the representees" (Pettit 2009, S. 66).

Die Stärke dieser Form der Repräsentation generiert sich zum einen funktional aus der vermuteten ‚besseren' Abbildung der vorhandenen Interessen. Gegen diese ‚Stärke' wurde bereits dadurch argumentiert, dass sie sich auf die möglichen Handlungen, nicht auf die möglichen Interessen bezieht. Pettit zeigt aber noch einen anderen Grund auf, warum diese Art der Repräsentation einen eigenen Wert besitzt. Die ‚indikative Repräsentation' bietet die Übertragung eines Abbilds der Repräsentierten in die Institution der Repräsentanten (vgl. Pettit 2009, S. 66). Zunächst scheint es nicht möglich, in dieser Form der Repräsentation NVP abzubilden, da sie entweder noch nicht vorhanden sind (wie im Fall zukünftiger Generationen) oder selber kein ‚Recht' darauf haben, als Repräsentanten zu wirken (wie im Fall von Asylbewerbern oder Ausländern die im Land leben, denen das aktive und passive Wahlrecht fehlt).

Die ‚indikative Repräsentation' kann aber erweitert werden (vgl. „the extended case" Pettit 2009, S. 69 – 71). In diesem Fall erweitert Pettit das Standardmodell der Repräsentation durch „professional or quasi professional public figures" (Pettit 2009, S. 69). Er führt einige Beispiele an, darunter Ombudspersonen, die, wie im nächsten Kapitel gezeigt werden wird, eine mögliche Form der Repräsentation von NVP sein können. Er erweitert das Standardmodell der Repräsentation, da in der ‚indikativen Repräsentation' darauf verwiesen wird, dass möglichst die gesamte Bevölkerung abzubilden ist, dies aber auf unterschiedlichen Wegen geschehen muss (also durch „professional or quasi professional public figures" (Pettit 2009, S. 69)). Aber meint die ‚indikative Repräsentation' wirklich, dass die Bevölkerung als Quasispiegelbild durch die Repräsentanten abgebildet werden muss?

Es wurde bereits dafür argumentiert, dass es nicht um die Personen gehen kann, sondern die Interessen dieser Personen vertreten sein müssen, gerade wenn es um größere Gruppen von Menschen geht, die, auch wenn sie eine Reihe von Eigenschaften teilen, immer auch unterschiedliche Bedürfnisse und Interessen mitbringen werden. Der Punkt, den man aus dieser Form der Repräsentation also ableiten kann, ist, dass Repräsentanten die vereinigten Interessen von bestimmten Gruppen widerspiegeln müssen.

5.2.3   Die direkt reagierenden Repräsentation

Die ‚direkt reagierenden' Repräsentation, die Pettit im weiteren Verlauf seines Artikels erläutert (Pettit 2009, S. 71-74), wurde bereits am Beispiel der gebundenen Repräsentation, die die Vorgaben des Repräsentierten direkt durch den Repräsentanten widerspiegeln muss (wie zum Beispiel im Fall eines Anwalts), erläutert. Was die Repräsentation von NVP aber um einen Punkt erweitert, ist die ‚interpretative reagierende' Repräsentation (Pettit 2009, 74-77). Pettit vergleicht diese Art mit der Arbeit eines Schauspielers, der in der Funktion eines Sprechers fungiert (Pettit 2009, S. 74). Und diese Art ist die, die Pettit am nächsten an der politischen Repräsentation sieht.

> „But the context in which responsive representation is most clearly required to be interpretative is one of political representation, where there are a number of individuals in the position of representees, and the representer is forced, at whatever level of grain, to ascribe a coherent, exactable set of attitudes to them – a single mind" (Pettit 2009, S. 75).

Die ‚interpretative reagierende' Repräsentation ist also notwendig, wenn die Interessen der Repräsentierten nicht klar für den Repräsentanten zu erkennen sind. Dies lässt sich auf NVP übertragen, sowohl bei zukünftigen Generationen als auch bei den anderen Gruppierungen. Es muss davon ausgegangen werden, dass der Repräsentant dazu gezwungen ist, ein ‚zusammenhängendes Bild der Interessen der Repräsentierten' anzunehmen. Dass dies möglich ist, führt Pettit am Bild der heutigen, funktionierenden Repräsentation in Parlamenten aus (Pettit 2009, S. 81).

Es wurde sich bisher über die unterschiedlichen Sichtweisen der Antwort auf Frage 5) ‚Wie soll der Repräsentant handeln?' genähert. Bisher ist festzuhalten, dass er nach den Interessen der NVP, die er vertritt, gebunden und mit Pettit ‚interpretative reagierend' handeln muss. Es gibt noch eine weitere Begründung für die gebundene Repräsentation der NVP. Die gebundene Repräsentation ist nach den bisherigen Argumenten im Feld der politischen Repräsentation weiter zu fassen, als bisher angenommen. Die von Weber und Pitkin aber auch Pettit angenommene Form der gebundenen Repräsentation nimmt den Anwalt zum Vorbild, der im Auftrag seines Klienten diesen repräsentiert. Die gebundene Repräsentation vereint allerdings zwei Aspekte, die am Beispiel des Anwalts gut zusammen funktionieren, die aber nicht notwendigerweise zusammen aufgefasst werden. Die Aspekte kann man wie folgt verdeutlicht[83]:

Repräsentierte → Vermittelt sein Interesse als Auftrag.

Repräsentant → Muss sich in seiner Funktion an diesen Auftrag halten.

Für das Beispiel des Anwalts ist diese Darstellung einleuchtend. Selbst wenn der Auftrag nicht klar formuliert ist, wird der Anwalt in Fragen von Schuld und Unschuld alles versuchen, einen Freispruch für seinen Mandanten zu erwirken. Das Beispiel des Anwalts erklärt die gebundene Repräsentation so gut, da die Interessenslage des Repräsentierten klar ist. In einem Gerichtsprozess gibt es ein klar definierbares, bestmögliches Ergebnis für den Repräsentierten. Nur deswegen ist auch der Auftrag, der den Repräsentanten bindet, so eindeutig aufzuzeigen. Im Gegensatz dazu ist in der freien Repräsentation diese Bindung offen. Das heißt nicht, dass es nicht einen klar formulierten Auftrag geben kann. Der

---

83 Rehfeld zeigt die Debatte an ähnlichen ausformulierten Unterscheidungen. "Despite its historical longevity, the trustee/delegate debate is cast in overly broad terms that misleadingly emphasize the location of authority—the representative or his or her constituency—and obscure 3 fundamental and underlying distinctions. These subsidiary distinctions concern:
1. Aims: whether the representative-lawmaker aims at the good of all or the good of a part;
2. Source of Judgment: whether the representative lawmaker relies on his or her own judgment or the judgment of a third party (to determine the substance of (1), i.e., the good at which he or she aims);" (Rehfeld 2009, S. 215).
3. Responsiveness: the degree to which the representative-lawmaker is responsive to sanctions (usually, but not necessarily, the prospect of reelection)" (Rehfeld 2009, S. 215).

Repräsentant muss diesem aber nicht zwingend folgen. Begründet sich also die gebundene Repräsentation auf der klaren Definierbarkeit des Auftrags?

Dies wäre nur dann der Fall, wenn die gebundene Repräsentation an den Schritt der Übertragung der Repräsentation von Repräsentierten auf Repräsentanten gekoppelt wäre. Dies ist aber nicht der Fall, denn die gebundene Repräsentation hängt an der Handlung des Repräsentanten. Die Frage nach freier oder gebundener Repräsentation bezieht sich auf den Akt der Repräsentation (vgl. Pitkin 1972, S. 144-146). Daraus abgeleitet, lässt sich die Frage stellen, ob eine gebundene Repräsentation auch aus einer unklaren Auftrags- oder Interessenslage entstehen kann.

Zentral am Beispiel des Anwalts ist, dass das Resultat des Auftrags klar erkennbar ist. Darin liegt, wie eben dargestellt, der Vorteil dieses Beispiels. Betrachtet man das Beispiel aber genauer, handelt der Anwalt in einem gewissen Spektrum: Er holt nicht immer den Freispruch heraus, wird aber immer versuchen, die Strafe so gering wie möglich zu halten. Dazu geht er z. B. in manchen Fällen Vergleiche ein. Hier gibt es einen Spielraum, indem er die Verhandlungen führt. Aber auch in diesem Fall hat er kein freies Mandat zur Repräsentation, nur genug Spielraum indem er sich frei entscheiden kann. Es ist also möglich, auch in der gebundenen Repräsentation einen Interpretationsraum zu sehen.

Die gebundene Repräsentation bezieht sich auf den Teil der Formulierung ‚das Bestmögliche erreichen‘, denn der Repräsentant ist im Gegensatz zur freien Repräsentation nicht an sein Gewissen gebunden, sondern an die Interessen derer die er vertritt. Er spricht, in der Funktion eines Repräsentanten, nicht für sich selbst, wie es bei einem gewählten Parlamentarier im Bundestag der Fall wäre. Er spricht für die Gruppe, die er vertritt und handelt im Sinne ihrer Interessen. Dies ist genau das, was für NVP benötigt wird. Die Interessen dieser Gruppen sind abhängig von den Eigenschaften der Gruppen und somit nur für einen Repräsentanten erfahrbar. Damit ist Frage 4) ‚Ist der Repräsentant frei oder gebunden?‘ geklärt. NVP müssen durch eine gebundene Repräsentation vertreten werden. Dies spricht zudem auch gegen ein geläufiges Gegenargument. Es kann argumentiert werden, dass NVP nicht repräsentiert werden können, da sie per Definition nicht wählbar und somit nicht als Vertreter ihrer Gruppe auftreten können. Durch die gebundene Repräsentation ist aber im Prinzip jeder in der Lage, als Repräsentant für NVP zu wirken.

Somit muss noch die Frage der Legitimation beantwortet werden.

> „Representation is often considered a means to promoting legitimacy, however, when those who are subject to the norms representatives make first authorize those

who represent them, and then hold them accountable for their choices and their actions" (Hayward 2009, S. 111).

Hayward koppelt die Legitimationskraft an die Autorisation und Haftungsmöglichkeit, die Repräsentation beraten muss. Im Verlauf ihres Artikels geht sie auf strukturelle Minderheiten ein. Diese sind zwar nicht Teil dieser Arbeit, haben aber einige vergleichbare Eigenschaften und bieten ähnliche Problemstellungen. Die Analyse Haywards bringt aus diesem Grund einige interessante Punkte in die Debatte um die Repräsentation von NVP ein. Ein vergleichbares Problem bei strukturellen Minderheiten ist, dass oft nicht „by virtue of their positions in the hierarchies structural inequalities define, authorize representatives and/or hold them to account" (Hayward 2009, S. 113). Sie haben also ähnliche Probleme, wie sie bisher bei NVP herausgestellt wurden. NVP sind aber kein Teil dieser strukturellen Minderheiten, da sie qua Definition nicht am politischen Geschehen teilhaben können. Trotzdem wird auf die Analyse Haywards eingegangen, da beide Gruppierungen nah beieinander liegen, was die Problemstellung angeht.

Hayward argumentiert, dass in Verbindung mit der legitimierenden Funktion von Repräsentation die Vertretung der strukturellen Minderheiten notwendig ist (vgl. Hayward 2009, S. 112-114). Hayward spricht sich, davon ausgehend, im weiteren Verlauf für ein deliberatives Modell der Repräsentation (vgl. Hayward 2009, S. 116-118) im Sinne Unnerstalls oder Ekelis (vgl. Unnerstall 1999, S. 304; Ekeli 2005) aus. Sie erarbeitete dazu ein Modell, in dem Interessen repräsentiert werden, das dem bisher erarbeiteten Modell gleicht (vgl. Hayward 2009, S.118). Sie kritisiert dieses Modell aber mit einem Beispiel, indem sie zum einen anzweifelt, dass diese Interessen fixiert sind, und zum anderen aufzeigt, dass es keine klare Verbindung zwischen Gruppenmitglied und Interesse gibt (vgl. Hayward 2009, S. 119). Sie gibt dazu ein Modell an, indem sie beschreibt, dass Interessen nicht nur als Grundlage der Handlung, sie nennt es ‚responding to', gesehen werden. Sie werden eben auch durch die Politik geschaffen und verändert, sie nennt dies ‚shaping' (vgl. Hayward 2009, S. 121). Hayward hält das für die korrekte Methode die Interessen der strukturellen Minderheiten vertreten zu sehen. „Under conditions of structural inequality, I have argued, legitimacy requires that representative and other political institutions shape interests in democray-promoting ways " (Hayward 2009, S. 131f.). Sie argumentiert zwar auf der Ebene der Legitimation, bleibt aber rein im Bereich der funktionalen Legitimation (vgl. Hayward 2009, S. 125f). Wie bereits gezeigt, bedürfen aber NVP, aufgrund der grundlegenden Repräsentation, die ihre Interessenvertretung im Staatshandlungsprozess notwendig macht, einer gebundenen Repräsentation. Erfolgt diese, sind zugleich die Repräsentation und der Staat in Form der ‚grundlegenden Legitimation' legitimiert.

5.2.4   Der Repräsentant

Nachdem nun die Fragen 1), 4) und 5) geklärt sind, müssen noch Fragen 2) und
3) geklärt werden. Die Fragen nach dem Repräsentanten, wie er bestimmt wird
und wer dafür in Frage kommt, sind nun zu beantworten. Die grundlegende
Problematik hier ist, dass die Reziprozität zwischen Repräsentiertem und Repräsentanten nicht geklärt ist. So können in einigen Fällen weder die Autorisation
durch die zu repräsentierenden Gruppen noch die Haftbarmachung durch diese
gegeben sein. Man könnte nun ausführen, dass ohne diese beiden Aspekte die
Identifikation des Repräsentanten, der die gebundene Repräsentation für eine
Gruppe aus den NVPs übernehmen soll, unmöglich ist. Dies wäre der Fall, wenn
eine direkte Autorisation der Repräsentanten durch die Repräsentierten notwendig wäre. Selbst im Standardmodell der politischen Repräsentation geschieht das
nicht. Im Falle der deutschen Bundestagswahlen werden Parteien gewählt,
wodurch wiederum Einzelpersonen zum Teil direkt, zum Teil über Parteilisten in
den Deutschen Bundestag kommen. Es gibt nun zwei Möglichkeiten. Knüpft
man die die Repräsentation eng an die direkte Autorisation und Haftbarmachung
durch die Repräsentierten, sind die Hälfte der deutschen Bundestagabgeordneten
(diejenigen die über Listen in den Bundestag kommen) keine ‚richtigen' Repräsentanten. Akzeptiert man dies nicht, gibt es die Möglichkeit, Repräsentation
nicht durch die direkte Autorisation und Haftbarmachung zu erklären. Andrew
Rehfeld gibt ein Modell vor, in dem dieses ausgeführt ist. Zunächst definiert die
Rehfeld das Standardmodell der Repräsentation[84]. Dies ist das bisher dargelegte
Standardmodell (vgl. Rehfeld 2006, S. 3). Rehfeld kritisiert dieses anhand der
Repräsentation auf internationaler Ebene, in diesem Fall der Ebene der UNO
oder der WTO.

> „Given the lack of any democratic structures by which those represented can author-
> ize and hold these actors to account, given the fact that they may or may not actually
> be pursuing the interests of those they purportedly represent, are these even cases of
> political representation? The question is critical because contemporary accounts of
> political representation explain why one is or why one fails to be a representative at
> all by reference to democratic norms: a representative is purportedly someone who
> looks out for the substantive interests of those who elected them through free and
> fair elections" (Rehfeld 2006, S. 1f.).

Auch hier geht er wieder auf den Prozess der Wahlen ein. Und in diesem Fall
wären Menschen, die vor der UNO oder der WTO als Repräsentanten eines Landes oder einer NGO sprechen, keine ‚wirklichen' Repräsentanten. Sie werden
aber im Allgemeinen von den internationalen Organisationen als solche akzep-

---

84 "Political representation must arise and be maintained through a set of procedural standards of
    authorization and accountability usually by way of free and fair elections" (Rehfeld 2006, S. 3).

tiert (vgl. Rehfeld 2009, S. 2). Rehfeld analysiert diesen Umstand nun weiter, indem er sehr lose definiert, dass für alle Formen der Repräsentation gilt, dass es etwas gibt das repräsentiert und etwas, dass repräsentiert wird (vgl. Rehfeld 2006, S. 5). Nach dieser allgemeinen Definition gibt Rehfeld einen kurzen Überblick über die historische Auffassung zur Repräsentation bei Pitkin (vgl. Rehfeld 2006, S. 3). Er fasst zusammen, dass nirgendwo ausgeführt ist, dass Repräsentation notwendigerweise direkt durch den Repräsentanten autorisiert sein muss (vgl. Rehfeld 2006, S. 4). Im Gegenteil, Repräsentation entsteht immer dann, wenn diejenigen, an die der Repräsentant sich wendete, diesen als Repräsentanten akzeptieren.

> „Representation *really does happen* whenever a particular audience recognizes a case that conforms to whatever rules of recognition it uses, regardless of whether these rules are just or unjust, fair or unfair, legitimate or illegitimate" (Rehfeld 2006, S. 4).

Es ist also nicht die Reziprozität, die Repräsentation entstehen lässt, es ist die Akzeptanz des Publikums. Wie aber diese Akzeptanz des Publikums funktioniert, entscheidet zwischen einer legitimierten und einer nicht legitimierten Repräsentation. Es braucht ein Set an Regeln, die das Publikum akzeptiert, um diese Form der Autorisation zu zuzulassen (vgl. Rehfeld 2006, S. 5).

> „First, an Audience must take these rules to be valid and appropriate given the case. Second, the Audience must recognize that the rules in fact denote an individual claimant. When an Audience recognizes that the rules it uses designate a particular claimant, that claimant becomes the Representative" (Rehfeld 2006, S. 5).

Die Regeln, die zur Akzeptanz eines Repräsentanten als Repräsentant führen, sind also durch das Publikum als valide anzusehen. Sie müssen den Repräsentanten als solchen benennen und einen spezifischen Repräsentanten herausgreifen. Diese Regeln sind aber nicht willkürlich zu erstellen. Was Rehfeld zwar nicht ausführt, was aber implizit angenommen werden muss: Um diese Argumentation nachvollziehbar zu machen, ist die Art, wie diese Regeln zu akzeptieren sind. Die Regel müssen zwar durch das Publikum akzeptiert werden, sie müssen aber vor allem in der entsprechenden Institution, in der die Repräsentation stattfindet, verankert sein. Hier ist auf die funktionale Legitimation zurückzukommen. In einem Rechtsstaat gibt es ein klar definierbares Set an Regeln für die Übertragung der Legitimation durch das Volk. Ähnlich klar müssen die Regeln auch im Fall der Repräsentation der NVP sein um für das Publikum akzeptierbar zu sein. Wird die Repräsentation von NVP institutionalisiert, muss dem Publikum, also zum Beispiel dem Deutschen Bundestag, klar erkenntlich sein, welcher Repräsentant für welche Gruppe der NVP spricht. Wird die Repräsentation der Gruppen der NVP institutionalisiert muss auch die Art und Weise, wie der Repräsentant zu seinem Amt kommt und wie sein Wirken überprüft wird, klar darstellbar und rechtlich unbedenklich sein. Darüber hinaus müssen diese Regeln auch für die Bürger, die ja weiterhin einen Teil der Legitimation ausmachen, transparent sein. Im weiteren Verlauf wird von klaren und transparenten Regeln gesprochen, wenn die von Rehfeld ausgeführte Argumentation gemeint ist. Die genaue Definition dieser Regeln muss in einer anderen Arbeit erfolgen. Hierzu ist es notwendig, sich die jeweilige Ebene, auf der die Repräsentation stattfindet, anzusehen, es macht einen Unterschied ob sie auf internationaler nationaler oder regionaler Ebene stattfindet und entsprechend werden sich auch die Regeln, Aufgaben und sogar die zu repräsentierenden Gruppen der NVP verändern. Das ist der Fall, weil sich auf den unterschiedlichen Ebenen jeweils ein unterschiedlicher Grad an Betroffenheit durchsetzt. Da sich auch das Publikum verändert, muss dieses noch weiter ausgeführt werden. Rehfeld definiert das Publikum über die Funktion die es erfüllt.

> „The Audience is the relevant group of people who must recognize a claimant as a representative, and the relevance of the group will always depend on the particular function of a case of representation. Representation is always in service to some purpose or function" (Rehfeld 2006, S. 5).

Das Publikum ist also abhängig von der Funktion, die der Repräsentant in ihr Erfüllen soll. Was aber die „Relevanz" der Gruppe macht, muss näher erläutert werden. Grundsätzlich wäre dazu eine breitere Analyse des Wirkrahmens demokratischer Institutionen notwendig. Da sie aber diese Arbeit ausschließlich auf NVP bezieht, kann man diesen gut eingrenzen. Die Relevanz der Gruppe, in der die Repräsentation stattfinden muss, hängt von den Handlungen ab, die diese Gruppe durchführen kann. Da NVP durch ihre Betroffenheit definiert werden, ist die Relevante Gruppe immer die, die Handlungen ausführen kann, die NVP betreffen. Dies sieht man auch an der Funktion, die Rehfeld dem Repräsentanten zuschreibt, der „not merely „stand for" another, she „stands in for another *in order to perform a specific function*" (Rehfeld 2006, S. 5). Im Fall der NVP ist diese Funktion, die Interessen der einzelnen Gruppen im Prozess, der zu Staatshandlungen führt, zu vertreten. Diese Funktion wird durch die Argumente aus dem Selbstinteresse und der Würde notwendig. Das bedeutet, dass NVP im Gesetzgebungsprozess repräsentiert sein müssen. Das ist die Antwort auf Frage 3) und gleichzeitig die Antwort auf Frage 2). Der Repräsentant muss derjenige sein, der die Funktion der Interessenvertretung im Gesetzgebungsprozess bestmöglich erfüllt.

5.2.5   Der Repräsentationsbegriff dieser Arbeit

Zusammenfassend lässt sich also über die Repräsentation von NVP sagen: Es muss einen Repräsentanten geben, der die Interessen der Gruppen von NVP gebunden vertritt. Notwendig, um diesen Repräsentanten zu legitimieren, ist die Akzeptanz des Publikums in dem er seinen Repräsentationsauftrag wahrnimmt. Die Art der Interessensvertretung geschieht über die antizipatorische Vertretung zukünftiger Wähler definiert durch Rehfeld. „Anticipatory representing of prospective voters: A representative who tries to anticipate what a constituency will want representing a constituency that votes based on its expectations of future performance" (Rehfeld 2011, S. 8). Damit ist die Forschungsfrage beantwortet. Es wurde aufgezeigt, dass Non-Voice-Parties repräsentiert sein müssen, um Demokratie zu legitimeren. Aber sowohl Repräsentation als auch Legitimation müssen spezifiziert werden. Bei der Legitimation handelt es sich zunächst um die grundlegende Legitimation, die diese Notwendigkeit bestimmt. Von dieser muss die funktionale Legitimation abgeleitet werden. Da NVP bereits Teil der grundlegenden Legitimation sind müssen sie auch in der funktionalen Legitimation vertreten sein. Auch die Repräsentation muss auf ihre Funktion für NVP zugeschnitten werden. Es geht hierbei um eine gebundene Repräsentation, die unter klaren und transparenten Regeln erarbeitet und vom Publikum akzeptiert werden muss. Der Repräsentant muss die Interessen der NVP antizipatorisch wahrnehmen. Damit ist die Forschungsfrage beantwortet. Nach diesen Ausführungen muss aber der geschlossene Volksbegriff der Rechtswissenschaft, der bereits in Kapitel 2 ausgeführt wurde, erweitert werden.

Im Gegensatz zu der von Voßkuhle und Kaiser ausgeführten Einschränkung des Volksbegriffs (vgl. Voßkuhle, Kaiser 2009, S. 803) ist in der hier ausgeführten Argumentation gezeigt worden, dass die Betroffenen Teil des Volks und somit Teil des Legitimationssubjekts sein müssen. Dies bedeutet aber nicht, dass die im StAG ausgeführte Bestimmung der Bürger abzulehnen ist. Es ist weiterhin möglich und aus praktikablen Gründen wohl auch richtig, die derzeitige Situation beizubehalten. Sie muss aber, durch die Erweiterung des Volksbegriffs, selber auch erweitert werden. „In der Sprache der politischen Philosophie ist der Begriff des Volkes ein *terminus technicus*. Er bezeichnet die Gesamtheit der Bürger (citizens)" (Chwaszcza 2011, S. 921). Eben diese Definition des *„terminus technicus"* ist aber abzulehnen. Die hiervorgestellte Argumentation zeigt auf, dass Betroffene zwar repräsentiert sein müssen, sind sie aber Angehörige der NVP, müssen sie auf eine spezielle Art und Weise repräsentiert sein. Dies reicht aus um ihre Interessen in den Prozess der Entscheidung von Staatshandlungen einzubinden. Dies ist notwendig da „das Prinzip der Volkssouveränität ein ‚ent-personalisiertes' – um nicht zu sagen: ‚ent-individualisiertes' – Verständnis von

Souveränität" (Chwaszcza 2011, S. 921) ausdrückt. Durch die in Kapitel 4 ausgeführte Argumentation, müssen aber NVP Teil dieses „ent-personalisierten Verständnis von Souveränität" (ebd.) sein.

Es muss nun noch gezeigt werden, dass NVP auch in aktuellen Systemen repräsentiert werden können, ohne den Bürgerstatus abzuschaffen oder das gesamte Staatssystem in einen Weltstaat übertragen zu müssen. Dazu wird im folgenden Kapitel gezeigt, welche Möglichkeiten es für einen solchen Weg gibt. Es werden also Möglichkeiten der Repräsentation von NVP erarbeitet. Im folgenden Kapitel werden nun beispielhafte Fälle der Repräsentation von NVP betrachtet und nach dem bisher Erarbeiteten bewertet. Dies soll auch den realpolitischen Bezug der hier erarbeiteten Argumentation herausstellen.

6 Die konkrete Umsetzung der Repräsentation

Die Forschungsfrage der Arbeit konnte geklärt werden. Alle diejenigen, die von einer Entscheidung betroffen sind, müssen notwendigerweise repräsentiert sein, um Demokratie zu legitimieren. Die Einschränkungen der Forschungsfrage beziehen sich aber zum einen auf die grundlegende Legitimation, d.h., dass nur mit der Unterscheidung in die Form der grundlegenden und funktionalen Argumentation die Forschungsfrage beantwortet werden kann. Die zweite Einschränkung bezieht sich darauf, dass NVP nur dann repräsentiert sein müssen, wenn ihre Interessen betroffen sind. Bisher wurden Non-Voice-Parties bereits auf unterschiedliche Arten beschrieben. Um aber die Übertragung der Forschungsfrage auf die Realpolitik leisten zu können, ist es an dieser Stelle notwendig, unterschiedliche Beispiele zu betrachten, die bereits eine solche Repräsentation vornehmen. Anhand der erarbeiteten Kriterien der Repräsentation kann daraufhin zumindest aus Sicht der Arbeit erläutert werden, ob eine solche Repräsentation im Hinblick auf die Legitimation akzeptabel ist oder nicht.

Die Kriterien, nach denen die Bewertung hier stattfinden soll, kann man wie folgt zusammenfassen.

> Kriterium 1 (K1): Die Repräsentation muss für eine Gruppe, die klar als Teil der NVP definierbar ist, erfolgen.

Wie in der Definition der NVP[85] bereits beschrieben, muss die zu repräsentierende Gruppe klar definierbar sein. Alle ihre Mitglieder müssen also mindestens eine Eigenschaft besitzen, die sie als Mitglieder der Gruppe bestimmt.

> Kriterium 2 (K2): Die Gruppe muss strukturell ausgeschlossen, aber von Staatshandlungen betroffen sein.

Die klar definierten Gruppen müssen strukturell vom politischen Prozess ausgeschlossen sein. Dies ist zwar bereits in der Definition ausgedrückt, wird aber an

---

85 Hier zur Erinnerung noch mal die Definition von NVP: Non-Voice-Parties sind Gruppen von Menschen die nicht wählen können aber von Entscheidungen des Staats betroffen und klar über eine oder mehrere Eigenschaften zu definieren sind.

dieser Stelle noch mal hervorgehoben, um den besonderen Charakter der Repräsentation zu unterstützen. Andernfalls könnte man sie auch nicht als NVP bezeichnen.

Kriterium (K3) Eine gebundene Repräsentation muss möglich sein.

Wie in der Argumentation zur Repräsentation ausgeführt, müssen die NVP durch eine gebundene Repräsentation vertreten werden. Zudem muss der Prozess oder das Verfahren wie der Repräsentant vom Publikum akzeptiert wird unter klar definierten und transparenten Regeln verlaufen. Nur so kann seine Legitimation gewährleistet werden.

Mit diesen drei Kriterien ist nun die Möglichkeit gegeben, unterschiedliche existierende und mögliche Formen der Repräsentation von NVP zu analysieren. Erst wenn alle drei Kriterien erfüllt sind, kann man von einer legitimen Art der Repräsentation und damit einer legitimierten Demokratie sprechen. Die Art und Weise wie NVP repräsentiert werden können und müssen, ist bereits geklärt worden. Diese Repräsentation wird nun anhand ausgewählter Beispiele im weiteren Verlauf des Kapitels überprüft, um ein Verständnis der Auswirkungen dieser Arbeit und der Methode der Überprüfbarkeit zu erlangen. Um dies zu erreichen, wird zunächst die Repräsentation von zukünftigen Generationen betrachtet. Diese NVP dient als Paradebeispiel, da sie sowohl die aufgestellten Kriterien vollständig und einfach ersichtlich erfüllt, aber auch die Probleme, die bei der Repräsentation von NVP entstehen, sehr gut offenlegt. Danach wird in Kürze auf den Südschleswigschen Wählerbund als eine potenzielle Form der Repräsentation anderer möglicher NVP eingegangen. Zum Schluss wird eine Zusammenfassung dazu erstellt, wie die Repräsentation anderer NVP aussehen kann und wie eine solche, zumindest theoretisch, erreicht und überprüft werden könnten.

6.1   Die Repräsentation von zukünftigen Generationen

Es gibt eine breite Debatte dazu, ob zukünftige Generationen überhaupt repräsentiert werden können oder müssen. In der Argumentation wurde gezeigt, dass sie, wenn sie als NVP definierbar sind auch repräsentiert werden müssen.

> „Despite the tendency to discount the future, there is no discernible reason for regarding future human beings as any less equal than present ones, in which case representing their interests indirectly through present generation sympathizers amounts to an injustice" (Dobson 1996, S. 135).

Dobson gibt eine sehr einfache Begründung darüber, warum zukünftige Generationen repräsentiert sein sollen. Die bisherige Analyse hat einen etwas weitergehenden Ansatz gewählt. Auf Grundlage dieses Ansatzes sind eine Reihe von Kriterien entstanden, die betrachtet werden müssen, um eine Legitimation von demokratischen Staaten zu gewährleisten. Im Kontext der bisherigen Argumentation hat man gesehen, dass die Repräsentation von NVP notwendig ist. Wie bereits geklärt, wird nun auf die erste der angeführten Beispielgruppen eingegangen. Zukünftige Generationen (z. G.) müssen als Gruppe zunächst in ihrer zeitlichen Dimension definiert werden. Es ist festzuhalten, dass mit z. G. alle diejenigen gemeint sind, die zum jetzigen Zeitpunkt nicht geboren sind. Es macht aber einen fundamentalen Unterschied, ob man über die kommende Generation derer spricht, die noch zu Lebzeiten der aktuellen Generation geboren werden, oder ob man diejenigen betrachtet, die in 200 Jahren geboren werden[86]. Diejenige Generation, die noch innerhalb der Zeit, in der die aktuelle Generation lebt, geboren wird, war schon immer Teil der Betrachtung ethischer Überlegungen. Die hier angeführte Aussage bezogen sich von der Idee her immer auf den Leitsatz: ‚Meine Kinder sollen es mal besser haben als ich'. Mit anderen Worte man wollte eine mindestens gleich gute Welt hinterlassen wie die, in die man selber geboren wurde, eigentlich liegt aber der Fokus dieser Aussage darauf eine ‚bessere' Welt zu schaffen.

Dass aber inzwischen auch Generationen in Betracht gezogen werden, die in weiterer Zukunft geboren werden, liegt unter anderem an der veränderten Ausgangslage. Der Mensch ist das erste Mal in ein Zeitalter eingetreten, in dem er bewusst seine Umwelt über viele Generationen hinaus verändern kann (vgl. Tremmel 2012, S. 17 – 21). Wir sind heute aber das erste Mal in der Lage, die von uns verursachten Veränderungen besser verstehen und einschätzen zu können. Es ist dementsprechend für uns relevant geworden, den Blick auch auf z. G. zu richten, die in eine weiter entfernte Zukunft geboren werden. Hiermit erfüllen sich schon die Kriterien (K1) und (K2). Die vereinende Eigenschaft ist es, zum Zeitpunkt der Staatshandlung noch nicht geboren zu sein, die Betroffenheit wurde bereits herausgestellt.

Die Möglichkeit, dass zukünftige Generationen überhaupt Repräsentation erfahren können, wird immer wieder angegriffen. Die Kritik bezieht sich in unterschiedlicher Formulierung ei-gentlich immer auf die folgenden Punkte.

> „It is increasingly hard to resist the pressure to take account of the interests of future generations when determining present policy. Pressure is resisted for all sorts of rea-

---

86 Jörg Tremmel bildet diese Debatte in seinem Kapitel ‚Vergleiche zwischen den Generationen' ausführlich ab (vgl. Tremmel 2012, S. 35-65, vgl. auch Fotion, Heller 1997).

sons: that non-existent people cannot have interests, that the interests of future people (assuming it is possible for such people to have them) cannot form part of the political process because they cannot be represented, and/or that we cannot know what the interests of future people will be" (Dobson 1996, S. 131f.).

Die bisherige Analyse hat gezeigt, dass die Interessen der zukünftigen Generationen als Teil der NVP repräsentiert werden müssen.

Immer dann, wenn zukünftige Generationen von Staatshandlungen heute Lebender betroffen sind, muss eine Repräsentation erfolgen, damit die Legitimation des Staates gewährleistet werden kann. Hier stellt sich aber das offensichtliche Problem, dass z. G. weder wählen können, noch gewählt werden können (vgl. Dobson 1996, S. 132). Dies ist ein grundlegendes Problem in der Analyse der Repräsentation von NVP. Die einzige Lösung scheint es zu sein, einen Repräsentanten aus der aktuellen Generation zu bestimmen, um für z. G. zu sprechen. „It seems, then, that we are stuck with appointing representatives" (Dobson 1996, S. 132). Dieses ,appointment' ist nichts Anderes als das, was in Kapitel 5 als gebundene Repräsentation definiert wurde. Damit wäre hypothetisch das dritte Kriterium (K3) erfüllt. Diese gebundene Repräsentation ist aber nur dann umgesetzt, und so (K3) erfüllt, wenn sie zu einer Akzeptanz des Repräsentanten durch das Publikum, indem sie diese Repräsentation vollziehen, unter klar definierte und transparente Regeln führt. Aus diesem Grund werden im Folgenden einige Beispiele betrachtet, wie eine solche Repräsentation zukünftiger Generationen aussehen könnte. Bevor eine solche Analyse aber geschehen kann, muss zunächst ein prominentes Gegenargument in der Debatte um zukünftige Generationen betrachtet werde. Derek Parfit argumentiert in seinem Buch ,Reasons and Persons' für das sogenannte ,Non-Identity-Problem' (NIP). Es wird in der Debatte zur intergenerationellen Gerechtigkeit bzw. in der Debatte zur Interaktion mit zukünftigen Generationen generell breit diskutiert (vgl. z. B. Tremmel 2012; Benatar 2006; Fishkin 1991; Woodward 1986 und 1987). Der Ansatzpunkt in dieser Debatte ist, dass das NIP oft als Gegenargument bei Fragen der Pflichten und Rechte genutzt wird (vgl. Parfit 1987, S. 351). Die hier vorgestellte Arbeit argumentiert allerdings nur auf Grundlage politischer Handlungen, das Feld der Kritik durch das NIP ist also auf diesen Umfang reduziert.

Die Grundlage seiner Argumentation ist eine Definition der Gruppen, die als kommende Generationen in der Zukunft leben könnten. Hier arbeitet er zwei Typen der Klassifizierung solcher Gruppen heraus, wobei der eine Typ nochmals in zwei weitere Gruppen aufgeteilt wird. Das dargestellte Schema folgt einem Beispiel, bei dem eine Entscheidung, die zukünftige Generationen betrifft, gefällt werden muss. Aus diesem Beispiel ergibt sich die zuvor angesprochene Unter-

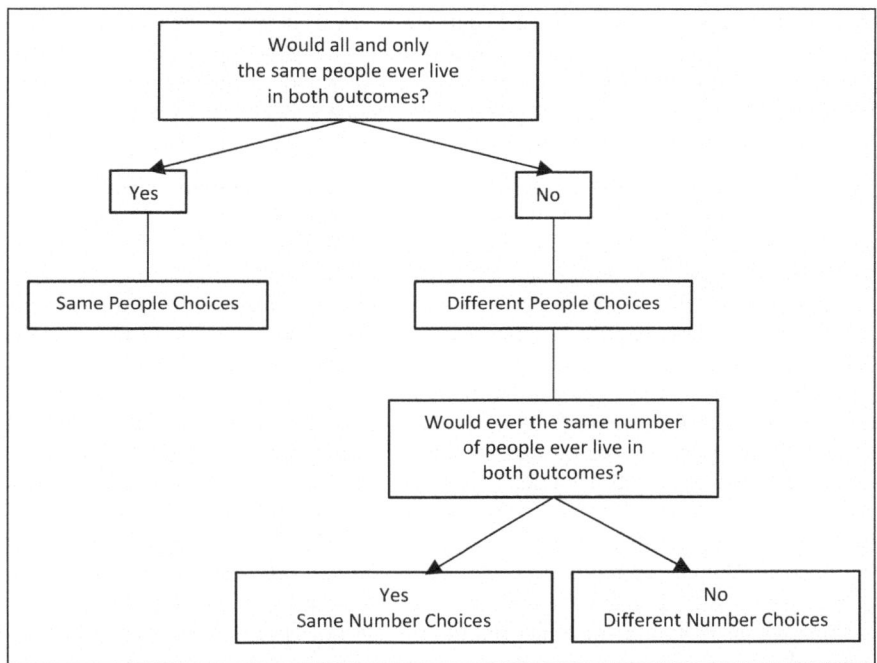

Abb. 1: Das Non-Identity-Problem. Quelle: Parfit 1987, S. 356

scheidung. Die Gruppen werden anhand des Ergebnisses dieser Entscheidung eingeteilt. Auf der einen Seite steht die Gruppe zukünftiger Personen, die in ihrer Zusammensetzung nicht verändert wird. Die Unterscheidung orientiert sich an der Konsequenz der Entscheidung. So nennt Parfit den ersten Fall ‚Same People Choice'. Verändert sich die Gruppe durch die Entscheidung, nennt er dies 'Different People Choice'. Letzteres unterteilt er nochmals in zwei Gruppen, die er, abhängig von der Zahl der Mitglieder, ‚Same Number Choice' oder ‚Different Number Choice' nennt (Parfit 1987, S. 355).

Das NIP existiert nur dann, wenn es sich um 'Different People Choices' handelt. Das Argument läuft, zusammengefasst, wie folgt ab: Es gibt eine Entscheidung zwischen A und B, wobei A und B die Handlungsoptionen sind, die einen Einfluss auf die Existenz zukünftiger Personen haben. Mit anderen Worten, wenn A gewählt wird kommt in der Zukunft die Gruppe von Menschen, die wir A' nennen, in die Existenz. Wenn B gewählt wird kommt die Gruppe von Menschen, die wir B' nennen, in die Existenz. Wie man sich auch entscheidet, es kommt immer die Gruppe der jeweiligen Handlung in die Existenz. Parfit argumentiert jetzt, dass es egal ist, welche Konsequenzen die Entscheidung auf das Leben der zukünftigen Personen hat, da sie ja, hätte man sich anders entschieden, nie existiert hätte. B' würde also jede negative Konsequenz akzeptieren müssen, da sie ja sonst sowieso nicht in die Existenz gekommen wären (Parfit 1987, S. 351-379).

Das NIP wird in der aktuellen Debatte dann widerlegt, wenn fundamentale Rechte, wie zum Beispiel die Menschenrechte der betroffenen Personen, eingeschränkt werden (vgl. Shue 1996; Meyer 2003). Ein gutes Beispiel hierzu liefern die Auswirkungen des Klimawandels auf Menschenrechte. Die Ebene der Betroffenheit von NVP lässt sich gut am Beispiel des Klimawandels erörtern. So führt Ekardt in einer Studie aus, inwiefern die Auswirkungen des Klimawandels die Menschenrechte auch zukünftiger Generationen verletzten. „Die [...] künftigen Klimafolgen werden jedenfalls die Menschheit insgesamt treffen und nicht einfach einzelne Personen. Zumindest jeder jüngere Bürger [...] kann deshalb plausibel darlegen, dass er künftig in seinen Menschenrechten durch eine mangelnde Klimapolitik betroffen sein wird" (Ekardt 2011, S. 5). Hierzu lässt sich auch Simon Caney (vgl. Caney 2010) heranziehen. Gerade die zukunftsgerichtete Ausgestaltung der Menschenrechte zeigt, dass Menschen in der Zukunft von heutigen Staatshandlungen betroffen werden können. „In jedem Fall gibt es [...] gerade keine Regel, dass Menschenrechte nur dann geltend gemacht werden können, wenn lediglich Einzelne und nicht viele oder gar alle Menschen betroffen sind" (Ekardt 2011, S. 5). Die Argumentation der Arbeit zeigt, dass in diesem Fall die betroffen NVP politisch eingebunden werden muss. Die Einschränkung der Menschenrechte gilt für den Menschen qua Menschsein und ist somit nicht vom NIP betroffen. Hier werden keine Einzelpersonen als Betroffene herausgestellt, sondern alle Menschen als Menschen, die in der Zukunft leben werden. Es ist somit notwendig, sich die Möglichkeit der Repräsentation dieser näher zu betrachten.

Am Beispiel von z. G. wird nun die Möglichkeit der Repräsentation durch eine Reihe von Möglichkeiten betrachtet. Jörg Tremmel arbeitet hierzu in einem Artikel eine Analyse der weltweiten bestehenden Formen der Verankerung zukünftiger Generationen heraus (vgl. Tremmel 2004). Tremmel unterteilt seine Analyse in zwei Möglichkeiten. Er führt zum einen, in seinen Worten, die materiell-rechtliche Lösung und zum anderen die Möglichkeit neuer Institutionen an. In der materiell-rechtlichen Lösung geht es um die Verankerung der Rechte z. G. in der Verfassung.

> „Bei einer materiell-rechtlichen Lösung wird der Schutz kommender Generationen direkt in die Verfassung geschrieben. Das Verfassungsgericht bzw. der „Constitution Court" des jeweiligen Landes wird zur Instanz, die über die Rechte kommender Ge-

nerationen wacht bzw. diese gegen die Interessen heutiger Generationen abwägt" (Tremmel 2004, S. 45).

Beide Lösungen werden im weiteren Verlauf aufgegriffen. Vorab ist zur materiell-rechtliche Lösung zu sagen, dass sie in dieser Arbeit nicht als eigenständige Option, sondern maximal als Ergänzung zur Institutionalisierung der Repräsentation angesehen wird. Es geht bei dieser Form um die gesetzliche Verankerung der Rechte zukünftiger Generationen und somit nicht um die gebundene Repräsentation (vgl. Tremmel 2004, S. 44f.). Diese Lösung ist aber möglich und kann unter Umständen notwendig sein, um die in dieser Arbeit herausgestellte Form der Repräsentation im Bereich der funktionalen Legitimation umzusetzen.

Tremmel führt als zweiten Lösungsvorschlag die institutionelle Verankerung der Repräsentation aus und spricht hierzu einige Beispiele an.

„Alternativ zur materiell-rechtlichen Verankerung in der Verfassung sehen andere Ansätze vor, eine neue Institution zu schaffen, die z. B. mit „Ökologischer Rat", „Dritte Kammer", „Ombudsmann", „Zukunftsrat" oder Ähnliches bezeichnet wird" (Tremmel 2004, S. 45).

Unabhängig von den angesprochenen konkreten Vorschlägen ist hier konkret eine Art der Repräsentation von z. G. als Lösung für die Problematik gemeint. Der hierzu offensichtlichste Vorschlag wäre eine direkte Repräsentation durch Vertreter aus der Volksmitte. Diesen Vorschlag kann man in zwei Wegen ausführen. Zum einen kann man von sogenannten ‚Proxy Repräsentanten' sprechen. Von Repräsentanten also, die durch ein zu definierendes Verfahren als Repräsentanten z. G. im jeweiligen Parlament sitzen. Diese Repräsentanten würden dann entsprechend wie normale Parlamentarier behandelt werden. „The successful candidates would then sit in the democratic assembly alongside present generation representatives" (Dobson 1996, S. 132). Die zweite Möglichkeit ist die Repräsentation durch eine institutionalisierte Vertretung, wie z. B. eine Ombudsperson für zukünftige Generationen. Dieses Amt würde entsprechend zwar von einem Repräsentanten ausgeführt, dieser wäre aber, in zu definierendem Rahmen, nicht als ‚normaler' Parlamentarier zu behandeln. Auf beide Vorschläge wird nun im Folgenden eingegangen.

6.1.1   Die Proxy Repräsentation

Die Idee der Proxy Repräsentation wird von Dobson in einem Artikel das erste Mal ausführlich dargelegt. „There are indeed no actually existing future generations which could either supply representatives or choose them, but proxy (or substitute) future generations could be drawn from the present one" (Dobson

1996, S. 132). Dieser Vorschlag zielt also darauf ab, aus den heute existierenden Personen eine Gruppe zu wählen, die als Repräsentanten für zukünftige Generationen fungiert. Es gibt auch andere Autoren, die eine solche Repräsentation fordern. „[T]here should be a reference group, acting as a proxy for future people, towards whom the representative of future generations should be accountable. The parliament at large or a parliamentary committee could act as such a reference group" (Gosseries 2008, S. 36). Hier wird allerdings zunächst der Vorschlag von Dobson betrachtet, der die Proxy Repräsentation im Detail vorstellt. Ihre Position im Parlament beschreibt er wie folgt:

> „The proxy would function in exactly the same way as any democratic electorate. It would, in the first place, 'be' the future generation electorate, and candidates for representing the interests of future generations would be drawn from it" (Dobson 1996, S. 132).

Es gibt nach der Definition Dobsons also keinen Unterschied der Funktion ihrer Ämter zu den 'normal' gewählten Parlamentariern. Auch die Frage der Haftung und Autorisation klärt Dobson dadurch, dass diese Repräsentanten wie ‚normale' Repräsentanten gewählt würden. „These candidates would fight election campaigns, outlining their objectives as far as furthering the interests of future generations are concerned, [...]" (Dobson 1996, S. 132). Der Vorteil dieses Vorschlags ist, dass die Problematik der Haftung und der Autorisation wegfallen. Dadurch, dass Repräsentanten für zukünftige Generationen gewählt werden, wären sie zumindest auf den ersten Blick vergleichbar mit der ‚normalen' Repräsentation (vgl. Dobson 1996, S. 132). Die Problematik, die hier allerdings entsteht, ist das freie Mandat der ‚Proxy' Repräsentanten. Wie in Kapitel 6 argumentiert, muss die Repräsentation von NVP durch eine gebundene Repräsentation erfolgen, um sicherzustellen, dass in der hier vorgestellten Argumentation ihre Interessen in den für sie relevanten Entscheidungen vertreten sind. Die Proxy Repräsentation erfüllt Kriterium 3 also nicht. Aus diesem Grund ist der zweite Weg der Repräsentation näher zu betrachten. Wird die Repräsentation von NVP institutionalisiert, so ist dieses Amt an die Vorgaben durch die Institutionalisierung gebunden. Dies soll im Fall der z. G. am Beispiel der ungarischen Ombudsperson belegt werden.

6.1.2   Die Ombudsperson für zukünftige Generationen

Die Funktion einer Ombudsperson stellt eine spezielle Art der Repräsentation dar. Die Idee eines solchen Amts geht auf den sogenannten schwedischen ‚Justitieombudsman' zurück. Dieser begleitet die politische Arbeit in Schweden seit 1809 (vgl. Hoffman, Mégret 2005, S. 53). Diese Institutionalisierung differenziert sich aber in unterschiedlichen Ebenen und vor allem in Hinblick auf unterschiedliche Funktionalitäten aus. Gemeinsam ist ihnen aber, dass sie ein gewisses Maß an Unabhängigkeit brauchen und auch als Beschwerdestelle für öffentliche Anliegen gelten müssen. Hierzu führen Hoffman und Mégret Folgendes aus:

> „[A]ll ombudspersons share a number of basic features that strike a balance between the needs of accountability and institutional accommodation. At the minimum, ombudspersons are meant to be independent from both the body that created them and the agencies they oversee; they should be competent to receive complaints from the general public; they need to be empowered to carry out some form of independent investigation on those complaints; and they need to be able to take some form of remedial action" (Hoffman, Mégret 2005, S. 54).

Gemeinsam ist Ombudspersonen, dass sie eine Balance zwischen Haftung und Institutionalisierung des Amts erreichen. Dazu müssen sie unabhängig sein und die Möglichkeit zur Beschwerde geben (vgl. ebd.). Gerade die Handlungsfähigkeit ist auch in Hinblick auf die Repräsentation z. G. ein zentraler Faktor. Hoffman und Mégret sehen aber auch, dass es sich bei Ombudspersonen nicht um eine im klassischen Sinn vollwertige juristische Institution handelt, die entsprechend den anderen Institutionen ein uneingeschränktes Betätigungsfeld aufweist.

> „Beyond these defining features, because the flexibility of ombudspersons is largely due to the fact that they are not full-blown judicial bodies, their remedial powers are usually recommendatory rather than binding, and their ability to effect compliance rests primarily on the publicity of their reports rather than on formal prosecutorial competences" (Hoffman, Mégret 2005, S. 54).

Diese Funktion des Sichtbarmachens und der Einbindung der Öffentlichkeit, die ein solches Amt erzeugt, ist bei der Repräsentation von NVP ein notwendiger Faktor. Es bleibt aber zu fragen, ob dies ausreicht, um die Repräsentation der Interessen im Sinne der grundlegenden Staatslegitimation zu gewährleisten. Gerade das hier angestrebte Ziel einer Repräsentation zukünftiger Generationen muss eine spezielle Definition des Amtes der Ombudsperson in den Blick nehmen. Die Institutionalisierung der Vertretung z. G. durch ein solches Amt kann nur eine Repräsentation mit ‚bindendem Auftrag' sein. Dies ist aber durch die beschriebene Abhängigkeit des Amts der Ombudsperson von der ihr gestellten Aufgabe gegeben. Wie bereits gezeigt, bedeutet das, dass der Repräsentant, in diesem Fall die Institution der Ombudsperson, direkt an die Interessen derer gebunden ist, die sie vertritt. Eine Analyse der bereits bestehenden Ombudsperson in Ungarn trägt hierzu die entscheidenden Punkte bei.

Die Idee, eine Ombudsperson für zukünftige Generationen zu etablieren, hat in Ungarn bereits im Jahr 1995 ihre geschichtlichen Wurzeln. Im Jahr 2001 wurde dann ein erstes Gesetzt verfasst, in dem der Ombudsman institutionalisiert werden sollte. Dieses Gesetz wurde 2007 vom Parlament erlassen und im März 2008 umgesetzt (vgl. Fülöp et al. 2009). Im Jahr 2011 kam es zu einer Erneuerung der Definition dieser Position. Im Zuge dieser wurden sowohl ihr Aufgabenbereich als auch ihre finanziellen Mittel reduziert. Hier wird das Amt vor dieser Reduzierung betrachtet, da es zu dem früheren Zeitpunkt mehr Aufgaben und Kompetenzen besaß, die für die Repräsentation z. G. interessant sind. Die Aufgabenstellung wird im Report von 2009 ausführlich dargestellt.

> „The Commissioner's Office has operated since December 2008 with a staff of 35 and a wide network of legal and environmental experts. The new institution performs three duties: complaints investigation; parliamentary advocacy; strategic development and research. Anyone can turn to the complaints investigation office, and the cases are processed by experts with a complex approach based on the principle of integration" (Fülöp et al. 2009, S. 8).

Das Design dieses Amtes ist also vom Herangehen an das angepasst, wie Hoffman und Mégret das Amt der Ombudsperson generell beschreiben (vgl. Hoffman, Mégret 2005, S. 54). Auch die Eingrenzung des Amts gegenüber den anderen Institutionen ist vorhanden. Das Amt ist selber insofern begrenzt, als es keinen Einfluss auf andere Institutionen nehmen kann (vgl. Fülöp et al. 2009, S. 9). Die Art und Weise, wie eine Umsetzung gelingen kann, ist allerdings, im Gegensatz zu dem vorher beschrieben, deutlich erweitert.

> „If any constitutional improprieties are encountered, depending on the weight and character of the case, the Commissioner is entitled to carry out a wide range of measures, from calling the authority or other body to take necessary remedial steps, suspending the execution of administrative resolutions, through initiating or intervening administrative or civil legal actions, up to taking the floor in the House of Parliament" (Fülöp et al. 2009, S. 8).

Das Feld der politischen Einflussnahme des ungarischen Ombudsmans ist also bedeutend weiter als die Funktion des politischen Ratschlags. Die hier vorgestellte Ausgestaltung würde generell die Repräsentation von NVP mit einbeziehen, da es der Ombudsperson in einer solchen Form sowohl möglich wäre, auf den Gesetzgebungsprozess einzuwirken, wenn es um die für dies spezielle Gruppe relevanten Themen geht, als auch auf bereits bestehende Probleme einzugehen. Aus der Argumentation in Kapitel 4 und 5 ergibt sich die gebundene Repräsentation, die die betroffenen Interessen der NVP in den politischen Prozess einbinden muss. Dies ist hier der Fall. Die Institutionalisierung der Repräsentation z. G. in Ungarn bezieht aber einen Aspekt ein, der in dieser Hinsicht kritisch zu betrachten ist.

Es wurde ja bereits ausgeführt, dass die Repräsentation durch eine Ombudsperson an einen speziellen Auftrag gebunden sein muss. Dieser ist auch in Ungarn formuliert worden.

„The Commissioner's activity is based on the Constitution, according to which: 'The Republic of Hungary acknowledges and enforces everyone's right to a healthy environment.' As laid down in the Constitutional Court's thesis of theoretical significance, this is a fundamental right forming part of the right to life, the quality of life, which allows restriction only to the extent necessary to protect other fundamental rights. From this, one can deduce the prohibition against reducing the existing level of environmental protection, a principle we consider as a general standard in our work" (Fülöp et al. 2009, S. 9).

Die Institutionalisierung hängt also in diesem Fall an der Verfassung Ungarns. Der Status ihres Aufgabengebiets ist also sehr fest verankert. Dies bedeutet aber nicht, dass die Institution selber diese Verankerung erfährt. Die genaue Umsetzung einer solchen Verankerung wäre Teil der Analyse der funktionalen Legitimation, müsste aber vor allem auch aus rechtswissenschaftlicher und politikwissenschaftlicher Sicht betrachtet werden. Im Report von 2009 wird ausgeführt, das die Verankerung der Aufgaben in der Verfassung sich auf das Monitoring, die Evaluation und Kontrolle, sowie die Vollstreckung rechtlicher Vorschriften in Hinblick auf die Nachhaltigkeit und die Umwelt beziehen (vgl. Fülöp et al. 2009, S. 9). Es ist aber die Frage zu stellen, wie solche Fälle, die der Ombudsman behandeln muss, definiert werden. Gerade dieser Punkt ist für die hier aufgeführte Argumentation von Bedeutung, denn daraus lässt sich ableiten, wodurch die Bindung der Repräsentation entsteht.

„What should be regarded as an environmental case is determined by the Act on Environmental Protection as: actions, omissions, decisions, measures concerning the elements of the environment, their systems, processes and structure " (Fülöp et al. 2009, S. 5).

Es ist also in diesem Fall eine festgeschriebene Bindung, die das Amt des Ombudsmans in Ungarn sowohl in seiner Funktion (durch die Verfassung) als auch in der Definition Ausübung seines Aufgabenbereichs Act on Environmental Protection festlegt[87]. Die Repräsentation des Ombudsmans in Ungarn konzen-

---

87 Der Report selber stellt diese Festlegung selber heraus. „The parliamentary advocacy role is aimed at environmental legislation, the most important draft laws within this field are usually sent to us by those submitting them for consultation, however sometimes the office receives only informal notices of these. The function of strategic development and research covers the duty of representing future generations' interests. Within this field, the Commissioner has launched comprehensive six year strategic research projects on the issues of the availability of environmental information, the climate and energy policy, and the study and support of sustainable local communities" (Fülöp et al. 2009, S. 8).

triert sich allerdings, wie hier dargelegt, auf ökologische Probleme. Dieser Bereich ist zwar für die Repräsentation von zukünftigen Generation von hoher Bedeutung, er deckt aber nicht alle politischen Entscheidungen ab, in denen z. G. durch Staatshandlungen betroffen werden.

> „A representative for future generations caring only about the environment, for example, would be comparable with a single issue political party. Such a narrow scope runs the risks of unjustified biases" (Gosseries 2008, S. 36).

Gosseries führt aus, dass es unzureichend ist, sich nur auf einen Teilbereich zu konzentrieren. Eine Institutionalisierung der Repräsentation durch eine Ombudsperson für NVP erfüllt die Rahmenbedingungen, um mit der in dieser Arbeit vorgestellten Argumentation übereinzustimmen. Es muss aber klar werden, dass im Fall der Institutionalisierung das gebundene Mandat alle Felder abdeckt, die die betroffenen Interessen der NVP aufgreifen.

6.1.3   Die konstitutionelle Verankerung

Wie mit Tremmel beschrieben, gibt es eine weitere Möglichkeit der Repräsentation von zukünftigen Generationen. Es wurde aber bereits dafür argumentiert, dass eine Verankerung der Rechte dieser Gruppe in der Verfassung nur als unterstützend zur institutionellen Repräsentation, nicht als alleinige Form der Repräsentation angesehen werden kann. Däubler-Gmelin legt in der Auseinandersetzung eines Vorschlags von Tremmel, Laukemann und Lux (vgl. Tremmel, Laukemann, Lux 1999) zur Erweiterung des Grundgesetzte die Probleme der Einarbeitung des Schutzes z. G. breit dar (vgl. Däubler-Gmelin 2000). Axel Gosseries erläutert die Probleme aus der Perspektive der politischen Philosophie.

> „The tools used in a constitution to offer even stronger guarantees to the rights of future people simultaneously restrict the sovereignty of coming generations. Constitutionalization is thus not straightforwardly compatible with the demands of intergenerational justice" (Gosseries 2008, S. 31).

Um diese Argumentation zu stärken, geht er auf die Argumente von Thomas Jefferson ein. In Kürze lässt sich das Argument wie folgt formulieren. Durch die Einbindung der Rechte z. G. in die aktuelle Verfassung wird diesen die Möglichkeit genommen, selber über ihre Rechte zu bestimmen (vgl. Gosseries 2008, S. 32f). Gosseries hält dagegen, dass durch das Überlappen der Generationen, also die gleichzeitige Existenz mehr als nur einer Generation, diese an der Verfassung und deren Ausgestaltung teilhaben und so eine „generational sovereignty" gegeben ist (vgl. Gosseries 2008, S. 33). Er führt aus, dass es bereits in vielen Verfassungen eine Idee der intergenerationellen Gerechtigkeit gibt. Für ihn gibt es also Argumente dafür, den Schutz der Rechte z. G. in eine Verfassung einzubinden.

> „[W]hat we can see, especially insofar as constitutions explicitly incorporate a concern for intergenerational justice, is that we are far from being left with no argument at all in defense of constitutional rigidity and of why subsequent generations should feel bound by constitutions adopted earlier" (Gosseries 2008, S. 34).

Gerade der Umstand, dass z. G. keine eigene Stimme haben und somit im Vergleich, zu den heute existierenden, eine deutlich schwächer gestellt sind bedeutet, dass sie ‚spezielle Garantien' brauchen. „The voicelessness of future generations thus calls for special guarantees" (Gosseries 2008, S. 36). Gosseries sieht aber auch, dass sie eine Institutionalisierung und schlägt eine Form der bereits dargestellten Proxy Repräsentation vor (vgl. Gosseries 2008, S. 36). Diese Proxy Repräsentation reicht aber nach Gosseries nicht aus, um die Repräsentation z. G. langfristig zu gewährleisten (vgl. Gosseries 2008, S. 36). Ob diese Art der Verankerung der Rechte z. G. oder andere NVP in der Verfassung zu leisten ist, wird von Rechtswissenschaftlern zu klären sein. Da sich diese Frage im Bereich der funktionalen Legitimation bewegt, wird sie hier nicht weiter ausgeführt. Es war nur wichtig, dass sie als Form angesprochen wird, um zu zeigen, welche Möglichkeiten es gibt. Sie kann und muss voraussichtlich als komplementär zu einer Form der gebundenen Repräsentation z. G. gesehen werden, wie auch am Beispiel der ungarischen Ombudsperson ausgeführt wurde. Die Aufgabe dieses Teils der Arbeit war es lediglich herauszustellen, welche Form der Repräsentation zukünftiger Generationen und anderer NVP die hier vorgelegten Rahmenbedingungen der Argumentation erfüllt. Dies geschieht durch eine Institutionalisierung der Repräsentation durch eine Ombudsperson.

6.2   NVP als Klageberechtigte

Neben der direkten politischen Repräsentation, durch zum Beispiel eine Ombudsperson (wie im vorherigen Teil des Kapitels dargestellt) gibt es auch die Möglichkeit, betroffenen Menschen eine Klageberechtigung einzuräumen. Prominent wird diese Debatte von Peter Lawrence (vgl. Lawrence 2013) und Felix Ekardt (vgl. Ekardt 2011) geführt. Ekardt leitet die Notwendigkeit einer solchen Klageberechtigung aus den potenziellen Menschenrechtsverletzungen, die durch den Klimawandel entstehen ab.

> „Dass die Betroffenheit künftiger Generationen sowie von Menschen in vielen Entwicklungsländern durch den Klimawandel voraussichtlich noch deutlich drastischer

ausfallen wird, macht auch diese Personenkreise grundsätzlich zu möglichen Klägern" (Ekardt 2011, S. 5).

Diese Art der Repräsentation greift eine andere Säule der Gewaltenteilung in der Demokratie auf. So basiert die hier geforderte Art nicht auf einer Beteiligung am politischen Prozess durch die Einbindung der Stimme der Non-Voice-Parties. Sie bezieht sich auf die Beurteilung von Staatshandlungen durch Gerichtsverfahren. Diese Form der Repräsentation ist derzeit allerdings auch nicht umgesetzt.

> „Für künftige Generationen fehlt es bisher im deutschen und europäischen Recht freilich an einer Regelung über eine Prozessstandschaft, damit jene Rechte heute –
> wo dies noch reale Wirkungen erzielen könnte – sinnvoll vor Gericht gebracht werden können, obwohl künftige Generationen (naturgemäß) dort nicht selbst auftreten können" (Ekardt 2011, S. 5).

Ekardt argumentiert hier dafür, z. G. eine Klageberechtigung vor Gericht einzuräumen. Über Vertreter z. G. in Form von Anwälten könnte so ihre Rechte sichergestellt werden. Diese Form der Repräsentation vor Gericht ist zwar interessant, lässt sich aber nicht direkt in die hier vorgestellte Argumentation eingliedern. Das Problem hier ist, dass es nur um die Eingliederung in das Rechtssystem, und damit um eine Frage der funktionalen Legitimation, handelt. Die Argumentation in Kapitel 4 und 5 bezieht sich aber auf die Einbindung der Interessen der NVP in den Entscheidungsprozess bei politischen Handlungen. Die Möglichkeit zur Klageberechtigung ist also ein Aspekt, der als Teil des Anspruchs von NVP auf Grundlage der Argumentation in Kapitel 4 behandelt werden könnte. Da aber hierbei die Interessen der NVP nicht aufgegriffen werden und sie so keine Partizipation an Entscheidungsprozessen haben, ist diese Art der Einbindung nicht ausreichend. Es wäre allerdings die Aufgabe einer anderen Arbeit diese Argumentation weiter auszuführen.

6.3   Die Repräsentation von Ausländern die im Land leben

Neben der Repräsentation z. G. gibt es noch eine Reihe anderer Gruppierungen, die per Definition derzeit keine eigene Repräsentation erfahren, obwohl sie direkt von Staatshandlungen betroffen sind. So sind z. B. die im Land lebenden Ausländer von Steuern und Sozialgesetzen betroffen und müssen sich auch so an die landesübliche Gesetzgebung halten, was (K2) belegt. Ausländer sind qua Definition keine Bürger, somit in erster Linie nicht wahlberechtigt (vgl. Voßkuhle und Kaiser, S. 803) und nicht in den Gesetzgebungsprozess eingebunden. Sie sind aber per Dokument klar als Ausländer zu identifizieren. Somit ist (K1) gegeben. Es gibt nun unterschiedliche Möglichkeiten, Ausländer zu repräsentieren.

Auch hier ist eine gebundene Repräsentation, wie die der z. G. durch eine Ombudsperson vorstellbar, da somit auch (K3) erfüllt wäre. Es gibt allerdings einige
andere Ansätze, um die Gruppe zu repräsentieren. Es wird Aufgabe einer anderen Arbeit sein, eine umfassende Analyse der bereits bestehenden Systeme zu
liefern. Man könnte sich so zum Beispiel die Frage stellen, ob ein Ausländerbei-
rat, wie er schon in einigen Kommunen etabliert wurde, ausreicht oder ob eine
der unter zukünftigen Generationen erarbeiteten Formen der Repräsentation von
NVP einen vielversprechenderen Ansatz bilden würde.

Was unter dem Beispiel der zukünftigen Generationen noch nicht betrachtet
wurde, ist, eine eigene Partei für die einzelnen Gruppen der NVP ‚einzuführen'.
Hier kann das Beispiel der Ausländer, die im Land leben einen interessanten
Input liefern. Es gibt in Deutschland ein Beispiel einer solchen Partei mit speziellen Sonderrechten, den Südschleswigsche Wählerverband (SSW), der nicht
unter eine 5% Hürde fallen kann. Der SSW wurde 1984 gegründet und hat die
Funktion die dänische Minderheit in Schleswig-Holstein zu vertreten (vgl. mit
einer ausführlicheren Diskussion Drochner 2007). Die Problematik, die hier entsteht, ist, dass diese Partei regulär gewählt wird. Würde man jetzt diese Argumentation auf die NVP übertragen, würde man sich, auf einer theoretischen Ebene, wieder dem Problem der Proxy Repräsentation stellen müssen. Die dänische
Minderheit erfüllt aber auf einer praktischen Ebene das Kriterium (K2) nicht. Sie
mag eine strukturelle Minderheit sein, da sie über das Kriterium der dänischen
Herkunft verfügt und aufgrund dieses durch den SSW vertreten wird, sie sind
aber wahlberechtigt und somit nicht strukturell vom politischen Diskurs ausgeschlossen.

6.4   Weitere NVP

Es gibt eine ganze Reihe weiterer Ansätze, die in dem hier vorgestellten Schema
analysiert werden können. Eine tiefere Beschäftigung mit den realpolitischen
Implikationen und Umsetzungsmöglichkeiten ist allerdings keine Aufgabe, die in
einer Arbeit der politischen Philosophie zu leisten wäre. Die Politikwissenschaft
ist für diese Aufgabe besser geeignet. Was in diesem Kapitel gezeigt werden
sollte, war lediglich ein methodisches Vorgehen, mit dem die Überprüfung der
einzelnen Ansätze, insbesondere im Bereich der zukünftigen Generationen ge-
leistet werden kann. Diese bieten sich besonders als Beispiel an, da sie einen
Großteil der Problemstellungen der anderen NVP mit sich bringen. Sie wurde
also hier exemplarisch vorgestellt und umfassend diskutiert. Der SSW war für
Argumentation insofern notwendig, als sie eine Form der Repräsentation aufge-

zeigt hat, die offensichtlich bei anderen Gruppen der NVP möglich wäre. Sie hat aber auch gezeigt, dass es Gruppen gibt, die zwar strukturelle Minderheiten sind, nicht aber der Gruppe der NVP zugeordnet werden können. Ob strukturelle Minderheiten von der hier vorgestellten Argumentation erfasst werden müssen, kann ein interessantes Argument sein. Dazu müsste aber die Definition der NVP ausgeweitet werden. Da strukturelle Minderheiten auch aus politikwissenschaftlicher Sicht beschrieben werden müssen, um die Möglichkeit, sie den NVP zuzuordnen zu überprüfen wäre hier ein weitergehender transdisziplinärer Ansatz notwendig. Diese Arbeit hat sich auf die engere Definition der NVP konzentriert, um die Beispiele aber vor allem auch die Argumente so klar wie möglich herausarbeiten zu können.

In diesem Kapitel wurde gezeigt, wie die Analyse und wie eine funktionierende Form der Repräsentation von NVP aussehen könnte. Es gibt sicherlich noch eine Reihe weiterer Formen mit denen unterschiedliche NVP heute repräsentiert oder Vertreten werden. Dieses Kapitel sollte einige Anhaltspunkte dazu liefern wie die Überprüfung solcher Repräsentationsmechanismen aussehen müsste.

7 Die möglichen Gegenargumente

Die Forschungsfrage ist durch die vorgelegte Argumentation beantwortet worden. Es wurde zudem an Beispielen deutlich gemacht, wie die Forderung, die aus der Argumentation dieser Arbeit entsteht, auch umgesetzt werden kann. In Kapitel 2 wurde bereits in Kürze auf das AAP eingegangen, die hier vorgestellte Argumentation teilt einige der Resultate, die in der Argumentation für das AAP erarbeitet werden. So müssen diejenigen, die von Staatshandlungen betroffen sind, in den Entscheidungsprozess, an dessen Ende diese Handlung steht, eingebunden werden. Die Einbindung von Betroffenen in den demokratischen Entscheidungsprozess ist ein zentraler Punkt in der Argumentation des AAPs. Die in dieser Arbeit vorgestellte Argumentation ist in ihrem Resultat also nahe an der Forderung, die aus dem AAP entsteht. Gegen das AAP gibt es aber eine Reihe von Gegenargumenten. Aufgrund der Nähe dieser Arbeit zu den Resultaten des AAP muss im Folgenden aufgezeigt werden, warum die Gegenargumente hier entweder keine Anwendung finden oder wie sie widerlegt werden können. Die vorliegende Argumentation hat einen anderen Ausgangspunkt als das AAP und so müssen auch andere mögliche Gegenargumente analysiert werden.

Neben der Kritik am AAP gibt es noch einen zentralen Strang der Gegenargumentation. Karsten Klingt Jensen[88] versucht in einem Artikel herauszustellen, warum die Repräsentation zukünftiger Generationen nicht sinnvoll sein kann (vgl. Jensen 2015). Er argumentiert dazu in drei Schritten. Zunächst grenzt er die Interessen zukünftiger Generationen ein, die repräsentiert werden können. Auch Jensen führt aus, dass es sich nicht um Einzelinteressen handelt, sondern um Interessen, die generell aus der menschlichen Existenz abgeleitet werden können (vgl. Jensen 2015, S. 3 – 5). Mit diesem Punkt seiner Analyse stimmt die hier vorgelegte Arbeit überein (vgl. Kapitel 6). Davon ausgehend führt Jensen aber drei Argumente aus, die beweisen sollen, dass eine Repräsentation von z. G. nicht notwendig oder nicht sinnvoll ist.

---

88 Zwar bezieht sich Jensen nur auf zukünftige Generationen, wie aber in Kapitel 6 aufgezeigt, kann diese Gruppe der NVP als exemplarisch angesehen werden. Aus diesem Grund wird hier auf die Argumentation Jensens eingegangen.

Er führt zunächst aus, dass, um die Notwendigkeit der Repräsentation z. G. zu beweisen, ein Prinzip oder Argument aufgezeigt werden muss, dass diese Notwendigkeit belegt (vgl. Jensen 2015, S. 6f.). Im Bezug zur Demokratie führt er im Rahmen seiner Argumentation eine neue Prämisse ein.

> „(5) The representation of future generations will be better than alternatives at ensuring that current democracies take the interests of future generations sufficiently into account" (Jensen 2015, S. 7).

Wäre diese Prämisse erfüllt, wäre es notwendig z. G. zu repräsentieren. Diese Prämisse geht aber von einem rein funktionalen Vergleich aus. Sie fordert, dass es „besser" wäre die Interessen zukünftiger Generationen einzubinden (vgl. ebd.). Die in dieser Arbeit vorgestellte Argumentation liefert aber den von Jensen geforderten Beweis, dass die Repräsentation von z. G. (und der anderen NVP) nicht nur sinnvoll, sondern notwendig ist. Dieser Beweis wird im Gegensatz zu Jensens Forderung allerdings nicht funktional geführt, sondern sie baut auf der grundlegenden Legitimation von Staaten auf.

Jensen versucht neben der Frage nach dem Argument zur Notwendigkeit der Repräsentation zukünftiger Generationen aufzuzeigen, dass es sogar schädlich für die Demokratie sein kann, diese Interessen zu repräsentieren (vgl. Jensen 2015, S. 8). Er argumentiert dafür mit dem Gemeinwohl (ebd.). Repräsentanten müssen immer in dieser Hinsicht handeln. Obwohl dem zunächst nichts entgegenzusetzen ist, muss man aber ausführen, dass freie Repräsentanten in einer repräsentativen Demokratie nach den Interessen und Wertvorstellungen der Parteien, für die sie gewählt wurden, handeln. Wird dies durch die gewählten Repräsentanten umgesetzt, sind die so entstehenden Entscheidungsprozesse aufgrund des Zusammenspiels unterschiedlicher Interessen und Werte auf das Gemeinwohl ausgerichtet (vgl. Kapitel 4). Um also das Gemeinwohl abzubilden ist die Vertretung von unterschiedlichen Ansichten in einem Prozess zur Entscheidungsfindung relevant. Die Repräsentation von z. G. (und der anderen NVP) bildet eine Ergänzung der Vertretung. Allerdings, wie in dieser Arbeit herausgestellt, geschieht dies nicht auf die gleiche Weise wie bei freien Repräsentanten. Durch die gebundene Repräsentation wird das von Jensen angesprochene Problem umgangen, der in seiner Arbeit nur vom Standardmodell der freien Repräsentation ausgeht (vgl. Jensen 2015, S. 11). In der speziellen Art der in dieser Arbeit vorgestellten gebundenen Repräsentation werden die Interessen der NVP zwar vertreten, aber nicht in gleicher Weise wie bei der Vertretung durch freie Repräsentanten.

Diese spezielle Art der Repräsentation stellt auch die Antwort auf eines der stärksten Gegenargumente dar: die Haftung (und Autorisation) (vgl. Kapitel 5).

Dieses Problem formuliert auch Jensen als drittes Gegenargument (vgl. Jensen 2015, S. 11). Durch die genaue Definition der Art der Repräsentation in dieser Arbeit werden diese beiden stärksten Gegenargumente entkräftet. Die vorgelegte Argumentationsstruktur klärt, wie in Kapitel 5 dargestellt, die Probleme der Autorisation und der Haftung. Diese Probleme werden durch den Prozess der Anerkennung der Repräsentanten durch das Publikum und durch die Definition klarer und transparenter Regeln zur An- und Aberkennung von Repräsentanten gelöst. Dies würde ein besonderes Problem für die sogenannte ‚Proxy Repräsentation' darstellen, die in Kapitel 6 erläutert und wie bei Jensen ablehnt wird (vgl. Jensen 2015, S. 11f.). Aufgrund der Anerkennung durch das Publikum muss es in der hier vorgestellten Argumentation keine Wahl durch eine Proxywählerschaft gegeben und somit braucht es auch keine ‚Proxy-Kandidaten'. Autorisation und Haftung werden entsprechend auf das ‚Publikum' verschoben.

Neben dieser Kritik an einem Teil der hier aufgebauten Argumentation gibt es eine breit angelegte Kritik am AAP. Durch die Nähe dieser Arbeit zum AAP muss zumindest in Kürze auf diese Kritik eingegangen werden.

7.1 Die Kritik am AAP

Das AAP wurde bereits in Kapitel 2 definiert. Für die folgende Analyse wird von seiner Standarddefinition ausgegangen: „[T]he decision-making body should include all interests that are actually affected by the actual decision" (Goodin 2007, S. 52). Die Kritik am AAP kann man grundsätzlich in zwei Gruppen aufteilen, die dann wiederum einzelne Gegenargumente beinhalten. Zum einen wird das AAP bezüglich seiner Grundlage kritisiert. Hier stellen sich Fragen zum Prozess der Bildung des Demos (vgl. Dahl 1990, S. 49f.). Eines der zentralsten Gegenargumente, das in dieser Gruppe geführt wird, ist die Frage, ob sich nicht ein infiniter Regress aus der Bestimmung des Demos über das AAP ergibt. Diese Frage wird als erstes diskutiert werden. Zudem wird infrage gestellt, ob und wenn ja wie der unterschiedliche Grad der Betroffenheit eine Rolle spielen muss (vgl. Dahl 1990, S. 50).

Die zweite Gruppe der Gegenargumente bewegt sich auf der praktischen Ebene der Argumentation. Dahl nennt die hier angesprochene Problematik das „Pandora's Box" Problem (vgl. Dahl 1990, S. 51). Stark vereinfacht ausgedrückt besagt es, dass wenn das AAP konsequent angewendet wird, jede Demokratie davon überlastet wäre, da das Volk einfach zu stark vergrößert wäre (vgl. auch Whelan 1983, S. 19). Die einzelnen Argumente sollen nun in Kürze ausgeführt und diskutiert werden.

7.1.1   Der infinite Regress des AAP

Das All-Affected-Principle wird als Grundlage zur Definition des Demos genutzt. Die Annahme, dass alle die, deren Interessen betroffen sind, auch in den Entscheidungsprozess eingebunden sein müssen, ist der Ausgangspunkt dieser neuen Definition. Der Demos wird hier über die Betroffenheit und nicht mehr über andere Formen der Eingrenzung definiert (vgl. z. B. StAG; dies wurde bereits in Kapitel 2 dargestellt). Nimmt man diesen Ausgangspunkt des AAP aber als Grundlage an, so muss die Definition der Betroffenen näher betrachtet werden. Das Gegenargument des infiniten Regresses wird aus dieser Betrachtung abgeleitet.

> „Notice first that whose interests are „affected" by any actual decision depends upon what the decision actually turns out to be. Notice second that what the decision actually turns out to be depends, in turn, upon who actually makes the decision" (Goodin 2007, S. 52).

Goodin führt hier zwei wichtige Aspekte der ‚Betroffenheit' aus. Zum einen hängt Betroffenheit von dem Resultat der Entscheidung ab. Goodin löst dieses Problem indem er die Betroffenheit weiter klassifiziert. Er führt aus, dass es um alle wahrscheinlich („probably") Betroffenen geht (vgl. Goodin 2007, S. 59f.). Die in dieser Arbeit dargestellte Argumentation definiert einen engen Rahmen, in der eine einzelne Gruppe als Teil der NVP anzusehen ist. Der Anfangspunkt dieser Definition geht von den gemeinsamen Interessen der Gruppen aus. Sie müssen nur dann repräsentiert sein, wenn diese Interessen durch Staatshandlungen betroffen sind. Die Definition ist also nicht von den Resultaten der Entscheidungen abhängig, sondern von den Interessen, die diese Gruppen haben. Diese Interessen verändern sich aber nicht durch die Resultate und somit ist der erste von Goodin angesprochene Aspekt nicht anwendbar.

Der zweite Aspekt ist die Grundlage der Gegenargumentation des infiniten Regresses. Betroffenheit hängt nicht nur von dem Resultat der Entscheidung ab, es hängt auch von denjenigen ab, die die Entscheidung treffen. Auch Entscheider zu sein ist eine Form von Betroffenheit (vgl. Goodin 2007, S. 57; Arrenhius 2005, S. 21 -23). Dieses Gegenargument besagt also, dass Teil des Demos diejenigen sind, die entscheiden, wer die Entscheider sein sollen. Diejenigen, die nun entschieden haben, wer die Entscheider sein sollen sind nun wiederum selber Entscheider und müssten konsequenter Weise wieder von anderen bestimmt werden. Diese Kette lässt sich ins unendliche weiterführen und ist somit ein infiniter Regress.

Dieses Gegenargument kann, wie in der Ausführung zu Goodins erstem Aspekt, allerdings nicht auf die in dieser Arbeit vorgelegte Argumentation angewandt

werden. Durch die Differenzierung zwischen gebundener und freier Repräsentation wird zwischen Bürgern und NVP unterschieden. Diese Unterscheidung
bedeutet aber auch, dass weiterhin die funktionale Staatlegitimation nicht notwendigerweise neu aufgebaut, sondern nur ergänzt werden muss. Mit anderen
Worten kann man sagen, dass die hier vorgelegte Arbeit nicht für eine vollkom-
men neue, grundlegende Definition des Demos argumentiert, sie zeigt nur auf,
dass der bisher bestehende Demos ergänzt werden muss. In der praktischen Ausarbeitung kann dies bedeuten, dass die bereits vorhandenen Strukturen bestehen
bleiben und entsprechend ergänzt werden können. Wie ein solcher Prozess aber
ablaufen würde, wäre in einer anderen Arbeit zu klären und konnte in Kapitel 6
nur exemplarisch dargestellt werden. Goodin und Arrenhius argumentieren gegen die Kritik durch den infiniten Regress damit, dass sie den Demos auf alle
Menschen ausweiten (vgl. Goodin 2007, S. 57f.; Arrenhius 2005, S. 22). Dies
führt aber zum ‚Pandoras Box' Problem oder, in seiner abgeschwächten Form,
zum Weltstaat. Dieser wird auf unterschiedlichen Ebenen kritisiert. Er ist aber
nicht nur Resultat des AAP, für ihn wird auch von einer Reihe anderer Autoren
auf unterschiedliche Weise argumentiert. Die Argumentation um den Weltstaat
wird hier nicht weiter diskutiert. Was aber zu diskutieren ist, ist das ‚Pandoras
Box' Argument.

7.1.2   Das Pandora's Box Argument

Diese Argumentation wird in unterschiedlichen Formen ausgeführt. Die weitest-
gehende zielt darauf ab, dass demokratische Staaten aufgrund der Masse an
Menschen durch die neue Definition des Demos aufgelöst werden. Müssten alle
Menschen, die von einer Entscheidung betroffen sind, an diesem Entscheidungsprozess teilhaben, wäre damit jede Demokratie überfordert. In diesem Fall wäre
die Menge der Menschen so groß, dass sich Nationalstaaten auflösen müssten
(vgl. Dahl 1990, S. 51). Man könnte hier anführen, dass dies zur Auflösung einzelner Nationalstaaten führt und man aus diesem Grund entsprechend einen
Weltstaat akzeptieren muss. Goodin und Arrenhius sehen dies als Lösung des
Problems an (vgl. Goodin 2007, S. 57f.; Arrenhius 2005, S. 22).

Bezieht man in dieses Argument aber neben allen aktuell lebenden Menschen
auch alle zukünftigen Generationen mit ein, wären sich nicht nur Nationalstaaten
in ihrer Existenz bedroht. Die gegenwärtig lebende Generation würde so durch
die bloße Menge der zukünftigen Generationen mit ihrer Meinung und entsprechenden Repräsentation völlig irrelevant.

> „A maximally extensive franchise, virtually (perhaps literally) ignoring boundaries
> both of space and of time, would be the only legitimate way of constituting the de-

mos to this more defensible version of the „all possibly affected interests" principle"
(Goodin 2007, S. 55).

Was Goodin hier anspricht wäre die Konsequenz eines so verstandenen AAPs.
Er führt aus, dass die einzige legitime Form der Bestimmung des Demos so umfassend wie irgend möglich sein müsste (ebd.). Er argumentiert aber, dass es sich
hier nicht um das AAP sondern eine spezielle Form, das „all possibly affected
interests" Prinzip (ebd.) handelt. Im Rahmen des AAPs argumentiert Goodin
dann, dass diese Version verändert werden muss und entsprechend das „all
probably affected" Prinzip zu akzeptieren ist (vgl. Goodin 2007, S. 59f.).

Die hier vorliegende Arbeit kann aber das ‚Pandoras Box' Problem auf andere
Art und Weise lösen. Dadurch, dass NVP zwar repräsentiert sein müssen, aber
nicht selbst Teil der Bürger und damit der Wahlberechtigten sind, ist es für die
einzelnen Gruppen der NVP nicht relevant, wie groß ihre Mitgliedszahl ist.
Wichtig ist nur, dass ihre Interessen vertreten werden. Wie genau die Interessen
der jeweils einzelnen Gruppe abzuleiten sind wäre in einer anderen Arbeit zu erörtern. Es wurde aber bereits ausgeführt, dass der Repräsentant nicht die Interessen ehemaliger Mitglieder der Gruppe vertritt, sondern die Interessen, die zukünftig betroffen sein werden, antizipierend auffassen muss (vgl. Kapitel 5). Entsprechend trifft das Problem auf die hier ausgearbeitete Argumentation nicht zu.

Auf diese Art und Weise wird auch die mildere Form des ‚Pandoras Box' Problems vermieden. Diese Form besagt nicht, dass demokratische Staaten aufgelöst
würden. Es besagt ‚nur', dass es zu absurden Konsequenzen käme, müsste man
Ausländer in den Entscheidungsprozess eines Nationalstaats einbeziehen. Saunders führt eine solche Argumentation anhand des Referendums in Schottland aus
(vgl. Saunders 2013). Er zeigt vor allem, dass es, würde man das AAP anwenden, nicht den Schotten allein überlassen werden könnte, für oder gegen den Ver-
bleib Schottlands im UK zu stimmen (vgl. Saunders 2013, S. 49). Dies sei aber
die intuitive Antwort, die die meisten Menschen hätten, wenn sie vor die Frage
gestellt würden, wer über die schottische Unabhängigkeit abstimmen dürfte. Er
schließt seine Argumentation damit, dass das AAP nicht nur deswegen abzulehnen sei weil es radikal sei (wie im ‚Pandoras Box' Problem ausgeführt), sondern
auch, weil es gegen unsere ‚normale' moralische Praxis verstieße (vgl. Saunders
2013, S. 51). Auch diese Argumentation betrifft die hier vorgestellte Arbeit aufgrund der Unterscheidung in Bürger und NVP nicht.

7.1.3   Rechte als besseres Alternativmodell

Sollte man das AAP aufgrund der hier vorgestellten Argumente ablehnen, könnte man immer noch eine Alternative zu der bereits ausgeführten ‚Standarddefinition' etablieren. Nimmt man nicht Interessen als Grundlage, so könnte man als nächstes betroffene Rechte als Grundlage der Bestimmung des Demos nutzen (vgl. Saunders 2012, S. 292). Dies ist nicht im klassischen Sinn ein Gegenargument, es wird aber an dieser Stelle trotzdem behandelt, da es sich hier auch um eine mögliche Alternative zur vorgestellten Argumentation handeln könnte. Saunders macht den Unterscheid zwischen Interessen und Rechten daran fest, dass eine Person nicht notwendigerweise ein Problem damit hat, dass ihre Interessen betroffen werden, aber immer ein Problem damit haben wird, wenn ihre Rechte betroffen sind.

> „The rights that we have limit what others can permissibly do to us. I have no complaint against someone simply because their action affects me. It is only if they violate my rights, without my permission, that they wrong me" (Saunders 2012, S. 292).

Das Problem entsteht nach Saunders dann, wenn Rechte gegen den Willen einer Person verletzt werden. Diese Argumentation stimmt auch mit der in dieser Arbeit dargestellten Argumentation überein. Rechtsverletzungen sind auch in dem bisher Ausgeführten nicht zu akzeptieren und müssen sanktioniert werden. Saunders Punkt ist aber, dass man anstelle von betroffenen Interessen betroffene Rechte als Grundlage der Definition des Demos nutzen sollte (vgl. ebd.).

Um diese Argumentation in Hinblick auf die hier vorgestellte Arbeit zu betrachten muss man zunächst eine Unterscheidung zwischen Rechten vornehmen. Grob kann man zwei Arten von Rechten identifizieren. Zum einen gibt es die Menschenrechte. Diese sind besonders, weil sie aus der Würde abgeleitet werden und keinen Staat als rechtssetzendes Organ (wohl aber als Garant des Schutzes dieser Rechte) brauchen. Zum anderen gibt es Rechte, die vom Staat gewährt werden. Wie in der Analyse der habermas'schen Theorie in Kapitel 3 ausgeführt, hat der Staat nicht nur das legitime Gewaltmonopol um die Durchsetzung der Rechte zu garantieren, er schafft die Rechte für seine Untertanen auch erst.

Solche Rechte zu besitzen ist selbst aber ein Interesse. Es ist nicht nur relevant, dass der Mensch Rechte hat, es ist auch wichtig, welche er hat. Diese verändern sich aber in der politischen Praxis. Sowohl in der Argumentation aus dem Eigeninteresse als auch in der Argumentation aus der Würde heraus wurde argumentiert, dass der Zweck des Staats der Schutz vor willkürlicher Gewalt ist. Welche Rechte eine Person besitzt und welche nicht ist aber abhängig vom Staat und kann ohne ein festgelegtes System, nach dem diese Rechte erarbeitet werden, als

willkürliche Gewalt angesehen werden. Der Staat muss also nach der hier ausgeführten Argumentation auch NVP in den Prozess mit einbeziehen, indem Rechte
an Personen vergeben werden. Damit ist gezeigt, dass Rechte, da sie dem politischen Entscheidungsprozess nachgelagert sind, indem aber NVP schon beteiligt
sein müssen, keine Alternative zu Interessen in dieser Argumentation sind.

7.2   Die Position der Arbeit in Abgrenzung zu Kritik und AAP

Die hier vorgestellte Argumentation kann also die vorgestellten Gegenargumente
widerlegen, bzw. wird von diesen nicht betroffen. Es ist nicht relevant, dass jedes
Individuum im Entscheidungsprozess gehört wird, wie im AAP argumentiert.
Bei der notwendigen Repräsentation von Betroffenen als Teil der NVP wurde
aufgezeigt, dass durch die gebundene Repräsentation nur die Interessen von
Gruppen der NVP vertreten werden müssen, ohne dass dies bindende Wirkung
auf den Entscheidungsprozess im Nationalstaat haben muss. Damit ist aber weder die Auflösung des Staates gegeben noch die Relevanz der heute Lebenden in
Frage gestellt. In Kapitel 6 wurde diese Art der Repräsentation kurz in einen
realpolitischen Kontext gestellt. Aufgrund der erarbeiteten Kriterien konnte so
gezeigt werden, dass die Ombudsperson eine realpolitische Umsetzungsmöglichkeit der notwendigen Repräsentation von NVP wäre. Auch die Grundlage der
Definition des Demos kann nicht selbst demokratisch sein, hier würde sich ein
ähnlicher infiniter Regress ergeben wie in den Gegenargumenten dargestellt (vgl.
Goodin 2007, S. 43). Die in dieser Arbeit ausgeführte Argumentation zeigt auf,
dass es zur grundlegenden Legitimation des Staats keine Argumente aus der
Demokratie braucht. Beide Argumente zur Bestimmung des Staatszwecks gehen
von menschlichen Interessen oder Eigenschaften aus. „The PAAI as a criterion
of inclusion presupposes that a collective decision making procedure already
exists, and asks who ought to be enabled to participate in it" (Miklosi 2012,
S. 486). Die Annahme, dass es bereits einen Entscheidungsprozess gibt und
dieser angepasst bzw. verändert werden muss um der Argumentation gerecht zu
werden ist Teil der Arbeit, sie ähnelt darin dem in Kapitel 2 ausgeführten ‚all-
subjected' Prinzip von Näsström (vgl. Näsström 2011, S. 122 – 126 und Kapitel
2). Die Annahme sorgt neben der anderen Grundvoraussetzung, mit der die Argumentation im Gegensatz zum AAP geführt wird dafür, dass die bisherigen
Gegenargumente zum AAP nicht anzuwenden sind. Die Abgrenzung der Arbeit
zum AAP wurde bereits in Kapitel 2 erörtert.

Auch das AAP wird durch Arrenhius gegen die hier aufgezeigten Gegenargumente verteidigt. Er führt aus, dass es sich beim AAP um eine Debatte handelt, wie der Demos zu bestimmen ist, nicht um die Frage der praktischen Umsetzung (vgl. Arrhenius 2005, S. 26). In diesem Sinn ist auch die hier vorgestellte Arbeit zu verstehen. Kapitel 6 soll allerdings zeigen, dass es Ansätze gibt, wie eine realpolitische Umsetzung gelingen kann.

8 Schluss

Die in Kapitel 2 gestellte Forschungsfrage „Müssen Non-Voice-Parties notwendigerweise in einer Demokratie repräsentiert sein, damit diese legitimiert ist?" konnte in dieser Arbeit beantwortet werden. In einem letzten Schritt sollen nun noch mal in Kürze die Resultate der hier vorgestellten Argumentation aufgeführt werden. Daraufhin wird auf die realpolitischen Implikationen eingegangen und aufgezeigt, in welchen Bereichen eine weitere Arbeit notwendig wäre. Die Argumentation hat genau genommen zwei Ausgangspunkte. Die Forschungsfrage macht es zum einen notwendig die Begriffe ‚Legitimation' und ‚Repräsentation' zu betrachten. Zum anderen müssen die sogenannte NVP näher definiert werden, um diese in die anderen Teile der Fragestellungen einarbeiten zu können. In Kapitel 2 wurden NVP wie folgt definiert:

Non-Voice-Parties sind Gruppen von Menschen, die nicht wählen können, aber von Entscheidungen des Staats betroffen und klar über eine oder mehrere Eigenschaften zu definieren sind.

Anhand dieser Definition zeigt sich, dass es sich um strukturell vom politischen Prozess ausgeschlossene Menschen handelt. Um die Frage zu klären, ob diese Menschen Teil der Legitimation des Staates sein müssen, wurde der zweite Ansatz der Argumentation erarbeitet. Es konnte gezeigt werden, dass es einen Unterschied zwischen der funktionalen und der grundlegenden Legitimation von Staaten gibt. Um die beiden Formen der Legitimation zu unterscheiden musste zunächst gezeigt werden wie die funktionale Legitimation aus der grundlegenden hervorgehen kann. Dazu wurde zum einen der Aufbau der funktionalen Legitimation am Beispiel der deutschen Rechtswissenschaft analysiert. Diese hat zum einen gezeigt, dass es eine Legitimationskette vom Volk zum Staat gibt, die nachvollziehbar sein muss. Die Analyse hat aber auch gezeigt, dass ohne den Zweck des Staats zu definieren keine funktionale Legitimation möglich ist. Davon ausgehend wurde ein theoretisches Staatssystem analysiert. Hier ging es vor allem um den Zusammenhang unterschiedlicher Begriffe wie ‚Herrschaft', ‚politisch orientiertes Handeln' und deren Bezug zu Begriffen wie ‚Legitimation' und ‚Staat'. Diese Analyse wurde an Webers Werk durchgeführt und hat gezeigt, dass auch Weber den Aufbau seines Staatssystems nicht ohne eine grundlegende

Legitimation durchführen kann. Zudem wurde in der Analyse Webers auf das Rechtssystem und die Rechtsgeltung verwiesen. Diese werden in der Analyse der Argumentation zur Staatslegitimation bei Jürgen Habermas untersucht. Da Rechte ein Mittel zur Gewährleistung der funktionalen Legitimation darstellen können, wurde hier systematisch entwickelt, wie ein solches System in Bezug zur funktionalen Legitimation aufgebaut sein kann. Diese drei Ansätze führen zur Frage der grundlegenden Legitimation. Die grundlegende Legitimation beantwortet die Frage, wieso Staaten überhaupt geschaffen werden müsse. Ein Weg diese Frage zu lösen ist es die Bedingungen, die gelten müssen, wenn es keine Staaten gibt, näher zu betrachten.

Diese Betrachtung wird in zwei Argumenten aufgegriffen: dem Argument aus dem Selbstinteresse und dem Argument aus der Würde. Diese doppelte Argumentationsstruktur wird auf Grund der jeweils möglichen Gegenargumente notwendig. Zusammengefasst stellt dieses Argument heraus, dass jeder Mensch ein Interesse daran hat, vor willkürlicher Gewalt geschützt zu werden. Willkürlich ist die Gewalt insofern, als es kein klar erkennbares System gibt, innerhalb dessen sie ausgeübt wird. Das Interesse vor dem Schutz vor willkürlicher Gewalt führt dazu, dass es eben in diesem liegt einen Staat zu schaffen. Dazu werden vor allem Argumente aus der Vertragstheorie verwendet. Am Beispiel von Rousseaus Gesellschaftsvertrag wird herausgearbeitet, dass von Staatshandlungen betroffene Personen zumindest Vertragspartner und somit repräsentiert sein müssen. Der Staat stellt ein System des Schutzes vor willkürlicher Gewalt zur Verfügung und erfüllt deshalb bestmöglich diesen Zweck. Da dieses Argument aber aufgrund der Volatilität des Eigeninteresses angreifbar ist, muss ein weiteres Argument angeführt werden, um die Staatslegitimation zu begründen.

Dieses ist das Argument aus der Würde. Um dem Gegenargument gegen das Eigeninteresse zu entgehen ist hier der Ausgangspunkt eine grundlegende Eigenschaft des Menschen. Dadurch das jeder Mensch Würdeträger ist, stellt er einen Anspruch gegenüber allen anderen die Würde anzuerkennen und entsprechend zu schützen. Diese Würde wird vor allem durch willkürliche Gewalt bedroht. Vor dieser schützt der Staat funktional am besten. Entsprechend ist der Staat aus diesem Argument zu gründen. Das Argument stellt also von einer grundlegenden Eigenschaft des Menschen ausgehend heraus, warum es notwendig ist, dass der Staat diese Würde schützt. Dieser Schutz besteht wiederum zu forderst im Schutz vor willkürlicher Gewalt.

Mit diesen beiden Argumentationen wird die Frage der grundlegenden Legitimation beantwortet und somit gezeigt, dass es einen Staat geben muss. Sie zeigen aber aufgrund ihrer Argumentationsstruktur noch mehr. Im ersten Schritt zu diesen Argumenten wird festgehalten, dass sie vom Menschen in einer Situation ohne Staat ausgehen müssen. In diesem Zustand kann aber qua Definition auch noch keine Staatenzugehörigkeit oder Bürgerschaft existieren. Die einzigen relevanten Faktoren sind hier Interesse und Würde. Beide kommen aber jedem Menschen zugleich zu und müssen entsprechend vom Staat vor willkürlicher Gewalt geschützt werden. Dieser Schutz entsteht durch die Einbindung der Betroffenen in den Entscheidungsprozess, der zu ihrer Betroffenheit führt. In diesem Fall besteht aber ein Anspruch, der durch die grundlegende Legitimation geben ist. Dieser zeigt auf, dass jeder Betroffene qua Betroffenheit am Entscheidungsprozess teilhaben muss. Die Betroffenheit ist Teil der Definition der NVP und entsprechend lässt sich dieser Teil der Forschungsfrage beantworten. NVP müssen am Entscheidungsprozess auf irgendeine Art und Weise beteiligt werden. Das erfordert allerding auch eine Neugestaltung des Volksbegriffs. Der nach herrschender Meinung zurzeit akzeptierte, ist der geschlossene Volksbegriff. Dieser schließt ,von Staatshandlungen betroffene Personen' als Kriterium zur Bestimmung der Zugehörigkeit zum Volk aus. In Kapitel 5 wird allerdings dagegen argumentiert und gezeigt, dass aufgrund des Zwecks des Staats und damit der grundlegenden Legitimation der Volksbegriff zu öffnen ist. Anhand der Argumentation ist klar geworden, dass die Interessen der NVP vertreten sein müssen.

Dies bedeutet, dass der Staatsaufbau indem Bürger durch gewählte Repräsentanten vertreten werden müssen nicht abgelehnt wird. Bei der gebundenen Repräsentation von NVP geht es um die Möglichkeit ihre Interessen in den Entscheidungsprozess einzubeziehen. Dazu müssen sie aber nicht selber wählen können, es reicht, wenn ihre Interessen gebunden vertreten werden. Ein Ergebnis der hier vorgelegten Argumentation ist also, dass der Volksbegriff auf spezielle Art und Weise erweitert werden muss. Die Unterscheidung in Bürger und NVP hat allerdings einen funktionalen Zweck und wird in dieser Arbeit nicht weiter aufgegriffen. Es wäre die Überlegung für eine weitere Arbeit, ob durch die hier vorliegende Argumentation nicht ein prozesshafter Volksbegriff, in dem das Volk rein durch seine Betroffenheit definiert wird, erarbeitet werden kann und muss. Aus der Feststellung, dass NVP in den Entscheidungsprozess zu Staatshandlungen einbezogen werden müssen lässt sich nun die Frage stellen wie dies geschehen soll. Dies wird in Kapitel 6 zur Repräsentation aufgegriffen. Die Problematik scheint sich im Bereich der NVP auf die Frage der Haftung und Autorisation zu konzentrieren. Der normale Weg beide Punkte zu erfüllen ist die Wahl. Diese steht aber als Instrument im Bereich der Repräsentation von Non-Voice-Parties nicht zur Verfügung, da sie qua Definition kein Teil des Wahlvolkes sind. In der generellen Debatte um Repräsentation wird allerdings eine berechtigte Fragestellung in dieser Beziehung eröffnet. Rehfelds Argumentation, dass das Publikum die Autorisation vermittelt, wird in dieser Arbeit auf die NVP übertragen. Der Gedanken, dass das Publikum Repräsentanten unter gewissen Bedingungen und nach einem feststehenden Rahmen an Regeln akzeptiert, wird somit zur Haftungs- und Autorisationsgrundlage für die Repräsentation zukünftiger Generationen. Der zweite Aspekt der Repräsentation ist die Frage des freien bzw. gebundenen Mandats. In Bezug auf Non-Voice-Parties wird hier für die gebundene Repräsentation , auf grund der Definition der NVP, argumentiert. Da diese aufgrund mindestens einer gemeinsamen Eigenschaft verbunden sind, die sie erst zu einer Gruppe der NVP macht, haben sie spezielle von dieser Eigenschaft abhängige Interessen. Diese speziellen Interessen werden im politischen Prozess betroffen und entsprechend müssen sie repräsentiert sein.

Die Repräsentation der einzelnen Gruppen muss an die Repräsentation dieser speziellen Interessen gekoppelt sein. Eine gebundene Repräsentation, die also diese Interessen wahrnimmt, dem Repräsentanten in der Vertretung dieser Interessen aber freien Lauf lässt, ist also notwendig. Die Ausführungen einer solchen gebundenen Repräsentation in praktischer Umsetzung folgten in Kapitel 6. Nach der Untersuchung unterschiedlicher Modell wird, zumindest aus theoretischer Sicht für die Einführung einer Ombudsperson argumentiert. Da diese Analyse nur das beispielhafte Vorgehen aufzeigt, wie eine solche Institutionalisierung aus der theoretischen Sicht dieser Arbeit bewertet werden kann, wird hier kein Anspruch auf Vollständigkeit gestellt. Was aber gezeigt werden kann, ist, dass unter den analysierten Möglichkeiten mit den erarbeiteten Kriterien durch eine Ombudsperson am besten die notwendige aber spezielle Form der Repräsentation umgesetzt wird.

9 Ausblick

Diese Arbeit bietet die Grundlage für eine realweltliche Anwendung der vorgestellten Ansprüche an die Legitimation des Staates. Dabei muss gerade die realpolitische Analyse möglicher Repräsentationsformen Teil eines politischen Konzepts sein, das die Einbeziehung von NVP in den politischen Prozess gewährleistet. Vor allem die praktischen Implikationen konnten in dieser Arbeit nicht im Detail ausgeführt werden, sind aber für das aktuelle politische Geschehen von Relevanz. Gerade die Politikwissenschaft verfügt aber über die notwendigen Methoden, um, neben den erstellten Kriterien in Kapitel 7, ein umfassendes Bild der Auswirkungen und Implementationsmöglichkeiten einer solchen Form der Repräsentation erarbeiten zu können. Dabei liefert diese Arbeit die argumentative Grundlage, die Betroffenen in unser Konzept des Volkes zu integrieren und dieses dabei neu zu erfinden. Dabei muss natürlich die Unterscheidung zwischen den politischen Ebenen näher analysiert werden. Diese Arbeit konnte weder auf die regionale noch auf die internationale, sondern rein auf die nationalstaatliche Ebene der Repräsentation von NVP eingehen. Es ist aber in beiden Fällen sehr wahrscheinlich, dass sich zum einen die Definition, welche Gruppe den NVP angehören, verschieben würde. Zum anderen ist es wahrscheinlich, dass auf den unterschiedlichen Ebenen unterschiedliche Formen der Repräsentation die vorgestellten Kriterien erfüllen. Um dabei einen realpolitischen Mehrwert zu liefern muss eine Arbeit, die die unterschiedlichen Ebenen analysiert, in einem transdisziplinären Zusammenspiel von Rechts- und Politikwissenschaften mit der politischen Philosophie ablaufen.

Was die Arbeit gegenüber den Rechtswissenschaften herausstellen konnte ist, dass in jedem Fall der geschlossene Volksbegriff betrachtet werden muss. Die vorgestellte Argumentation wirft Zweifel auf, ob dieser Begriff in der zurzeit benutzten Form korrekt ist. Dabei entstehen gerade in der aktuellen politischen Landschaft viele Fragen die auf den Zusammenhang zwischen Legitimation und Volk verweisen. Rechtswissenschaften und Philosophie haben hier die Möglichkeit ein weitreichendes Feld neuer Überlegungen aufzugreifen, dass lange Zeit nur von ähnlichen Argumenten und Prinzipien geprägt war. Auch die Frage des Zusammenspiels von funktionaler und grundlegender Legitimation auf Rechtsebene muss an anderer Stelle geklärt werden. Hier ist vor allem interessant, welche Auswirkungen beide Arten aufeinander haben und ob und – wenn ja – in welcher Hierarchie beide zueinander stehen.

Die hier erarbeitete Argumentation wirft einige neuen Fragen auf. Sie zeigt aber vor allem, dass es an der Zeit ist, diejenigen ohne eigene politische Stimme endlich in die Staatshandlungen mit einzubeziehen. Nicht, weil es politischen Nutzen verspricht, sondern weil die Legitimation und damit die Macht unserer Staaten davon abhängt.

Literaturverzeichnis

Abizadeh, Arash 2010, Democratic Legitimacy and State Coercion: A Reply to David Miller, Political Theory, Bd. 38, Heft 1, S. 121-130.

Abizadeh, Arash 2008, Democratic Theory and Border Coercion: No Right to Unilaterally Control Your Own Borders, Political Theory, Bd. 36, Heft 1, S. 37-65.

Albrecht, Ernst 1976 Der Staat – Idee und Wirklichkeit Grundzüge einer Staatsphilosophie, 2. Auflage, Seewald Verlag, Stuttgart Degerloch.

Allen, Ted 1994, The Phillipine Children's Case: Recognizing Legal Standing for Future Generations, The Georgetown International Environmental Law Review, Vol 6, Heft 3, S. 713-741.

Arrhenius, Gustaf 2005, The boundary problem in democratic theory, in: Democracy Unbound: Basic Explorations I., (hrsg.) Tersman, Folke, Filosofiska Institutionen, Stockholms Universitet, Stockholm, S. 14-29.

Baranzke, Heike 2013, Transzendentale Autonomie als Begründung einer universalen philosophischen Theorie der Menschenrechte, Erwägen Wissen Ethik. 2013, Bd. 24 Heft 2, S. 177-180.

Barber, Benjamin R. 1977, Deconstituting Politics: Robert Nozick and Philosophical Reductionism, The Journal of Politics, Bd. 39, Heft 1, S. 2-23.

Becker, Michael; Schmidt, Johannes; Zintl, Reinhard 2006, Politische Philosophie, Verlag Ferdinand Schöning, Paderborn.

Benatar, David 2006, Better Never to Have Been. The Harm of Coming Into Existence, Clarendon Press, Oxford.

Benhabib, Seyla 2008, Kosmopolitismus und Demo-kratie – eine Debatte, campus, Frankfurt a. M.

Böhr, Christoph 2013, Über-legungen zur Begründung der Unantastbarkeit menschlicher Würde, Erwägen Wissen Ethik, Bd. 24 Heft 2, S. 187-190.

Buchanan, Allen 2002, Political Legitimacy and Democracy, Ethics, Bd. 112, Heft 4, S. 689-719.

BVerfGE, Entscheidungen des Bundesverfassungsgerichts, Bd. 93, J. C. B. Mohr Siebeck, Tübingen.

Caney, Simon 2010, Human Rights and Global Climate Change, (hrsg.) Pierik.
Ronald; Werner, Wolfgang, Cosmopolitanism in Context: Perspectives from Inter-national Law and Political Theory, Cambridge, Uni-versity Press Cambridge, S. 19-44.

Carr, Craig 2002, Fairness and Political Obligation, Social Theory and Practice, Bd. 28, Heft 1, S. 1-28.

Cassierer, Ernst 2012, Über Rousseau, (hrsg.) Kreis, Guido, Suhrkamp Verlag, Berlin.

Cohen, Joshua 1989, De-liberation and Democratic Legitimacy, (hrsg.) Hamlin, Alan; Pettit, Philip, The good Polity, Oxford, Oxford Publishing.

Coleman, James S. 1976, Individual Rights and the State – Anarchy, State, and Utopia. by Robert Nozick, American Journal of Sociology, Bd. 82, Heft 2, S. 428-442.

Chwaszcza, Christine 2011, Kollektive Autonomie – Volkssouveränität und individuelle Rechte in der liberalen Demokratie, DZPhil, Bd. 59, Heft 6, S. 917-935.

Dabin, Jean 1964, Der Staat – oder Untersuchungen über das Politische, (hrsg.) Hennis, Wilhelm; Schnur, Roman, Hemann Luchter Hand Verlag, Berlin.

Dahl, Robert 1990, After the Revolution? Authority in a Good Society, Yale University Press, New Haven.

Däubler-Gmelin, Herta 2000, Die Verankerung von Generationengerechtigkeit im Grundgesetz —Vorschlag für einen erneuerten Art. 20 a GG, Zeitschrift für Rechtspolitik, Bd. 33, Heft 1, S. 27-28.

Dederer, Hans-Georg 2000, Organisatorisch-personelle Legitimation der funktionalen Selbstverwaltung, Neue Zeitschrift für Verwaltungs-recht, Bd. 4, S. 403-405.

Dobson, Andrew 1996, Representative democracy and the environment, in: Democracy and the Environment – Problems and Prospects, (hrsg.) Lafferty, William M., Meadowcroft, James, Edward Elgar Publishing Limited, Cheltenham.

Doehring, Karl 2004, All-gemeine Staatslehre – Eine Systematische Darstellung, 3. Auflage, Verlagsgruppe Hüthig Jehle Rehm GmbH, Heidelberg.

Dreier, Ralf 1994, Rechts-philosophie und Diskurs-theorie. Bemerkungen zu Habermas' „Faktizität und Geltung", Zeitschrift für philosophische Forschung, Bd. 48, H. 1, S. 90-103.

Drochner, Mara 2007, Der Südschleswigsche Wählerverband und Privilegierung von Minderheiten im politischen Prozess, Grin Verlag, Norderstedt.

Dryzek, John S. 1987, Discursive Designs: Critical Theory and Political Institutions, American Journal of Political Science, Bd. 31, Heft 3, S. 656-679.

Durning, Patrick 2003. Two Problems with Deriving a Duty to Obey the Law from the Principle of Fairness, Public Affairs Quarterly, Bd. 17, Heft 4, S. 253-264.

Eisenhower, Dwight D. 1954, Public Papers of the Presidents of the United States: Dwight D. Eisenhower, address recorded for the Republican Lincoln Day dinners, p. 219.

Ekardt, Felix 2011, Klima-wandel, Menschenrechte und neues Freiheitsverständnis – Herausforderungen der politischen Ethik, (hrsg.) Byrd, Sharon B.; Hruschka, Joachim; Joerden, Jan C., Jahrbuch für Recht und Ethik, Bd. 19, Duncker & Humboldt, Berlin.

Ekeli, Kristian S. 2005, Giving a Voice to Posterity – Deliberative Democray an Representation of Future People, Journal of Agricultural and Environmental Ethics, Bd. 18, Heft 5, S. 429-450.

Elshtain, Jean B. 2009, Democracy and Human Dignity, (hrsg.) Shepherd, Frederick M. Christianity and Human Rights: Christians and the Struggle for Global Justice, Lexington Book, Plymouth.

Ermacora, Felix 1979, Grundriss einer allgemeinen Staatslehre, Duncker & Humboldt, Berlin.

Fetscher, Irwing 1975, Rousseaus Politische Philosophie Zur Geschichte des demokratischen Freiheitsbegriffs, Suhrkamp, Frankfurt a. M.

Fischer-Lescano, Andreas 2013, Postmoderne Rechtstheorie als kritische Theorie, DZPhil, Bd. 61, Heft 2, S. 179-196.

Fishkin, James S. 1991, Justice between Generations: Compensation, Identity, and Group Membership, (hrsg.) Chapman, John W. Compensatory Justice, NYU Press, New York, S. 85-96.

Fotion, Nick; Heller, Jan C. 1997, Contingent Future Persons. On the Ethics of Deciding Who Will Live, or Not, in the Future, Kluwer Academic Publishers, Dordrecht.

Fraenkel, Ernst 1991, Deutschland und die westlichen Demokratien, VS Verlag für Sozialwissenschaften, Frankfurt a. M.

Fülöp, Sándor, et al. 2009, Report of the Parliamentary Commissioner for Future Generations of Hungary, (übers.) Trombitás, Gábor, Eto-Print Nyomdaipari, Budapest.

GG, Grundgesetz für die Bundesrepublik Deutschland in der im Bundesgesetzblatt Teil III, Gliederungsnummer 100-1, veröffentlichten bereinigten Fassung, das zuletzt durch Artikel 1 des Gesetzes vom 21. Juli 2010 (BGBl. I S. 944) geändert worden ist.

Goodin, Robert E. 2000, Democratic Deliberation within, Philosophy & Public Affairs, Bd. 29, Heft 1, S. 81-109.

Goodin, Robert E. 2007, Enfranchising all affected interests, and its alternatives, Philosophy and Public Affairs, Bd. 35, Heft 1, S. 40-68.

Gosseries, Axel 2008, Constitutions and Future Generations, The Good Society, Bd. 17, Heft 2, S. 32-37.

Grzeszick, Bernd 2013, GG Art. 20 Grundgesetz – Kommentar, (hrsg.) Maunz, Theodor; Dürig, Günter, Ergänzungslieferung 2013.

Gündling, Lothar 1990, Our Responsibility to Future Generations, The American Journal of International Law, Bd. 84, Heft 1, S. 207-212.

Habermas, Jürgen 1998, Faktizität und Geltung, Suhrkamp Verlag, Frankfurt am Main.

Harding, Stephan 2006, Animate earth: science, intuition and Gaia, Green Books Ltd., London.

Hartmann, Martin; Heins, Volker 2011, Kritische Theorie, (hrsg.) Hartmann, Martin; Offe, Claus Politische Theorie und politische Philosophie: ein Handbuch, C.H. Beck, München.

Hayward, Clarissa R. 2009, Making interest: on representation and democratic legitimacy, (hrsg.) Shapiro, Ian; Stokes, Susan C., Wood; Elisabeth J.; Kirshner, Alexander S., Political Representation, Cambridge University Press, Cambridge.

Herb, Karlfriedrich, 2012, Zur Grundlegung der Vertragstheorie, Vom Gesellschaftsvertrag, (hrsg.) Herb, Karlfriedrich; Brandt, Reinhard, Klassiker Auslegen Rousseau – Vom Gesellschaftsvertrag, Akademie Verlag, Berlin.

Hobbes, Thomas 2008, Leviathan – Or the Matter, Forme and Power of a Commonwealth Ecclesiasticall and Civil, (hrsg.) Michael Oakeshott, Simon & Schuster, New York.

Hoffmann, Florian; Mégret, Frédéric 2005, Fostering Human Rights Accountability: An Ombudsperson for the United Nations?, Global Governance, Bd. 11, Heft 1, S. 43-63.

Howard, Rhoda E.; Donnelly, Jack 1986, Human Dignity, Human Rights, and Political Regimes, The American Political Science Review, Bd. 80, Heft 3, S. 801-881.

Horton, John 2010, Political Obligation, 2. Auflage, Palgrave Macmillan, Basingstoke.

Huster, Stefan, Rux, Johannes, 2013, BeckOK GG Art. 20, (hrsg) Epping, Volker; Hillgruber, Christian, Beck' scher Online-Kommentar GG, 19 Edition.

Jensen, Karsten K. 2015, Future Generations in Democracy: Representation or Consideration? Jurisprudence, Vol. 6, Iss. 3.

Johnson, James; Knight, Jack 1994, Aggregation and Deliberation: On the Possibility of Democratic Legitimacy, Political Theory, Bd. 22, Heft 2, S. 277-296.

Kant Immanuel, 2005, Zum ewigen Frieden, (hrsg.) Rudolf Malter, Reclam, Ditzingen.

Kelsen, Hans 1960, Reine Rechtslehre: mit einem Anhang: das Problem der Gerechtigkeit, 2. Auflage, Deuticke, Wien.

Kersting, Wolfgang 1994, Die politische Philosophie des Gesellschaftsvertrags, Wissenschaftliche Buchgesellschaft, Darmstadt.

Kersting, Wolfgang 2002, Jean-Jaques Rosseaus „Gesellschaftsvertrag", Wissenschaftliche Buchgesellschaft, Darmstadt.

Kersting, Wolfgang 2012, Die Vertragsidee des Contrat social, Vom Gesellschaftsvertrag, (hrsg.) Herb, Karlfriedrich; Brandt, Reinhard, Klassiker Auslegen Rousseau – Vom Gesellschaftsvertrag, Akademie Verlag, Berlin.

Locke, John 1995, Zwei Abhandlungen über die Regierung, 6. Auflage, (übers.

Hoffmann, Hans J., (hrsg.) Euchner, Walter, Suhrkamp, Frankfurt a. M.

Manin, Bernard; Mansbridge, Jane; Stein, Elly 1987, On Legitimacy and Political Deliberation, Political Theory, Bd. 15, Heft 3, S. 338-368.

Mansbridge, Jane 1999, Should Blacks Represent Blacks and Women Represent Women? A Contingent „Yes", The Journal of Politics, Bd. 61, Heft 3, S. 628-657.

Mansbridge, Jane 2003, Rethinking Representation, The American Political Science Review, Bd. 97, Heft 4, S. 515-528.

Mansbridge, Jane 2011, Clarifying the Concept of Representation, American Political Science Review, Bd. 105, Heft 3, S. 621-630.

Mapel, David 2005, Fairness, Political Obligation, and Benefits across Borders, Polity, Bd. 37, Heft 4, S. 425-442.

McIntire, Suzanne; Burns, William E. 2009 Speeches in world history, Facts On File, Infobase Publishing, New York.

Menzel, Hans-Joachim 1980, Legitimation staatlicher Herrschaft durch Partizipation Privater? Duncker & Humblot, Berlin.

Meyer, Lukas H. 2003, Past and Future. The Case for a Threshold Conception of Harm, in Rights, Culture, and the Law. Themes from the Legal and Political Philosophy of Joseph Raz, (hrsg.) Meyer, Lukas H.; Paulson, Stanley L.; Pogge, Thomas W., Oxford University Press, Oxford, S. 143-159.

Miklosi, Zoltan 2012, Against the Principle of All – Affected Interests, Social Theory and Practice, Bd. 38, Heft 3, S. 483-503.

Mill, John Stuart 2013, Betrachtungen über die Repräsentativregierung, (hrsg.) Buchstein, Hubertus; Seubert, Sandra, (übers.) Irle-Dietrich, Hannelore, Suhrkamp Verlag, Berlin.

Nagel, Thomas 1959, Hobbes's Concept of Obligation, The Philosophical Review, Bd. 68, Heft 1, S. 68-83.

Nagel, Thomas 1987, Moral Conflict and Political Legitimacy, Philosophy & Public Affairs, Bd. 16, Heft 3, S. 215-240.

Näsström, Sofia 2011, The challenge of the all-affected principle, Political Studies, Bd. 59, Heft 1, S. 116-134.

Nozick, Robert 1974, Anarchy, State, and Utopia, Oxford University Press, Oxford.

Nozick, Robert 1981, Philosophical Explanations, Oxford University Press, Oxford.

Obama, Barack, 2004, Keynote Address at the Democratic National Convention. http://www.americanrhetoric.com/speeches/convention2004/barackobama2004dnc.htm, Zugang: 01.12.2014.

Owen, David 2012, Constituting the polity, constituting the demos: on the place of the all affected interests principle in democratic theory and in resolving the democratic boundary problem, Ethics & Global Politics, Bd. 5, Heft 3, S. 129-152.

Parfit, Derek 1987, Reasons and Persons, Oxford University Press, Oxford.

Paul, Ron, 2005, Deficits make you poorer, http://www.lewrockwell.com/paul/paul 238.html, Zugang 25.03.2013.

Petitt, Philip 2009, Varieties of public representation, in: Political Representation, (hrsg.) Shapiro, Ian; Stokes, Susan C.; Wood, Elisabeth J.; Kirshner, Alexander S., Cambridge University Press, Cambridge.

Pitkin, Hana F. 1972, The Concept of Representation, University of California Press, Berkley.

Rehfeld, Andrew 2006, Towards a General Theory of Political Representation, The Journal of Politics, Bd. 68, Heft 1, S. 1-21.

Rehfeld, Andrew 2009, Representation Rethought: On Trustees, Delegates, and Gyroscopes in the Study of Political Representation and Democracy, American Political Science Review Bd. 103, Heft 2, S. 214-230.

Rehfeld, Andrew 2011, The Concept of Representation, American Political Science Review, Bd. 105, Heft 3, S. 631-641.

Riley, Patrick 1970, A possible explanation of Rousseau's general will, The American Political Science Review, Bd. 64, Heft 1, S. 86-97.

Ripstein, Arthur 2004, Authority and Coercion, Philosophy & Public Affairs, Bd. 32, Heft 1, S. 2-35.

Rousseau, Jean-Jacques 1852, Oeuvres complètes de J.J

Rousseau, (hrsg.) Polichinelle, Mâlo C., A. Houssiaux, Paris.

Rousseau, Jean-Jacques 2000, Vom Gesellschaftsvertrag, (übers.) Skwara, Erich W., Insel Verlag, Frankfurt a.M.

Rousseau, Jean-Jacques 2010, Abhandlung über den Ursprung und die Grundlagen der Ungleichheit unter den Menschen, (übers.) Rippel, Philipp, Reclam, Stuttgart.

Rousseau, Jean-Jacques 2011, Vom Gesellschaftsvertrag, (übers.) Brockard, Hans; Pietzcker, Eva, Reclam, Stuttgart.

Saunders, Ben 2012, Defining the Demos, Politics, Philosophy & Economics, Bd. 11, Heft 3, S. 280-301.

Saunders, Ben 2013, Scottish Independence and the All-Affected Interests Principle, POLITICS, Bd. 33, Heft 1, S. 47-55.

Schaber, Peter 2012, Menschenwürde, Reclam jun., Stuttgart.

Schaffer, Johan K. 2012, The boundaries of transnational democracy: Alternatives to the all-affected principle, Review of International Studies, Bd. 38, Heft 2, S. 321-342.

Schubert, Klaus; Klein, Martina 2011, Das Politiklexikon, 5. Auflage, Dietz, Bonn.

Science and Environmental Health Network 2008, Models for Protecting the Environment for Future Generations, (hrsg.) The International Human Rights Clinic at Harvard Law School, http://www.sehn.org/pdf/Models_for_Protecting_the_Environment_for_Future_Generations.pdf, Zugang 12.04.2012.

Scott, Stephen 1987, Self-Interest and the Concept of Morality, Noûs, Bd. 21, Heft 3, S. 407-419.

Sensen, Oliver 2011, Human dignity in historical perspective: The contemporary and traditional paradigms, European Journal of Political Theory, Bd. 10, Heft 1, S. 71-91.

Shue, Henry 1996, Basic Rights: Subsistence, Affluence, and U.S. Foreign Policy, Princeton University Press, Princeton.

Singer, Peter 2001, Writing on an ethical life, The Ecco Press, New York.

Singer, Peter 1973, Democracy and Disobedience, Oxford University Press, Oxford.

Sreenivasan, Gopal 2000, What Is the General Will? The Philosophical Review, Bd. 109, Heft 4, S. 545-581.

StAG, Staatsangehörigkeitsgesetz vom 22.7.1913 (RGBl. S. 583), zuletzt geä. durch G vom 19.8.2007 (BGBl. I S. 1970).

Stjórnlagaráð, a Constitutional Council, appointed by an Althingi 2011, A Proposal for a new Constitution for the Republic of Iceland, http://www.stjornlagarad.is/other_files/stjornlagarad/Frumvarp-enska.pdf, Zugang: 12.04.2012.

Tremmel, Jörg Laukemann, Marc, Lux, Christina 1999, Die Verankerung von Generationengerechtigkeit im Grundgesetz-Vorschlag für einen erneuerten Art. 20a GG, Zeitschrift für Rechtspolitik, Bd. 32, Heft 10, S. 432-438.

Tremmel, Jörg 2004, Institutionelle Verankerung der Rechte nachrückender Generationen, Zeitschrift für Rechtspolitik, Bd. 37, Heft 2, S. 44-46.

Tremmel, Jörg 2010, Verankerung von Generationengerechtigkeit in der Verfassung, http://library.fes.de/pdf-files/akademie/online/03594.pdf, Zugang: 12.04.2012.

Tremmel, Jörg 2012, Eine Theorie der Generationengerechtigkeit, mentis Verlag, Münster.

Unnerstall, Herwig 1999, Rechte zukünftiger Generationen, Königshausen u. Neumann, Würzburg.

UNO Generalversammlung, Allgemeine Erklärung der Menschen Rechte, http://www.un.org/depts/german/menschenrechte/aemr.pdf , Zugang 01.12.2014

Vaišvila, Alfonsas 2009, Human Dignity and the Right to Dignity in Terms of Legal Personalism (from Conception of Static Dignity to Conception of Dynamic Dignity), Jurisprudence, Bd. 117, Heft 3, S. 111-127.

Voßkuhle Andreas, Kaiser Anna-Bettina 2009, Grundwissen – Öffentliches Recht: Demokratische Legitimation, JuS 2009, S. 803-805.

Weber, Max 2008, Wirtschaft und Gesellschaft – Grundriss der verstehenden Soziologie, Zweitausendeins, Frankfurt a.M.

Wendenburg, Felix; Zimmermann, Reinhard 2010, Unidroit Grundregeln der Internationalen Handelsverträge, http://www.unidroit.org/english/principles/contracts/principles2010/translations/blackletter2010-german.pdf, Zugang 30.08.2012.

Whelan, Frederick G. 1983, Prologue: Democratic theory and the boundary problem, in: (hrsg.) Pennock Roland J., Chapman John W., NOMOS XXV: Liberal Democracy, New York University Press, New York.

Winckelmann, Johannes 1952, Legitimität und Legalität in Max Webers Herrschaftssoziologie, Mohr Siebeck, Tübingen.

Woodward, James 1986, The Non-Identity Problem, Ethics, Bd. 96 Heft 4, S. 804-831.

Woodward, James 1987, Reply to Parfit, Ethics, Bd. 97, Heft 4, S. 800-817.

The manufacturer's authorised representative in the EU is Springer Nature Customer Service Centre GmbH, Europaplatz 3, 69115 Heidelberg, Germany. If you have any concerns regarding our products, please contact ProductSafety@springernature.com

Printed and bound by CPI Group (UK) Ltd, Croydon, CR0 4YY

27/04/2026

02097656-0001